새로운 엘리트의 탄생

새로운 엘리트의 탄생

임미진 외 4인 지음

NEW
COLLAR
CONFIDENTIAL

book by PUBLY

PROLOGUE

by PUBLY

"〈마션〉에서는 똑똑한 인물들이 똑똑한 결정을 내린다. 시행착오가 있지만 덜 스마트한 판단이 더 스마트한 판단과 섞여 조금씩 전진하고, 긍지와 실력을 갖춘 전문가들이 협업해 특정 악역이 없는 재난과 맞선다. 달리 말하면 〈마션〉은 동경을 부르는 극소수 엘리트들의 이야기다." (씨네21 '김혜리의 영화의 일기', 〈나를 보는 당신을 바라보았다〉 중에서)

지적 콘텐츠 플랫폼인 PUBLY퍼블리에서 1000만 원 이상 결제된 콘텐츠는 2018년 2월까지 열세 건이 있다. 1000만 원은 상황에 따라 아무것도 아닌 금액일 수 있지만, PUBLY에는 조금 특별한 의미가 있다. 아직 세상에 나오지 않은 콘텐츠를 기획안만 보고 결제를 한 고객이 최소 500명은 모였다는 뜻이기 때문이다. 이는 무료 콘텐츠가 쏟아지는 요즘 시대에 소비자가 돈을 내고서라도 읽고 싶은 콘텐츠의 속성이 어느 방향을 가리키고 있는지를 뚜렷하게 보여주는 풍향계가 된다.

PUBLY 〈새로운 엘리트의 탄생 - 뉴칼라 컨피덴셜〉은 열두 번째로 1000만 원의 벽을 넘어선 콘텐츠다. 2018년 1월 디지털로 발행된 콘텐츠를 발 빠르게 작업해 book by PUBLY북 바이 퍼블리 브랜드의 두 번째 책으로 출간하게 되었다. 디지털에서 흥행한 콘텐츠가 종이책으로 옮겨졌을 때, 시장은 어떻게 반응할지 벌써부터 두근거린다.

《새로운 엘리트의 탄생 - 뉴칼라 컨피덴셜》이 갖는 의미에는 협업의 결과물이라는 점도 있다. 새로운 시대에 필요한 '뉴칼라의 다섯 가지 소신' 등 가성 비니운 과제로 꺼친 여략이 바로 협업이다. PUBLY와 중앙일보는 상대의 손을 꼭 잡고 일하는 협업 과정을 2017년 하반기 내내 거쳤다. 기자 다섯 명이 방대한 취재 작업을 했던 결과물 중에, 이른바 '신문 지면의 한계'로 인해 내보내지 못한 귀한 내용을 디지털이라는 그릇 안에서 분량과 형식의 제한 없이 마음껏 풀어냈고, 이번에는 책으로도 나왔으니 '언론사·출판사·콘텐츠 스타트업' 3자간 협업의 새로운 모델을 창조해 낸 셈이다.

무엇보다, 인류가 한 번도 들어가보지 못한 새로운 세계의 전환기에 살고 있는 우리 모두에게 《새로운 엘리트의 탄생 - 뉴칼라 컨피덴셜》은 막연한 해답 대신 밑줄을 긋게 하는 힌트를 곳곳에서 보여준다. 우리가 풀어야 할 문제들은 앞으로 무한히 펼쳐질 것이고, 이 과정에서 똑똑한 동료들과 함께 조금 더 똑똑한 의사 결정을 내리면서 앞으로 전진하는 것, 그러려면 나는 어떻게 살아야 하며 어떤 준비가 되어 있어야 하는지에 대해 치열하게 고민하고 실행할 것. 이 책을 읽는 분들에게 '아, 나도 어서 일하러 가야겠다'는 동기와 영감을 제공할 수 있다면 무척 기쁘겠다.

지난 반년 동안 중요한 순간마다 흔쾌히 결정적인 판단을 내린 중앙일보 오병상 편집인, 밤낮을 가리지 않고 동고동락한 중앙일보 임미진, 정선언, 김도년, 최현주, 하선영 기자님, 언제나 든든한 출판 파트너 미래엔 박현미 본부장과 이명연 에디터, 그리고 '새로운 엘리트의 탄생 – 뉴칼라 컨피덴셜'이라는 제목을 만들고 PUBLY 콘텐츠의 시작과 끝, 모든 것을 이끄는 김안나 CCO에게 진심으로 고맙다는 인사를 전한다.

2018년 2월
PUBLY, CEO 박소령

○

주방에는 티크로 만든 6인용 식탁이 있고, 식탁 위에는 검은색
펜던트 조명이 둘 매달려 있다. 2017년 2월 어느 새벽, 나는 그
식탁에 앉아 펜던트의 노란 불빛 아래서 기획안을 쓰고 있었다.
거창한 제목의 기획안이 있다. '제4차 산업혁명, 어떻게 살고 무
엇을 꿈꿀 것인가.'

이 기획안으로 한 언론재단의 기획취재 지원 사업에 응모했다.
운이 좋게 당선됐고, 취재팀이 꾸려졌다. 3월, 첫 회의를 시작했
다. 방향도 결론도 없는 난상 토론이었다. 산업혁명이란 무엇인
가에서부터 지금의 이 변화가 4차 혁명 맞느냐를 거쳐 4차 산
업혁명이 의식주를 어떻게 바꿀 것인가로 끝나는 종잡을 수 없
는 숨 가쁜 회의였다.

돌아보면 기획안이 너무 거창했다. 제4차 산업혁명과 인간의 삶
이라니. 우리는 이 거대한 주제에 대해 무엇을 취재하고 어떻게
정리할지 방향을 잡지 못하고 있었다. 여러 차례 회의 끝에 좀

힌 주제가 '미래의 일'이었다. 토론을 거듭할수록 우리는 확신
할 수 있었다. 이 모든 변화의 가장 밑바닥에 일의 변화가 있다
는 것을 말이다. 무엇보다 우리는 사회의 불안을 피부로 느끼고
있었다.

5월, 본격적인 취재가 시작됐다. 후배들이 하나둘 비행기를 타
고 떠났다. 일과 교육이 변하는 현장을 둘러보기 위해서였다. 나
는 메일을 쓰기 시작했다. 우리와 같은 고민을 더 오래전에 시
작한 이들에게, 목소리를 들려달라고 요청하는 메일이었다. 늦
봄쯤 하나둘씩 답장이 도착했다. 답장을 보낸 이들과 더 오랜
대화를 나눴다. 이메일로, 전화로, 영상 통화로 오간 대화가 글
로 정리되어 쌓이기 시작했다. 늦여름이 되자 쌓인 글들이 이미
책 한 권 분량은 될 정도로 두툼해졌다. 그 무렵 후배들의 해외
출장 일정도 마무리되었다. 이 작업으로 더 큰 실험을 해보자고
마음먹은 것이 여름이었다. PUBLY는 이전부터 눈여겨보고 있
던 플랫폼이었다. 그 어려운 디지털 콘텐츠 유료화 실험에 도전
했다는 사실 하나만으로, 콘텐츠업계 종사자로서 박수 치고 손
잡아주고 싶은 이들이었다. 묵직한 지식 콘텐츠로 시장에서 적
잖은 성과를 내는 것이 놀랍기도 했다. 다짜고짜 전화해 협업을
제안하는 내게, PUBLY 박소령 CEO는 시원한 목소리로 화답
했다. 곧바로 미팅이 진행됐고, 몇 차례의 미팅 뒤 김안나 CCO
가 직접 프로젝트 매니저를 맡겠다고 나섰다.

이 책은 PUBLY와 함께 만든 것이다. 우리의 방대한 취재 기록을 훑고선 '뉴칼라New Collar'라는 키워드를 뽑아낸 것은 김안나 CCO다. '뉴칼라 컨피덴셜New Collar Confidential'이라는 제목을 기획 초창기부터 가져갈 수 있었던 건 추가 취재 작업과 집필 과정에서 큰 버팀목이 됐다. 밥벌이로 글을 쓴 지 15년 가까이 됐지만 기획 과정에서 전적으로 PUBLY에 의지했다. PUBLY는 좁은 독자층을 대상으로 플랫폼을 키워본 저력이 있는 콘텐츠 회사다. 자신의 독자가 무엇을 원하는지 누구보다 잘 알 거라고 생각했다. PUBLY의 손을 잡고 그 독자층과 눈높이를 맞춰보는 경험이 낯설고노 들거있다. 바소령 CEO, 김안나 CCO와 손현, 박혜강, 박인애 에디터에게 프롤로그 페이지를 빌려 인사를 전한다. 고맙습니다!

늘 마감 작업은 고통스럽다. 식탁에 앉아, 노란 불빛을 받으며 지새운 밤이 쌓이고 쌓여 원고가 완성됐다. 혼자 시작했다면 끝을 맺지 못했을 거라고 생각했을 때가 많다. 묵묵히 함께 해준 후배들이 있어 내가 먼저 포기하지 못했다. 낮에는 기사를 쓰고 밤에는 책을 쓰느라 고생한 정선언, 최현주, 김도년, 하선영 기자에게 다시 한번 말하고 싶다. 정말 고마워!

한때는 기자가 손을 내미는 직업이라고 생각했는데, 최근에 생각이 바뀌었다. 독자가 내미는 손을 잡는 것이 기자의 일이 아닌가 싶어서다. 신문과 디지털 페이지에서, PUBLY에서 이야기를 연재하는 내내 애정을 가지고 손을 내민 독자 덕분에 이 긴 길을 함께 걸을 수 있었다. 이 책을 집어 들어 준 독자에게 마지막으로 고마운 마음을 전한다. 이 책이 독자의 미래에 작은 희망을 더할 수 있길 진심으로 바란다.

2018년 2월
저자 임미진

목차

CHAPTER 04

한국의 뉴칼라
7인의 목소리

CHAPTER 05

다가온 미래

CHAPTER

1

1

화이트칼라의
시대는 끝났다

1.1 거대한 변화가 시작되었다

우리의 취재는 두려움에서 출발했다. 사회가 온통 불안에 휩싸였음을 느끼고 있었다. 제4차 산업혁명 혹은 디지털 트랜스포메이션Digital Transformation*이라고 불리는 거대한 흐름은 우리를 어디로 데려갈 것인가. 우리의 삶은 얼마나 바뀔 것이며, 우리는 어떻게 대비해야 하는가. 두려움에 대한 해답을 내놓고 싶었다. 일의 세계를 파헤쳐 보기로 한 건 변화의 핵심이 여기에 있다고 판단했기 때문이다. 기술은 산업 지형을 바꾼다. 산업 지형은 일의 터전이다. 기술의 급격한 변화로 사회 전체가 앓고 있는 불안증의 밑바닥에는 결국 이러한 질문이 웅크리고 있다는 사실을 알았다.

나는 이제 어떤 일을 해야 하는가. 2017년 3월에 첫 회의를 시작한 이래로 이 질문에 답하기 위해 취재를 계속했다. 세계 석학들을 인터뷰했고, 변화하는 일과 교육 현장을 찾았으며, 방대한 자료와 연구 결과를 수집했다. 사회불안이 깊어지는 현상 역시 무리가 아니었다. 오랜 취재 끝에 우리는 정리를 시작했다.

*
디지털 기술을 사회 전반에 적용해 전통적인 사회구조를 혁신하는 것. 일반적으로 기업에서 사물인터넷, 클라우드 컴퓨팅, 인공지능, 빅데이터 솔루션 등 정보통신기술을 플랫폼으로 구축·활용해 전통적인 운영 방식과 서비스 등을 혁신함을 의미한다.

우리 사회는 역사적 전환기를 맞았다. 단순히 인공지능이 우리 일터로 깊숙이 들어오기 시작한 것이 문제가 아니었다. 그 현상은 단지 두려움에 방아쇠를 당기는 역할만 했을 뿐이다. 일자리를 흔드는 변화는 이미 이삼십 년 전부터 시작됐고, 최근 더욱 가속화되고 있다. 우리는 기술이 산업뿐 아니라 경제체제를 뒤흔드는 과정을 지켜보고 있다. 우리가 느끼는 뿌리 깊은 불안의 근원은 거기에 있다. 한 번도 들어가 보지 못한 새로운 세계로 진입하는 일. 그 세계가 무엇을 약속하든, 우리는 변화 때문에 한동안 앓을 것이다. 그동안 모든 역사적 전환기를 거쳐 간 사람들이 그리했듯이. ▮ 림니친

1.2 변화의 세 가지 키워드

자동화Automation

세계화Globalization

공유경제Sharing Economy의 등장

❶ 자동화: 인공지능이라는 낯선 녀석이 나타났다

우리를 잠식하는 불안을 조금 더 깊이 들여다보자. 그것은 특정 계층의 불안이다. 구체적으로 정리하면 화이트칼라White Collar, 지식노동자의 불안이다. 평생 중산층의 삶을 꿈꾸며, 평균에 속하는 삶을 향해 인생을 걸고 개미처럼 달려온 지식노동자 말이다. 블루칼라Blue Collar, 육체노동자가 노동 시장의 변방으로 밀려나기 시작한 건 훨씬 오래된 일이다. '우리 일자리를 빼앗는 기계를 부숴 버리겠다'며 영국에서 러다이트운동Luddite Movement, (1811~1817년)*이 일어났던 200년 전부터 인간은 알고 있었다. 결국 기계가 인간의 육체노동을 대신하리라는 사실을. 기계는 지치지 않는다. 다치지도 않는다. 잠을 잘 필요도 없다. 인간보다 힘이 훨씬 강하며, 더욱 정교한 작업도 할 수 있다. 그런데 최

*
랭커셔, 요크셔, 노팅엄 등 영국 직물공업지대에서 일어난 기계파괴운동. N.러드로 알려진 정체불명의 인물을 조직적으로 전개했기 때문에 러다이트운동이라 한다.

새로운 엘리트의 탄생

근 들어 기계가 대신할 수 있는 일이 육체노동뿐만이 아님을 깨닫고 있다. 2010년대에 들어 인공지능Artificial Intelligence 기술은 머신러닝Machine Learning이라는 초강력 무기를 탑재했다. 인간이 일일이 입력하지 않아도 컴퓨터가 스스로 데이터를 통해 패턴을 발견하는 능력이 생긴 것이다. 머신러닝으로 단련된 인공지능은 그동안 기계가 넘보지 못한 복잡한 지식노동의 영역을 침범하기 시작했다. 인공지능은 매뉴얼에 기반을 둔 단순한 지식노동뿐 아니라 오랜 시간 수련이 필요한 숙련 지식노동까지 부분별로 수행할 수 있음을 증명하기에 이르렀다. 인공지능 기술의 발전은 안정적으로 고소득을 올리던 신분석을 위협하기 시작했다. 대니얼 서스킨드Daniel Susskind 옥스퍼드대학 교수는 그의 저서 《전문직의 미래 The Future of the Professions : How Technology Will Transform the Work of Human Experts》에서 방대한 사례를 들어 인공지능이 바꾸는 전문직의 세계를 소개한다.

관련 기사: 인공지능 의사 '왓슨' 1년, 인간 의사 치료법과 56% 일치 (중앙일보 2017.12.5)

• **의료계** IBM의 왓슨*처럼 인간 의사 못지않은 정확성으로 질병을 진단하는 시스템이 나오고 있다. DNA를 스캔해 미래의 질병을 예측하기도 한다.

• **교육계** 뉴욕의 '뉴클래스룸New Classroom' 학교나 디트로이트의 '매치북 러닝 스쿨Matchbook Learning School' 같은 개인화personalized 학습 시스템이 아이 특성에 맞는 교육 자료를 일대일로 제공한다.

•**법조계** 2016년 출시된 법률 인공지능 프로그램 로스Ross*는 1초 당 1억 장의 법률 문서를 검토한다.

•**언론계** AP통신과 〈포브스〉에서는 이미 기업 수익 보고서와 스 포츠 기사를 컴퓨터 알고리즘으로 작성한다.

• 관련 글: 《새로운 엘리트의 탄생》 챕터 5.2 '로스, 꽤 괜 찮은 동료입니다'

인공지능을 활용한 프로그램은 2013년부터 본격적으로 소개되 었으며, 최근에는 발전 속도가 급격히 빨라졌다. 인공지능은 인 터넷 플랫폼을 통해 축적된 방대한 빅데이터를 흡수하며, 우리 의 대화와 생각을 24시간 읽고 있다. 작곡하는 인공지능 프로그 램을 개발한 안창욱 광주과학기술원GIST 교수는 이렇게 말했다.

최근 1년간 진행된 인공지능 기술의 발전 폭이 앞선 9년을 합친 것보다 크다.

❷ 세계화 : 국경 없는 경쟁을 벌이다

화이트칼라의 다른 적은 해외에 있다. 이를 설명하려면 블루칼 라가 노동 시장에서 밀려난 거대한 흐름 하나를 소개해야 한다. '더 그레이트 더블링The Great Doubling'이라고 불리는 역사적 사건이 다. 더 그레이트 더블링은 1990년대에 일어났다. 이 시기 세계 노동 시장에는 무슨 일이 발생했는가. 1991년, 소비에트 사회 주의 공화국 연방이 무너졌다. 같은 해 인도는 개혁·개방 정책

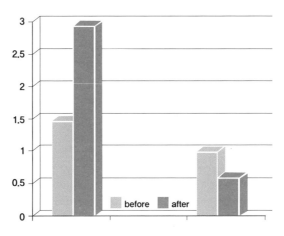

△ 중국, 인도, 전 소비에트 사회주의 공화국 연방이 세계 경제 편입 전후로 살펴본 세계 노동 인력 변화(왼쪽)와 자본노동 비율(오른쪽) | 출처: 리처드 프리먼 논문 (2006.8 | 그래픽: 김영미)

을 발표했다. 1993년, 중국 정부는 시장경제 도입을 공식 선언했다. 전前 소비에트 사회주의 공화국 연방, 인도, 중국의 세계 경제 편입으로 세계 시장의 노동 인구가 갑자기 폭증했다. 이 현상에 '더 그레이트 더블링'이라는 이름을 붙인 이가 리처드 프리먼Richard Freeman 하버드대학 교수다. 프리먼은 전 소비에트 사회주의 공화국 연방, 인도, 중국의 세계 경제 편입으로 세계 노동 인구가 14억6000만 명에서 29억3000만 명으로, 정확히 두 배 가까이 늘었다고 추정했다.

더 그레이트 더블링은 선진국의 블루칼라를 큰 충격에 빠뜨렸다. 1990년대만 해도 세계 경제체제에 새롭게 편입한 나라에서는 보편적인 고등교육이 없었다. 그 대신 낮은 임금을 받고 오

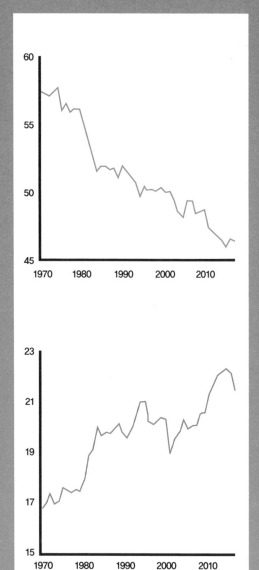

◁ 1970년과 2015년 사이 미국 내 중산층 비중의 변화(위)와 저소득층 비중의 변화(아래) | 출처: IMF의 타오장Tao Zhang이 발표한 〈Global Economic Challenges and Opportunities〉(2017.09) | 그래픽: 김영미

랜 시간 일할 준비가 된 블루칼라가 넘쳐났다. 이렇게 되자 선진국의 제조업 공장이 먼저 개발도상국으로 급히 빠져나갔다. 선진국의 블루칼라가 기계뿐 아니라 중국, 인도의 노동자와 경쟁하게 된 것이다. 늘어난 공급으로 생긴 가격경쟁 탓에 선진국의 블루칼라 임금이 빠르게 줄어들었다. 2000년 이후 대부분 선진국은 소득 양극화 현상을 경험했다.

타오장Tao Zhang 국제통화기금IMF 연구원은 최근 미국 비즈니스 경제학회National Association for Business Economics 연례회의에서 이 같은 추세를 통계로 입증했다. 타오장은 미국 중산층Middle Income Households, 중간 소득의 50%에서 200%를 차지하는 가성 비중이 1970년에는 58%에 가까웠지만, 2015년에는 46%를 간신히 넘기는 수준으로 떨어졌다고 소개했다.

사라진 중산층은 어디로 갔을까. 타오장은 중산층 셋 중 둘이 저소득층으로 떨어졌다고 분석했다. 같은 기간, 중위 임금Median Wage의 절반 이하를 버는 저소득층 비율은 17% 안팎에서 21%로 올랐다. IMF 역시 평균적인 삶을 누리는 이들이 줄어드는 배경으로 자동화Automation와 오프쇼어링Off-shoring, 생산기지 해외 이전을 지적한다. 블루칼라가 주로 수행하던 반숙련 노동을 기계로 대체하거나 해외 공장에서 한다는 것이다. 2000년대까지만 해도 자동화·세계화로 인한 충격은 블루칼라와 단순 서비스직에 국한한 일로 여겨졌다. 기계와 개발도상국 노동자에게 밀려 소득이 급감한 블루칼라와 달리 화이트칼라 상당수는 비교적 안락한 삶을 보장받았다. 화이트칼라의 일자리가 빠르게 해외로 빠져나가지 못한 이유는 업무 특성 때문이다. 단순한 매뉴얼을 바탕으로 반복 작업을 했던 블루칼라의 노동과 달리, 화이트칼라의 지식노동은 지속적인 소통과 협업을 해야 하는 경우가 많았다.

상황이 달라진 건 통신 기술의 발달 때문이다. 기존에는 대기업에서나 가능했던 지식노동의 오프쇼어링이 지금은 스타트업에서도 가능하다. 미국의 기업형 메신저 '슬랙Slack'과 같은 업무용 대화 솔루션의 발달과 '스카이프Skype', '구글 행아웃Google Hangout' 등이 제공하는 무료 영상 통화는 근로자가 어디에 있든지 실시간 소통과 협업을 할 수 있도록 돕는다. '업워크Upwork', '이랜스Elance' 같은 서비스 덕에 기업은 세계 각지의 전문 인력을 업무에 맞게, 필요한 시간만큼 고용할 수 있다. 이제 막 창업한 한국의 스타트업도 베트남 개발자와 영국 디자이너를 고용해 업무를 효율화할 수 있다. 테일러 피어슨Taylor Pearson이 《직업의 종말The End of Jobs》에서 묘사한 '마이크로멀티내셔널micro-multinational, 소형 다국적 기업'의 시대가 열린 것이다.

❸ 공유경제의 등장: 질서가 바뀌고 있다

기술과 산업의 발전은 거대한 변화를 초래한다. 바로 경제체제

의 변화다. 인터넷 플랫폼이 생산과 유통의 터전이 되면서 누구
나 큰돈을 들이지 않고도 생산할 수 있고, 생산한 것을 나누는
시대가 됐다. 이른바 '공유경제Sharing Economy'의 출현이다. 공유경
제의 등장은 최근 10년 사이 본격적으로 나타난 흐름이며, 자동
화와 세계화의 충격과 맞물려 일자리 시장을 더욱 강력하게 흔
들고 있다. 특히 그동안 가장 안정적인 일자리로 여겨진 대기업
정규직이 큰 위협을 받게 되었다. 경제 규모를 내세워 시장을
지배해 온 대기업은 이미 온라인 플랫폼에 기반을 두고 시장을
파고 들어온 스타트업에 자신의 지위를 속속 내주고 있다. 미디
어 산업과 유통 산업, 금융 산업은 이미 실시가 송두리째 뒤집
히는 변화를 경험하고 있다. 앞으로 더 많은 사람이 인터넷을
통해 음악과 글뿐 아니라 자동차와 집, 심지어 마당에서 생산한
에너지까지 무수한 재화와 서비스를 나눌 것이다. 또 대량 생산
된 물건보다 자신에게 꼭 맞게 설계된, 그러면서도 저렴한 맞춤
생산품을 사는 이들이 점점 늘어날 것이다.

이런 거대한 흐름이 일자리 시장을 완전히 새롭게 바꾸고 있다.
우리는 상당히 오랫동안 일의 종류와 형태부터 개념과 목적까
지 바뀌는 강력한 변화를 목격할 것이다. 어떤 이는 이 흐름 때
문에 좌절을 겪을 것이고, 또 다른 이는 미래를 먼저 내다보고
새 시대의 일을 이끌어 나갈 것이다. 이제부터 펼쳐질 이야기는
'누가 새 시대를 이끌어 나갈 것이냐'는 질문에 대한 우리의 대

답이다. 물론 이것이 전부가 아님을 안다. 일과 관련한 이야기는 앞으로도 계속해서 새로 쓰여야 한다. 우리는 퍼즐 조각을 만드는 기분으로 이 글을 썼다. 부디 우리가 만든 작은 조각이 오랜 뒤에 완성될 퍼즐의 한구석에 들어가 있기를 바란다. 글 임미진

CHAPTER 2

2

새로운 시대가 온다
석학들의 목소리

2.0 귀 기울이기 전에
– 미래는 하나가 아니다

"미래를 공부하는 사람은 미래를 '퓨처future'라고 부르지 않는다. '퓨처'에 복수형 접미사 '에스s'를 붙여 '퓨처스futures'라고 부른 다." 이 이야기를 들려준 이는 회사 선배인 최준호 기자다. 한국 미래학회 이사이기도 한 그는 꽤 오랫동안 미래에 관한 공부를 했다. 최준호 기자가 2017년 9월에 쓴 칼럼*을 보면 왜 미래가 퓨처가 아니라 퓨처스인지 짐작할 수 있다.

관련 기사: 거짓 예언자 구별 법 (중앙일보 2017. 09. 06)

> 최근 또다시 거짓 예언자들이 나타나고 있다. 이번엔 미래학자라는 이름 을 내걸고 '아무나 쉽게 들을 수 없는 정확한 미래'를 이야기한다. 하지만 진짜 미래학은 미래를 예측하는 학문이 아니다. 미래는 정해져 있지 않기 때문에 하나가 아니며, 따라서 정확한 예측을 할 수 없다. 미래는 예측하 는 순간, 그 예측이 다시 미래를 굴절시킨다.

미래는 결정되어 있지 않으며, 어느 갈래로 뻗어 나갈지 아무도 모른다. 미래가 어떻게 바뀔지는 오늘을 사는 우리의 선택에 달 려 있다. 미래학자들이 여러 갈래의 가능성을 열어 두고, 미래를

'퓨처스'라고 부르는 까닭이 여기에 있다. 우리가 만난 세계의 석학들이 내다본 미래 이야기를 들려주기 전에 이 칼럼을 소개하는 이유가 있다.

세계적인 권위자이자 위대한 학술가인 이들은 기술과 일자리 시장의 미래를 오래 고민해 왔다. 이들의 미래 예측이 모두 일치하지는 않았다. 어떤 이는 "일자리 시장에서는 늘 인간의 역할이 있다. 사라지는 숫자만큼 새로운 일자리가 생길 것"이라고 호언장담했다. 반면에 또 다른 이는 "결국 인간은 (노동 시장에서 완전히 밀려난) 말馬과 비슷한 신세가 될지도 모른다"라고 말하기도 했다. 이들의 엇갈린 전망이 독자에게 혼란을 주지 않기를 바란다. 우리는 누군가의 목소리를 빌려 미래를 예언하려는 것이 아니다. 고백건대, 거의 1년간 취재했지만 미래에 어떤 일이 일어날지 짐작하기가 어렵다. 왜냐하면 미래는 순전히 오늘 우리가 어떻게 마음을 먹느냐에 달린 문제이기 때문이다. 어차피 알 수 없는 미래, 왜 전문가의 목소리를 들어야 하느냐고 되물을지도 모른다. 하지만 불투명하기에 우리는 더 열심히 미래를 들여다봐야 한다. 우리가 어디로 달려가는지 늘 살피고, 가능한 선에서 최선을 다해 준비해야 한다는 게 우리의 결론이다.

최준호 기자의 칼럼은 앨빈 토플러Alvin Toffler의 말을 인용하며 마무리된다. 이미 1983년에 출간한 《누구를 위한 미래인가Previews and Premises》에서 토플러는 이렇게 썼다.

> 미래학자들의 일이란 뭔가를 예언하는 것이 아니다. 미래를 알 수 있는 것처럼 말하는 사람은 점성술사이거나 사기꾼이다. 우리를 기다리고 있는 단 하나의 미래는 없다. 나는 미래 연구에 모든 정량적 도구를 최대한 활용해야 한다고 생각한다. 그러나 이런 도구들을 활용한 결과를 얻으면 그런 결과에 대해 회의적인 태도를 견지해야 한다.

이 챕터는 '새로운 시대의 일'에 대한 석학들의 전망을 담았다. 방한 기간 직접 만난 이도 있고, 영상 통화와 전화, 이메일로 대화한 이도 있다. 이들의 생생한 목소리를 담기 위해 인터뷰 중 오간 질문과 답을 고스란히 공개한다. 기존 보도*에서 미처 담아내지 못한 부분을 모두 되살렸다. 석학들의 목소리를 읽는 독자들이 토플러의 당부를 기억해 주길 바란다. 미래를 향한 밝은 전망에 안도하거나 어두운 전망에 실망하지 말아 달라는 부탁이다. 우리에게 필요한 것은 '미래가 정말 이대로 펼쳐질까?'라는 끊임없는 질문과 '이제 우리는 어떻게 움직여야 하는가?'라는 대안적 사고다. 글 임미진

*
《미래 직업 리포트》, 2017년 7월부터 그해 말까지 연재가 지속된 중앙일보 기획 기사. 이 기획은 《새로운 엘리트의 탄생》의 모태가 되었다.

2.0 　귀 기울이기 전에
　　　 － 두려워하지 말라

미래학자 또는 경제사상가로 불리는 제러미 리프킨Jeremy Rifkin은 그동안 만난 인터뷰이 중 가장 열정적인 사람이었다. 어렵게 성사된 리프킨과의 전화 인터뷰는 한 시간을 예정하고 시작했는데, 끝나고 보니 서의 두 시간이 흘러 있었다.

《노동의 종말The End of Work》, 《공감의 시대The Empathic Civilization》, 《소유의 종말The Age of Access》, 《수소 혁명The Hydrogen Economy》, 《한계비용 제로 사회The Zero Marginal Cost Society》…. 제러미 리프킨의 대표적인 저서다. 1995년 출간한 《노동의 종말》을 비롯한 많은 책이 '시간이 지나도 가치를 잃지 않는다'는 평가를 받는다. 사실 인터뷰가 끝난 뒤 이런 질문을 던지고 싶었다.

'어떻게 하면 이렇게 방대한 내용과 깊은 통찰력을 담은 책을 자주 낼 수 있나요? 어떻게 그 많은 연구와 저술 작업을 해내는 건가요?'

이 질문을 하지 않은 두 가지 이유가 있다. 하나는 인터뷰가 워낙 숨 가쁘게 진행돼서다. 우리 앞에 가로놓인 미래의 일과 교육이라는 주제가 너무 컸고, 리프킨은 하고 싶은 말이 정말 많았다. 두 번째 이유는 궁금증이 풀려서다. 리프킨의 열정 가득한 답변을 들으며 저절로 알게 됐다. '역량의 그릇이 완전히 다른 사람'이라는 사실을 말이다.

리프킨은 엄청난 달변가였다. 마치 대본을 놓고 읽는 것 같았다. 제1차 산업혁명 이후의 핵심적 변화는 어떻게 일어났는지, 우리가 경험 중인 거대한 변화의 실체가 무엇인지를 두고 구체적인 사례와 수치를 들어 설명했다. 20분 정도 인터뷰를 진행한 후에야 인터뷰어가 끼어들지 않으면 답이 끝나지 않는다는 걸 알게 됐다. 중간중간 개입해 화제를 전환하며 준비했던 질문을 모두 던질 수 있었다.

리프킨의 답변을 듣다가 마음이 뭉클해지는 순간이 있었다. 손에 잡히지 않는 주제를 취재하며 나는 아마도 지쳤던 것 같다. '미래'라는 주제는 너무 넓고 불투명해 길을 자주 잃는 느낌이었다. 나는 리프킨에게 물었다.

일자리를 잃을까 봐 두려워하는 사람들에게 어떤 말을 들려주고 싶은가?

리프킨은 "두려워하지 말라"고 했다. 그리고 이런 이야기를 들려주었다. 일흔넷 노학자의 목소리는 지혜로운 할아버지의 격려처럼 느껴졌고, 나는 다시금 미래 이야기를 계속할 힘을 얻었다.

2060년에 당신의 증손주가 당신에게 "증조부모님은 한국에서 어떤 일을 하고 살았어요?"라는 질문을 한다고 가정해 보자. 당신은 증손주에게 "증조할아버지는 트럭을 수동으로 운전해서 매일 20km를 왔다 갔다 했단다. 그리고 증조할머니는 물건을 비닐 백이나 종이 상자에 넣는 일을 했어. 매일 여덟 시간씩 40년을 그렇게 일했지"라고 답할 것이다. 그러면 증손주는 어떻게 반응할까? "뭐라고요? 왜 그런 일을 했어요?"라며 믿을 수 없다는 반응을 보일 것이다. 우리가 지난 시절을 돌아볼 때 그렇게 느끼듯이 말이다.

우리가 만드는 변화가 반드시 유토피아를 가져온다고 단정하는 것은 아니다. 그저 더 나은 세상을 만드는 일이다. 인간의 여정은 다음 단계로 넘어가는 것뿐이다. 우리는 21세기에 멈춰 있지 않고, 더 창의적인 기회와 고용을 위해 진보할 것이다.

인터뷰 전문에도 담긴 이 답변을 굳이 한 번 더 들려주는 이유는, 이것이 우리가 붙잡고 가야 할 희망이기 때문이다. 혼란스럽고 불안하지만 우리는 앞으로 나아가고 있다. 글 임미진

2.1 석학들의 목소리
– 제러미 리프킨

"인간의 여정은 다음 단계로 넘어가는 것뿐이다."

제러미 리프킨, 경제학자·사회학자·미래학자

Jeremy Rifkin, economist·sociologis·futurologist

임미진 (이하 생략) '디지털 트랜스포메이션'*이라는 단어가 자주 사용된다. 디지털 기술로 인한 사회 변화가 크게 일어난다는 의미일 텐데, 현재의 변화에 관해 설명을 부탁한다.

Chapter 1.1, p. 018 주 참고

제러미 리프킨 (이하 생략) 역사를 바꾸는 세 가지는 통신, 에너지, 운송이다. 이 세 가지 변화 앞에서 인류의 활동은 효율적으로 변했다. 특히 통신 기술의 혁명이 새로운 에너지·교통수단과 결합하면서 경제·사회·정부가 근본적으로 바뀌었다. 예를 들어 19세기에 일어난 제1차 산업혁명 때 영국에서는 통신·에너지·운송수단의 융합으로 증기기관이 발명되었다. 손으로 하던 작업이 증기로 움직이는 기계로 바뀌었고, 이로 인해 생산성은 비약적으로 높아졌다. 석탄을 활용한 증기 엔진은 철도라는 운송수단에도 적용됐다. 덕분에 도시가 형성되었다.

20세기 전후로 일어난 제2차 산업혁명은 미국이 주도했는데,

이 역시 통신과 에너지·운송의 발달을 기반으로 삼았다. 이 시기의 새로운 통신수단은 전화·라디오·텔레비전이었고, 새로운 에너지는 텍사스산 석유였다. 내연기관을 발명하면서 운송수단으로 버스와 트럭이 등장했고, 항공 운송도 가능해졌다.

제2차 산업혁명은 2008년 최고점을 찍었다. 2008년 7월, 유가는 배럴당 145달러까지 치솟았다. 하지만 그 후 세계경제는 마비됐다. 2008년은 대공황이 시작된 해이기도 했다. 화석연료, 중앙 집중화된 전산 시스템, 내연기관을 근간으로 한 제2차 산업혁명이 그해 막을 내렸다.

현재 우리 삶의 기반이 된 제3차 산업혁명 역시 마찬가지다. 이 시기에 인터넷 통신이 등장했다. 월드와이드웹은 생겨난 지 25년밖에 되지 않았지만, 현재 35억 명이 실시간으로 인터넷 통신을 이용한다. 이와 같은 디지털 통신 혁명이 새로운 에너지와 융합해 태양열·풍력 같은 신재생에너지를 만들어 낸다. 지역에서 생산된 신재생에너지는 디지털화 과정을 거쳐 전기를 공급한다.

앞으로 5년 안에 인터넷 통신과 디지털 신재생에너지는 디지털화 및 자동화된 GPS와 결합해 신재생에너지로 구동하는 자율주행 전기자동차를 만들 것이다. 또한 스마트 시스템에서 재활용된 재료로 자율 구동하는 3D 프린터도 나올 것이다.

디지털 기술인 통신 인터넷, 신재생에너지 인터넷, 운송 인터넷
은 경제 활동을 관리하고 작동하며 움직이게 한다. 이들은 디지
털 플랫폼을 형성하는데, 이것이 바로 사물인터넷IoT, Internet of
Things이다.

사물인터넷을 활용하면 모든 기기에 센서를 부착해 실시간으로
활동을 모니터할 수 있다. 농장·공장·스마트 홈·스마트 자동
차·스마트 창고·스마트 도로에 적용된 센서는 실시간 모니터
를 통해 가치사슬value chain 전반에 영향을 주어 사회·경제·정치
활동이 더욱 원활하게 돌아가도록 한다. 여기에서 나온 데이터
를 통신·에너지·운송 인터넷으로 전송하면 생산성과 효율성을
높일 수 있고, 고정 및 한계비용은 낮출 수 있다. 이것이 제3차
디지털 산업혁명이자 제3차 산업혁명에서 일어나는 변화다.

기술 변화가 인류의 삶이나 사회를 어떻게 바꾸는지 궁금하다.
이 변화는 경제체제를 바꿨다. 자본주의의 비즈니스 모델을 바
꾸고 공유경제를 만들어 냈다. 전통적인 경제 이론에 따르면, 기
업가는 새로운 기술을 개발해 효율성과 생산성을 높이고 한계
비용은 줄여 저렴한 상품 또는 서비스를 시장에 내놓는다. 이
일을 통해 투자자에게 수익을 가져다주는 것이다.

하지만 급진적인 기술혁명이 일어나 생산성 측면에서 고정비용뿐만 아니라 한계비용도 급격하게 줄일 수 있다는 생각은 누구도 하지 못했다. 통신, 에너지, 운송. 디지털로 상호 연결된 이 세 개의 기술이 사물인터넷을 통해 고정비용과 한계비용을 현저히 줄인 것이다.

제3차 디지털 산업혁명으로 한계비용이 낮아지면서 공유경제가 생겨났다. 자본주의의 비즈니스 모델은 한계비용이 낮으면 수익도 낮아진다. 수익이 낮아지면 전통적인 비즈니스 방식인 일회성 거래로 회귀해야 하는데, 여기에서는 판매자와 매수자 사이의 거래가 매우 느리게 진행된다. 따라서 네트워크를 형성하는 시장으로 비즈니스를 옮겨야 하는데, 서비스나 재화 거래를 시장에서 하기보다는 네트워크 속 흐름에 맞게 거래해야 한다. 여기서 한계비용이 낮아지면 자본 시장의 판매자와 매수자는 프로슈머prosumer*가 된다. 프로슈머는 네트워크상 경험과 서비스를 공유하고 그 안에서 수익을 낼 수 있지만, 거래를 통해 수익을 내지는 않는다.

●
기업의 생산자producer와
소비자consumer를 합성한
단어.

이렇게 바뀌는 비즈니스 모델을 연구하기 위해 나는 현재 정보통신기술·전산·물류·교통·전기 회사 등 세계 주요 산업군과 함께 일하고 있다. 흥미로운 사실은 인프라 구조의 디지털화로 일부 한계비용은 거의 제로에 가까워졌다는 점이다. 이것이 공유경제에서 일어나는 일이다. 이 현상이 전 세계에 의미하는 바는, 35억 명이 디지털로 연결된 경제 네트워크에서 거의 제로에 가까운 한계비용으로 가상재화Virtual Goods*를 생산·소비·공유한다는 것이다. 시장에서 벌어지는 일이 아니고 굳이 국내총생산GDP, Gross Domestic Product에 반영할 필요도 없기에 이러한 시장 체제로 인해 기존의 제2차 산업혁명에 바탕을 둔 산업은 붕괴된다.

예를 들어, 전 세계 수백 명의 사람이 간단한 기계로 음악을 만드는 데에는 고정비용이 거의 들지 않는다. 그 음악을 공유하는 한계비용은 거의 제로다. 몇 년 전 한국 가수가 인터넷에 자신의 음악과 춤 동영상을 올리고 20억 명이 그 동영상을 공유했다. 또 매일 수백 명의 젊은이가 자신의 뉴스 블로그를 만들고 SNS나 유튜브에 동영상을 올리며, 제로에 가까운 한계비용으로 그것을 공유한다. 그들은 제로 한계비용으로 유명 교수의 온라인 대학 강의를 듣고 학점을 딸 수 있다. 세계에서 여섯 번째로 큰 지식 전파 웹사이트 위키피디아Wikipedia의 경우는 고정비용이 5만 달러에 불과하며, 비영리로 운영되는데 한계비용은 제로에 가깝다.

모든 산업에 공유경제가 스며들고 있다. 음악·텔레비전·출판·교육·엔터테인먼트 산업 등에서 공유경제가 부상하고 있으며, 다른 수천만 개의 새로운 비즈니스가 자본 시장뿐만 아니라 공

●
디지털 음원. 이모티콘처럼 통신망 위에서 유통되는 상품과 서비스.

새로운 엘리트의 탄생

유경제에서도 탄생하고 있다. 이 분야에서 한국은 선두 주자다. 젊은 기업가들이 플랫폼을 구축하고 앱을 생성해 서로 연결하는 작업을 통해 빅데이터를 수집하고 분석하며 이 혁명에 가담하고 있다.

공유경제는 가상 세계에서 가능한 것 아닌가.

그렇지 않다. 공유경제는 물리적 세계로 나아가는 중이다. 《한계비용 제로 사회》에서 나는 '사물인터넷이 장벽을 무너뜨렸다'고 언급했다. 수백만 명의 사람이 자신이 생산한 태양·풍력과 같은 신재생에너지를 거의 제로에 가까운 한계비용으로 공유한다. 태양과 바람은 사용 수수료를 내지 않아도 된다. 이러한 에너지는 고정비용이 거의 들지 않고도 전기를 생산할 수 있기 때문에 수년 안에 기존의 석탄·석유·원자력 같은 에너지 자원보다 경쟁 우위를 선점할 것이다. 컴퓨터처럼 말이다. 1950년대 컴퓨터의 고정비용은 수백만 달러였지만, 오늘날 사람들은 25달러에 스마트폰을 살 수 있다. 태양열에너지에서도 같은 현상이 벌어지고 있다. 1978년에는 태양광으로 1W의 전기를 생산하는 데 78달러 정도가 들었다. 오늘날은 55센트밖에 들지 않는다. 이렇듯 고정비용이 현저하게 낮아지고 한계비용도 거의 제로가 되어 간다.

나는 2007년부터 독일 정부와 함께 일하고 있는데, 유럽에서 태양광으로 생산하는 전력의 한계비용은 거의 제로다. 앞서 말했듯 수수료가 없기 때문이다. 이것이 에너지 인터넷 세계에서 일어나는 에너지 혁명이다.

운송에서의 변화도 살펴보자. 공유경제 속에서 네트워크를 통한 자동차 공유가 활발해지고 있다. 아직 자동차가 많이 팔리고는 있지만, 향후 40년 안에 밀레니얼세대*들이 새로운 움직임을 만들 것이다. 에너지와 가상재화가 그러했듯이 말이다. 밀레니얼세대는 기존 방식대로 자동차를 구매하여 소유하기보다는 네트워크를 통해 공유하고 싶어 한다.

●
1980년대 초반부터 2000년
대 초반 출생한 세대. 개인주
의적이며 소셜 네트워크 서
비스SNS를 통한 소통에 익
숙하다.

이러한 추세에 따라 자동차 산업의 무대는 시장에서 네트워크로 이동할 것이며, 거래는 서비스 기반으로 탈바꿈하리라 예상한다. 자동차 한 대를 공유하면 자동차 열다섯 대가 사라진다. 이미 그렇게 되고 있고, 자동차 회사들도 그 사실을 알고 있다. 앞으로 40년이 지나면 자동차의 80%가 사라질 것이다. 그때가 되면 전기차, 연료전지차, 재활용 소재를 이용해 3D로 제작된 자동차, 신재생에너지로 움직이는 한계비용 제로의 자동차만 남고 운전자도 사라질 것이다.

하이브리드 경제의 출현은 이렇게 요약된다. 공유경제는 19세기 자본주의와 사회주의 이후 나타난 최초의 새로운 경제체제다. 이 공유경제의 일부분은 기존 자본주의에 흡수되기도 하고 협력적 수평 관계를 이루기도 하며, 또 일부는 자본주의에서 완전히 벗어나 있기도 하다.

오늘날 한국에서 어디를 가든 밀레니얼세대를 볼 수 있다. 그들은 판매자가 되기도 하고 구매자가 되기도 하며, 기업을 소유한 사람이기도 하고 노동자이기도 하다. 동시에 시장 거래를 통해 재화와 서비스를 생산해 수익을 내기도 한다. 한국의 많은 밀레니얼세대가 음악·비디오·뉴스·위키피디아 정보 등의 가상재화를 생산 및 공유하고 있으며, 거의 제로에 가까운 한계비용으로 신재생에너지의 생산도 시작하고 있다. 이것이 바로 하이브리드 경제체제다.

자본주의가 사라지지는 않는다. 다만 시장에서 네트워크로 소유에서 접근성으로 경제 중심이 옮겨 갈 것이다. 구매자와 판매자는 여전히 기존 자본주의 경제체제 아래 생겨난 관리 네트워크에서 생산과 이용을 통한 수익을 창출할 것이다. 하지만 일부는 시장 밖에서 공유경제를 형성하리라고 본다.

공유경제의 형성은 GDP에 반영되지는 않지만 삶의 질과 관련이 있다. 즉 사회의 기업가 정신이 극도로 확대되며, 공유경제가 성장하는 과정에서 자본주의를 수단으로 삼아 따로 또 같이 성장한다. 이른바 제3차 디지털 산업혁명으로, 이는 생명과학·자연과학·통신·에너지·교통·인프라 및 서비스 등 모든 것을 연결하는 데서 비롯된다.

이러한 변화가 실제로 일어나고 있는지.

그렇다. 나는 이론을 풀어놓는 게 아니다. 실제로 나와 우리 팀이 함께 개발한 사항에 근거해 말하는 것이다. 우리는 2001년부터 유럽연합EU과 일하고 있는데, 6310억 유로 규모의 펀드를 조성해 스마트 유럽 프로젝트를 개발했다. 2017년부터 유럽 350여 개 지역에 스마트 유럽, 디지털 유럽 플랜을 본격적으로 시작할 예정이다.

스마트 유럽 플랜*은 2017년 2월에 열린 EU 위원회 및 유럽중앙은행에서 내가 발표한 자료에 잘 나와 있다. 비슷한 콘셉트로 중국과도 협업 중인데, 최근 몇 년간 추진된 차이나 인터넷 플러스**라는 플랜이다. 두 가지 플랜 모두 중국, 유럽과 함께 개발했고 이미 각 나라에서 실행 중이다.

● 관련 기사: Europe to lead world's smart cities by 2040 (CitiesToday, 2017.2.8)
●● 관련 기사: China's focus on Internet Plus governance (english.gov.cn, 2017.2.1)

제3차 산업혁명은 이전과 비교했을 때 어떤 특징이 있나.

제1·2차 산업혁명에서 플랫폼은 중앙 집중적이고 폐쇄적인 성격을 띠었다. 또한 수직화 구조로 통신·에너지·운송 매트릭스 변화에 막대한 자금이 필요했다. 그래서 기존의 지주·자본가 중심의 법인이 설립되기 시작했고, 그 투자는 다시 수직적으로 통합된 기업 구조를 이루어 중앙 집중적이고 하향식으로 통신·에너지·운송 매트릭스를 감시해 왔다. 그때는 자본주의 사회든 공산주의 사회든 이렇게 할 수밖에 없었다. 하지만 제3차 산업혁명은 디지털 플랫폼으로 바뀌었기 때문에 중앙 집중적이고 폐쇄적인 구조가 아니라 개방적이고 투명한 구조다. 수직적 구조에서 수평적 구조로 바뀐 것이다.

밀레니얼세대는 내가 하는 말을 이해할 것이다. 네트워크에 많이 참여할수록 혜택을 보는 사람의 수가 늘고, 개인의 사회자본 이익도 높아진다. 또한 작업이 인터넷상에서 널리 퍼질수록 더 많은 사용자가 몇 배의 혜택을 본다. 플랫폼이 개방적이고 투명하기 때문에 더 많은 가치가 더 많은 사람에게 전달되고 혁신이 일어난다. 수평적 구조라 더 많은 사람이 네트워크에 참여할 수 있다.

대기업에는 그 구조가 불리하지 않을까. 한국은 대기업이 많아서 더 우려스럽다.

이러한 움직임이 대기업에는 어떤 의미일까? 한국은 이 부분을 생각해 봐야 한다. 한국은 디지털 기술 분야에서 전문성을 갖고 있기 때문이다. 한국뿐 아니라 나와 협업 중인 아시아 국가 및 유럽, 미국에서도 같은 고민을 하고 있다.

우리는 새로운 기업 비즈니스 모델을 개발해야 한다. 당장 제2차 산업혁명에서 벗어날 수는 없다. 하지만 레거시legacy* 통신·에너지·운송을 기반으로 한 레거시 모델이 점차 사라지고 있다. 세계 어느 지역의 통신 회사나 전력 회사 종사자도 이 사실을 알고 있다. 운송 회사도 마찬가지다. 모든 산업군에서 두 가지의 비즈니스 포트폴리오를 만들려는 노력이 필요하다.

전력 회사와 자동차 회사로 예를 들어 보겠다. 대기업이 어떻게 분배 네트워크로 옮겨 가야 하는지 알아보자. 독일의 경우, 더는 원자력과 석탄 에너지를 사용하지 않는다. 나는 독일 정부와 협업해 변화를 끌어냈다. 독일에는 4대 전력 회사 에온E.ON, 에엔베베EnBW, 에르베에RWE, 바텐팔Vattenfall이 있는데 모두 수직적·폐쇄적 구조의 중앙 집중화된 기업이었다. 이 기업들은 지난 10여 년간 변화를 겪었고, 이는 출판·음악·텔레비전·신문 산업에서 나타난 양상과 비슷한 전개를 보였다.

독일에서 일어난 변화를 좀 더 살펴보자. 독일 전역에서 농업 종사자, 중소기업인 그리고 지역 관계자가 함께 협업해 전력을 생산하기 시작했다. 전력 생산에 필요한 자금은 은행 대출을 이용했고, 전력을 생산해 은행 대출금을 갚았다. 이렇듯 모든 에너지가 수평적으로 생산되면서 개방적이고 투명한 에너지 인터넷이 나타났다. 4대 전력 회사에서도 태양광 및 풍력을 생산하지만, 일정 규모 이상으로 키울 수는 없었다. 기존의 석탄이나 석

* 과거로부터 내려온 낡은 기술이나 방법론, 컴퓨터 시스템 등을 말한다.

새로운 엘리트의 탄생

유 같은 에너지는 대량 생산할 수 있었지만, 태양이나 풍력 에너지는 분산되어 있어 대규모 전력을 생산하려면 협업이 필요했기 때문이다.

상황이 이렇게 되면 대기업은 망할까? 그렇지 않다. 하지만 제2차 산업혁명에 맞는 현재의 비즈니스 모델을 제3차 산업혁명에 맞는 분산 모델로 바꿔야 한다. 현재 전력 회사의 가장 큰 문제는 자산이 묶여 있다는 점이다. 뉴욕 시티은행은 100조 달러 규모의 자산이 석탄에너지 분야에 묶여 있다. 신재생에너지 분야의 낮은 한계비용과 상생할 수 없기 때문이다. 이것은 역사상 가장 큰 버블bubble이고, 많은 전력 회사도 이 공포를 느끼고 있다.

5년 전, E.ON에온의 CEO와 만난 적이 있는데, 나는 그에게 "당장 내일 제2차 산업혁명에서 벗어날 수는 없지만 묶여 있는 자산을 줄여야 한다"고 조언했다. 동시에 "제3차 산업혁명을 위한 새로운 비즈니스 모델을 구축해 에너지 인터넷을 확장해야 한다"고 말했다. 새로운 비즈니스 모델을 만들면 더 적은 전기로 더 많은 이윤을 낼 수 있다. 신재생에너지가 에너지 네트워크로 편입할 수 있게 해야 한다. 에너지 인터넷으로 흘러 들어가는 빅데이터를 분석하고, 궁극적으로는 많은 회사가 에너지 인터넷 비즈니스에 관여하게 해 생산성과 효율성을 높이고 한계비용을 낮춰야 한다.

에너지 인터넷 비즈니스에 뛰어든 회사들은 그들이 얻은 생산성을 다시 전력 회사와 공유하는데, 이것을 '이행 계약Performance Contract'이라고 한다. E.ON의 CEO와 5년 전에 이러한 이야기를 나누었는데, 당시 그는 내 의견에 'No'라고 했지만 지난해에는 'Yes'라고 답했다. E.ON은 아직 원자력과 석탄 사업을 하고 있지만, 이것을 사는 사람이 없어 묶인 자산이 되어 버렸다. 그들은 이제 신재생에너지 분야로 관심을 돌려야 하며, 모든 지역에서 태양광·풍력 발전을 이용해 전력을 생산할 수 있다는 사실을 알아야 한다. 그리고 모든 사람이 에너지 인터넷을 관리할 수 있다는 사실과 그 방법으로 이윤을 창출할 수 있다는 사실도 알아야 한다. 다른 전력 회사 역시 두 가지 비즈니스 모델을 구상 중이다. 구체적으로는 에너지 인터넷으로 편승할 수 있는 에너지 서비스 비즈니스를 구축하는 일을 말한다. 이 모든 게 실현 가능하며 현재 진행 중인 사안이다. 단순히 이론만 내세우는 게 아니다.

운송 기술도 살펴보자. 자동차 산업에서도 에너지 분야와 비슷한 현상이 벌어지고 있다. 고정비용이 내려가고 한계비용이 줄어드는 배경에서는 자동차 한 대를 공유할 때마다 자동차 열다섯 대가 사라진다. 물론 아직도 수많은 자동차가 판매된다. 하지만 앞으로 더 많은 밀레니얼세대가 자동차를 공유한다면 두 세대 안에 자동차 수는 급격히 줄어들 것이다.

자동차 회사들도 이러한 변화를 알고 있다. 그들은 비즈니스 모델을 전환하려는 노력으로 운송 네트워크를 구축하는 모델을 만들고 있다. 다임러Daimler AG와 포드Ford는 이미 이 일에 뛰어들었다. 두 회사 모두 내연기관으로 제2차 산업혁명을 주도한 기업이다. 2016년 다임러 트럭의 최고경영자CEO가 나를 독일로 초대해 운송 네트워크에 대한 의견을 물었고, 나는 이 비즈니스 모델을 소개했다.

그 이후 다임러는 새로운 제3차 산업혁명 비즈니스 모델을 세계에 공개했다. 그들은 여전히 연 수백만 대의 트럭을 팔아 치우고 있고 앞으로 몇 세대 동안 더 많은 트럭을 팔 수 있지만, 미래의 운송·물류에서는 새로운 비즈니스 모델이 필요하다는 사실을 알고 있었다. 그들은 400만 대의 다임러 트럭에 센서를 부착했다. 트럭 외부에 부착된 센서는 데이터를 수집한다. 날씨나 도로, 교통 상황, 실시간 창고 사용 여부 같은 데이터 말이다. 이러한 데이터를 수집하고 분석해 수송 효율성을 높이는 것이다.

이 계획을 발표한 후, 다임러 트럭 세 대가 고속도로를 주행하는 현장을 헬기로 촬영했다. 촬영 중 트럭 운전사소프트웨어 엔지니어에게 운전대에서 손을 떼라고 말하자 트럭 세 대가 기차처럼 일렬로 서서 자율주행을 시작했다. 이것이 바로 자동차 산업에서 현재 일어나는 변화다.

앞으로는 시와 협력해 운송 네트워크 서비스 시스템을 도입할 예정이다. 차량과 자전거를 공유하는 데 이어 2020년, 2021년쯤에는 전기자동차를 도입해 신재생에너지를 사용하는 시스템으로 전환하려고 한다. 제2차 산업혁명 모델을 완전히 없애는 게 아니라, 제3차 산업혁명에 필요한 네트워크 서비스를 제공함으로써 운송·물류 시스템을 바꿀 것이다.

한국 기업들이 올바른 방향으로 가고 있다고 생각하나.

하나는 분명하다. 만일 한국 기업들이 올바른 방향으로 가고 있지 않다면, 20년 안에 한국은 이류Second-tier 국가가 된다. 미국에서도 비슷한 일이 일어나고 있다. 캘리포니아와 뉴욕을 제외한 주들, 특히 워싱턴은 지금 석탄과 내연기관을 사용하던 1920년대로 돌아가고 있다. 슬픈 일이 아닐 수 없다.

반면 유럽연합은 앞서 나가는 중이다. 6310억 유로를 인프라에 투자했고 중국도 대규모 투자를 하고 있다. 한국은 디지털 기술의 선두 주자이면서 밀레니얼 문화도 매우 발달했다. 한국에서 새로운 문화가 생기고 있다는 사실은 매우 흥미롭다. 하지만 한국은 디지털 문화를 선도하는 나라이면서 실리콘밸리에 있는 기업들과 비슷한 경험을 하고 있다. 실리콘밸리의 기업들도 디지털 기술을 선도하지만 통합 인프라에는 투자하지 않는다. 생산성은 인프라에서 온다. 디지털 기술 자체를 판매해 생산성을 높일 수는 없다. 예를 들어, 제2차 산업혁명의 인프라가 가져오는 생산성은 한국과 일본을 포함한 세계 모든 지역에서 이미 한계점에 도달했다. 최고점을 찍고 하락하는 추세라고 볼 수 있다. 삼성 같은 거대한 회사가 재화를 생산해 낸다고 해도 이제는 디지털과 융합하지 않으면 생산성을 창출할 수 없다. 중국의 경우 대기업이 아니라 중기업에서 제3차 산업혁명 비즈니스 모델을 도입했다. 그들도 이미 디지털 인프라에 투자하고 있다. IT·교통·물류·전기 분야에서 새로운 비즈니스 모델을 제일 먼저 시행하고 있다.

한국은 아주 중요한 시점에 와 있다. 대기업은 기존의 비즈니스 모델은 물론 새로운 비즈니스 모델을 함께 가져가야 한다. 한국의 밀레니얼세대는 지금껏 설명한 이야기를 전부 이해할 것이다. 이들은 기성세대와 함께 가야 한다. 2년 전, 삼성의 최고경영자가 라스베이거스에서 기조연설을 했다. 그때 그는 나에게 새 비즈니스 모델을 그 자리에서 소개해 달라고 요청했다. 새로운 비즈니스 모델로 이행하는 것은 결코 쉬운 일이 아니지만, 한국의 기업들은 이미 이러한 기조에 몸을 담고 있다고 생각한다.

디지털 인프라에 투자하는 것뿐만 아니라 기업 내 비즈니스 환경을 바꿔야 한다. 밀레니얼세대가 좀 더 개방된 분위기에서 투명하고 수평적인 기업 활동을 할 수 있도록 환경을 조성해야 한

다는 말이다. 예를 들어, 한국의 자동차 회사는 혼자서 생존할
수 없다. 통신 회사와 협력해야 한다. 전력 회사도 마찬가지로
물류·유통 회사와 협업해야 한다. 이렇듯 모든 산업군에서 협
업이 필요하다. 또한 한국의 중소기업들이 디지털 기술 분야를
이끌 것으로 예상한다. 기술이 더 저렴해졌기 때문이다. 더불어
한국의 중소기업이 디지털 기술을 바탕으로 대기업과 동등하게
협업할 수 있는 환경이 갖춰져야 한다. 공유경제에서는 자본 시
장도 공유할 수 있다.

개방적인 자세로 협력하라. 제3차 산업혁명에 따른 디지털 인프
라를 확대하려면 기업과 협력하는 자세를 가져야 한다. 많이 힘
들겠지만 이런 기조를 따르지 않는 회사들은 사라질 것이다. 한
국의 많은 기업이 이러한 기조에 동참하고 있다. 다만 유럽과
중국보다 약간 뒤처진 것뿐이다.

한국의 노동자들은 기술의 발전으로 직업을 잃게 될까 봐 두려
워하고 있다.

22년 전에 쓴《노동의 종말》에서 나는 자동화 및 기술 혁명이 올
거라 주장했다. 이 책이 출간되었을 때 미국 주간지 〈타임Time〉은
'흥미롭지만 회의적Interesting but skeptical'이라고 평했다. 그들은 기존
의 경제체제가 무너지면 새로운 경제체제 안에서 새로운 일자리
가 창출될 것이라고 내다봤다. 그랬던 그들이 2011년에는 다시

내 책에 담긴 내용대로 세상이 돌아가고 있다고 평했다.

문제는 앞으로 40년에서 50년간 자동화된 자본시장으로 진입하기 위해 엄청난 양의 빅데이터를 분석하고, 알고리즘·플랫폼을 관리해야 한다는 점이다. 그동안 마지막 단 한 번의 대고용이 생겨날 것이다. 한국뿐만 아니라 세계적으로 발생할 수요다. 두 세대에 걸쳐 스마트 인프라가 구축될 예정이고, 중급 노동과 전문 노동 시장이 영향을 받을 것이다.

이것은 그저 책 속에 존재하는 이론이 아니다. 이미 유럽과 중국에서 일어나는 변화다. 예를 들어, 한국의 모든 빌딩·집·기타 건물이 노후되어 효율성이 떨어지면, 스마트 기술을 접목한 스마트 빌딩으로 바꾸어야 한다. 데이터 센터, 마이크로 전기충전소 등 빌딩의 모든 부분이 사물인터넷으로 연결되어야 한다. 이렇게 되면 한국 전역에 있는 건물이 모두 사물인터넷으로 연결되고, 세계와도 연결될 수 있다.

스마트 빌딩으로 전환하는 데 필요한 것은 로봇이 아니고 사람이다. 로봇이 창문을 교체할 수는 없다. 이미 독일에서는 이런 작업을 하는 데 수만 명이 고용됐다. 모든 에너지 분야를 바꿀 필요는 없다. 화석연료와 원자력을 신재생에너지로 바꾸는 일만 해도 수많은 인력이 필요하다. 이러한 신재생에너지를 빌딩에 구축하는 일은 인간만이 할 수 있는 작업이다.

농업이나 다른 산업 분야도 신재생에너지로 탈바꿈이 예상되는데, 이럴 때 중급 또는 고급 인력이 필요할 것이다. 그리고 한국의 전체 에너지 그리드Energy grid를 디지털이나 스마트 구조로 바꿔 에너지 인터넷으로 만들어야 한다. 5G 광선 케이블 매설 같은 작업도 인간만이 할 수 있다. 이러한 에너지 인터넷 구축을 통해 모든 가정이 에너지를 효율적으로 관리할 수 있다. 하지만 현재와 미래를 잘 모르는 사람들도 있다. 앞서 말했듯, 40년간 대고용이 일어나 디지털 인프라 구축을 본격적으로 선도할 것이다. 현재 인프라 구축의 계획에 따라 정부와 기업 그리고 각 지역 단체가 협업해 필요한 일자리를 창출할 것이다. 수익은 자기가 창출한 에너지에서 얻으리라 본다.

유럽에서 새롭게 선출된 유럽위원회 위원장은 스마트 인프라에 어떻게 투자해야 하는지 물었다. 나는 이렇게 대답했다. "모든 나라가 돈은 갖고 있다. 개발도상국조차도 돈이 있다. 문제는 돈이 아니라 그 돈을 어디에 쓰느냐다." 예를 들면, 유럽연합은 미국보다 국민총생산 면에서 규모가 약간 큰 정도지만 2012년에 경제 공황을 겪으면서도 7410억 달러에 가까운 돈을 인프라에 투자했다. 문제는 이 돈을 15년 전 생산성에 정점을 찍은 제2차 산업혁명 인프라에 투자했다는 점이다. 물론 우리는 제2차 산업혁명의 붕괴를 원하지 않는다. 다리나 철도에 지속적으로 투자하되, 투자의 50%는 이제 제3차 산업혁명과 관련된 인프라에 써야 한다는 이야기다. 유럽 전역에서 디지털 통신 인터넷, 디지털 에너지 인터넷, 디지털 운송 인터넷이 서로 연결되어 새로운 비즈니스를 만들고 일자리도 생겨날 것이다.

한국도 전신 기술, ICT, 전력 회사, 운송·물류 회사, 건설·부동산 회사, 제조 회사 등에 새로운 인프라 구축이 필요하다. 앞으로 40년에 걸쳐 구축한 인프라는 원하는 비즈니스와 직업을 창출하고, 기대하는 수준의 에너지 효율성과 생산성을 만들어야 한다. 그리고 그것이 다시 인프라에 투자하는 결과로 나타나리라 예상한다.

40년간의 대고용이 끝나면 어떤 일이 일어날까.

많은 노동력이 남을 것이다. 디지털 인프라가 완성되는 2030년과 2040년 사이에는 스마트 알고리즘 관리와 빅데이터를 분석하는 소수의 관리자만 필요할 것이다. 그 어떤 회사도 50년 후 수백 명의 사람이 전통적인 직업군에서 계속 일할 것이라고 말하지 않는다. 앞으로 삼사십 년 안에 그렇게 될 것이지만, 아직 변화를 만들어 낼 시간이 있다. 그 이후는 자동화된 자본 시장이 나타날 것이다.

그렇다면 그때 사람들은 무엇을 해야 할까.

미래에는 일하지 않고서도 소득을 보장받는다는 이야기가 있다. 터무니없는 소리다. 나는 이 이야기를 밀턴 프리드먼Milton Friedman과 나눈 적이 있다. 둘 다 마이너스 소득에 대해 말했는데, 나는 일하지 않으면 월급도 받지 못할 거라고 주장했다.

로봇세에 대해 논하자면, 나는 이 개념을 1995년에 쓴《노동의 종말》에서 이미 언급했다. 로봇의 노동으로 생산하는 경제적 가치에 세금을 부과한다는 것인데, "나는 로봇세로는 아무것도 할 수 없다"라고 주장했다. 새로운 형태의 고용으로 새로운 임금을 창출해야 한다. 구체적으로는 사회·경제 분야에서 고용이 이루어질 것이다. 공유경제·비영리경제 분야를 말하는 것이다. 이 분야는 인간이 필요하기 때문이다. 로봇은 항상 인력을 대체하는 용도로 쓰인다. 교육·보건·어린이 돌봄·노인 돌봄·문화 등의 분야에서는 인간이 필요하다. 로봇이 두 살 된 아이와 보육 센터에서 노는 일이 가능하겠는가? 로봇은 감정도 사회성도 없다. 로봇은 아이와 눈을 맞추고 감정을 교류할 수 없다. 인간만이 할 수 있다. 그래서 사회·경제 분야의 고용 창출이 가장 빠르게 진행 중이다. 통계 자료를 봐도 이미 비영리, 사회·경제, 공유경제 분야에서 고용이 급속히 증가하고 있다. 미국에서는 노동자의 약 10%가 비영리 분야에 종사하고 있다. 캘리포니아는 15%, 유럽은 13%에서 14% 정도다. 40여 개 나라의 조사 통계를 보면, 정부의 보조금이 비영리 기업에 지급되는 경우는 매우 드물다. 비영리 기업은 보건이나 교육 분야에서 서비스를 제공하고 이윤을 낸다.

힘든 노동이나 기계를 구동하는 일이 아닌 서비스를 제공하는 일, 사회성을 길러 주고 생태계를 조성하며 인문학적 환경을 만들어 내는 일이 현재 고용 시장에서 증가세를 보인다. 존 메이너드 케인스John Maynard Keynes도 자신의 책에서 이러한 주장을 했다. 1930년에 출간된《손자 세대를 위한 경제적 가능성》에서 케인스는 '기술 실업Technology Displacement'이라는 용어를 사용했고, 나는 이 글을《한세비용 새로 사회》잇 긴에 삽입했다. 케인스는 두려워하지 말라고 했다. 이 현상은 인간 여정의 다음 챕터일 뿐이다.

그 시대의 인간은 더 행복하게 일할까.

이렇게 생각해 보자. 2060년에 당신의 증손주가 당신에게 '증조부모님은 한국에서 어떤 일을 하고 살았어요?'라는 질문을 한다고 가정해 보자. 당신은 증손주에게 '증조할아버지는 트럭을 수동으로 운전해서 매일 20km를 왔다 갔다 했단다. 그리고 증조할머니는 물건을 비닐 백이나 종이 상자에 넣는 일을 했어. 매일 여덟 시간씩 40년을 그렇게 일했지'라고 답할 것이다. 그러면 증손주는 어떻게 반응할까? '뭐라고요? 왜 그런 일을 했어요?'라며 믿을 수 없다는 반응을 보일 것이다. 우리가 지난 시절을 돌아볼 때 그렇게 느끼듯이 말이다.

우리가 만드는 변화가 반드시 유토피아를 가져온다고 단정하는 것은 아니다. 그저 더 나은 세상을 만드는 일이다. 인간의 여정은 다음 단계로 넘어가는 것뿐이다. 우리는 21세기에 멈춰 있지 않고, 더 창의적인 기회와 고용을 위해 진보할 것이다.

누가 미래 사회를 이끌어 갈 주역이 될 것으로 생각하나.

어떤 직업군은 이미 사라지고 있다. 수백만 개의 전통적인 일자리에서 중기술 또는 중·고기술을 가진 노동자가 일하고 있다. 그렇다면 누가 디지털 시대의 직업군에 가장 적절한 사람일까? 바로 인터넷 세상에 사는 밀레니얼세대가 디지털 혁명을 이끌 것으로 생각한다. 38세 이하의 밀레니얼세대는 디지털 스킬이 있다. 한국 기업은 기존의 베이비붐 세대와 밀레니얼세대로 대표되는 디지털 세대가 서로의 멘토가 되어 함께 일할 수 있는 환경을 만들어야 한다. 밀레니얼세대는 디지털 마인드셋mindset, 즉 개방하고 투명하게 공유하며 협동하는 방법을 이미 알고 있다. 기성세대에게는 비즈니스 지혜와 경험이 있다.

두 세대가 함께 변화를 끌어내야 한다. 물론 성공 확률이 낮은 기술도 있다. 하지만 향후 두 세대 동안 대고용이 있을 것이고, 그 후 자동화 시장으로 빠르게 진입해 사회·경제 분야에서 대고용이 이루어질 것임을 잊어서는 안 된다. 다행히 우리에게는 아직 교육할 시간이 있다. 젊은이들이 두 가지 형태의 고용에 대비할 시간 말이다. 두 가지 형태의 고용 모두 개방성·투명성·공유성·협력성을 바탕으로 이루어진다. 고등학교, 대학교에서 학생들을 교육해 앞으로 40년간 제3차 디지털 산업혁명을 위한 인프라를 변환해야 한다.

한국에서는 '제4차 산업혁명'이란 용어를 사용하는데.
제3차 산업혁명, 즉 디지털 혁명은 대단히 빠른 속도로 진행되었다. 많은 분야에 적용되어 큰 변화를 가져왔고, 이것이 다시 폭발적인 속도로 진행되면서 '제4차 산업혁명'이라는 용어를 쓰기 시작했다.

하지만 이것은 정말 어리석은 일이다. 제1차 산업혁명은 빠른 속도로 진행되었고 통신, 에너지, 교통 등의 분야에서 특히 더욱 빠르게 진행되었으나 이를 제2차 산업혁명이라고 말하지는 않는다. 제2차 산업혁명 역시 빠르게 진행되어 새로운 고용을 창출하고 비즈니스 모델을 만들었지만, 이를 제3차 산업혁명이라고 말하지는 않는다.

제4차 산업혁명이라는 말을 처음 사용한 클라우스 슈밥Klaus Schwab, 세계경제포럼 회장은 착각하는 것 같다. 인류 역사상 혁명이라고 부를 만한 일은 에너지와 통신, 교통에서 변화를 일으킨 것이다. 디지털 기술의 연결은 우리가 여전히 디지털 기술로 제3차 산업혁명의 시대에 머물러 있다는 사실을 알려 준다.

제4차 산업혁명은 존재하지 않는다. 슈밥은 마케팅을 목적으로 언급한 듯한데, 이는 많은 사람을 혼란스럽게 할 뿐이다. 만약 디지털에서 '양자quantum'라고 부르는 물리학적 변화가 일어난다면 그것은 아마도 혁명이라고 할 수 있다.

그렇다면 한국 정부와 기업이 이 용어를 사용하지 않아야 한다고 주장하는 건가.

당연히 사용할 수는 있겠지만, 디지털 혁명을 제4차 산업혁명으로 부른다고 해서 지금의 변화를 설명할 수는 없다. 도대체 제4차 산업혁명이 무엇인가? 누구도 제대로 된 답을 내놓을 수 없다. 지금은 제3차 산업혁명 시대다. 디지털 혁명은 1970년대에 시작되었다. 다음 단계는 전 세계가 디지털 기술로 연결되는 것이다. 통신과 에너지·교통 그리고 인터넷 플랫폼이 산업·부문 간을 연결하는 세계 말이다. 이것이 슈밥이 말하는 디지털 기술이다. 한국 기업은 용어를 고민하기보다는 기업이 실제로 마련하는 통신 플랫폼, 재생에너지 플랫폼, 디지털화한 자율적 GPS 교통망, 사물인터넷과의 융합을 추구하려고 시도해야 한다.

마지막 질문은 교육제도에 관한 것이다. 미래의 일자리 시장에

대비해 우리는 어떤 준비를 해야 할까.

현재 교육 문제는 우리가 여전히 제1차 산업혁명에 기반을 둔 19세기 교육제도를 유지하고 있다는 점이다. 19~20세기의 공교육은 산업 노동력과 기계를 다룰 수 있는 훈련에 집중되어 있었다. 학교는 공장과 같았다. 미국의 학교에서는 프랜시스 베이컨Francis Bacon의 '지식은 힘이다Knowledge is power'라는 팻말을 볼 수 있었다. 성공하려면 누군가보다 지식에서 앞서야 한다는 의미였다. 교실에서는 의자가 모두 앞을 향해 있어 학생들은 서로를 보지 못하고 선생님만 봤다. 그러고는 전달받은 지식을 듣고 외우기를 반복했다. 아이들이 '왜'냐는 질문을 던지면 수업에 방해가 됐다. '왜'가 아니라 '어떻게'라고 물어야 한다고 가르쳤다. 또한 서로 간의 지식 공유는 부정행위cheating로 간주했다.

하지만 지식은 서로 나눠야 한다. 한국에서는 디지털 진보가 빨라 학생들이 지식을 공유한다. 가상 세계에서 스포츠 게임을 하고, 전 세계 학생들과 페이스북 등을 통해 소통한다. 결국 사람들 사이에서 자연스럽게 공동 작업이 이뤄지고, 디지털화로 인해 중앙집권은 점차 약해진다. 그렇기에 더욱 개방적이고 분산된 교육제도를 구축해야 한다. 유럽의 교육제도를 보자. 내가 일하는 팀은 유럽의 경제·사회적 계획 수립을 돕는데, 프랑스와 네덜란드 등에서 많은 조언을 했다. 프랑스의 일곱 개 대학, 이백 개 고등학교가 참여한 프로젝트가 있다. 리옹 가톨릭

대학Université Catholique de Lyon에서 마련한 제3차 산업혁명 교육제도
다. 이곳에서 교수들은 각 전공을 돌아가면서 가르친다. 예를 들어 생물학과에 재학 중인 학생이 철학, 심리학 교수에게 강의를 듣는 것이다. 이 과정을 통해 학생들은 파편화된 지식이 아닌 지식의 융합을 배운다. 학생들은 다양한 관점을 갖게 되고 이로 인해 다양한 사고를 하게 된다. 복잡하게 연결된 제3차 산업혁명 시대에는 학생 스스로가 다양한 분야를 이해하고 경계를 허무는 사고를 해야 한다.

교실도 변화가 있었다. 학생들이 팀을 이뤄 서로를 가르친다. 교수가 여전히 존재하지만 진행자의 역할을 담당할 뿐이다. 이러한 환경에서 지식의 공유는 부정행위가 아니라 사려 깊은 교육이 된다. 학생들은 이렇게 배운 지식을 이웃과 협력하며 실제 생활에 적용한다.

인터뷰가 끝나고 리프킨은 이렇게 부탁했다. "지금 한 인터뷰를 가벼이 다루지 말고, 큰 기사로 써 줬으면 좋겠다. 이것은 정말로 중요한 문제다."

글 정선언 **인터뷰어** 임미진

2.2 석학들의 목소리 - 대니얼 서스킨드

"우리가 당면한 문제는 실업unemployment이 아니라
직업 재배치redeployment다."
대니얼 서스킨드, 옥스퍼드대학 경제학 연구원
Daniel Susskind, Economist at Balliol College, Oxford University

몸에 좋은 약은 입에 쓰다. 2016년 말경 발간된《전문직의 미래 The Future of the Professions》는 전문직 종사자에게 굉장히 쓴 약이다. 이 책을 쓴 리처드·대니얼 서스킨드Richard·Daniel Susskind 부자父子 는 그동안 '전문직'이라 불린 고소득 화이트칼라를 향해 단호하 게 선언한다.

안락한 직장생활은 조만간 끝날 것이다.

책에서 언급한 여덟 가지 전문직은 다음과 같다. 의사, 교사, 성 직자, 변호사, 기자, 경영 컨설턴트, 세무사와 회계감사 그리고 건축가. 이들에게 어떤 일이 일어나고 있을까. 기술은 전문직 종 사자가 하는 업무의 상당 부분을 자동화한다. 그뿐만이 아니다.

기술로 인해 소비자는 더 높은 품질을 더 낮은 비용으로 누릴 수 있으며, 더 편리한 서비스를 받는다. 예를 들어 보자. 미국의 터보택스TurboTax 같은 세무신고 소프트웨어는 간단한 질문을 몇 개 던진 뒤 자동으로 세무신고서를 작성해 준다. 또한 미국에서만 70개가 넘는 교육 소프트웨어가 '적응adaptive 학습'이라고 불리는 일대일 지도를 제공한다. 학생이 컴퓨터를 통해 문제를 풀면, 학생의 수준을 파악해 맞춤 설명을 제공하는 방식이다. 인간보다 더 정확한 질병 진단 소프트웨어, 1초에 수억 장의 법률 문서를 검토하는 인공지능 프로그램은 새로운 뉴스도 아니다.

이들은 '전문직의 해체'라는 결론을 내린다. 서스킨드 부자는 단언한다.

> 전문직은 점점 더 해체될 것이다. … 특정한 상황에서는 여전히 전통적 전문직이 필요하겠지만 그런 수요마저도 시간이 흐르면 줄어들 가능성이 높다. … 전문가의 새로운 역할이 등장하겠지만, 오늘날 전문가는 이런 역할에 '전문가'라는 수식어를 붙일 자격이 있는지 의문을 품을 것이다. 그리고 이처럼 새로운 역할 자체도 대부분 필연적으로 새로운 시스템과 사람들로 대체될 것이다. 이와 관련해 전문직의 충격을 줄일 방도는 없다. 지금으로부터 수십 년 뒤, 오늘날의 전문직이 사회에서 수행하게 될 역할은 지금에 비해 훨씬 덜 중요할 것이다.
>
> – 리처드·대니얼 서스킨드, 《전문직의 미래》, p.368

전문직은 해체 수순을 밟을 거라는 선언 뒤, 부자는 다음 질문을 던진다. 인간에게는 어떤 역할이 남아 있을 것인가? 2017년 8월, 한 시간 남짓 전화로 진행된 대니얼 서스킨드 옥스퍼드대학 교수의 인터뷰 역시 이 주제로 문을 열었다.

임미진 (이하 생략) **한국에서는 인간이 로봇과 인공지능에 일자리를 다 뺏길지도 모른다는 불안감이 확산 중이다. 이는 한국만의 현상인가. 그리고 합리적인 불안인가.**

대니얼 서스킨드 (이하 생략) 아니다. 영국이나 미국, 심지어 개발도상국에서도 같은 불안심이 있다. 이런 불안감이 합리적이냐는 질문은 내가 아버지와 함께 몇 년간 매달려 온 문제다. 우리가 내린 결론은 사람들이 두려워하는 점은 현상 자체가 아니라는 것이다. 사람들은 '우리가 이런 현상에 제대로 대처하고 있느냐'를 걱정하고 있다.

《전문직의 미래》도 미래에 대한 경고 메시지를 던지는 내용 아닌가. 당신은 "그동안 자동화의 대상이 아니라고 생각했던 화이트칼라의 일도 상당 부분 자동화가 가능하다"라고 주장했다.

최근 일자리 시장과 관련한 불안이 화이트칼라를 중심으로 일어나고 있다. 블루칼라와 달리 '내 일은 자동화되지 않을 것'이라고 생각했던 계층이다.

가까운 미래에 지식노동자가 인공지능으로 대체될 수도 있을까.

결론부터 얘기하면, 전문직은 기존에 일하던 방식을 바꿔야 할 거다. 하지만 당장 로봇이나 인공지능이 이들의 직업을 모두 빼앗는 상황은 오지 않을 것이다. '의사를 인공지능이 대체할 수 있을까'라는 질문은 모호하다. 의사가 하는 일이 한 가지가 아니고, 모든 의사가 같은 일을 하는 것도 아니기 때문이다.

의사, 변호사, 교사, 회계사 같은 전문직은 매우 복잡하고 다양한 일을 한다. 이들이 하는 업무는 점진적으로 시스템과 기계에 침식당할 거다. 전문직은 기계가 하지 않는 일로 무게중심을 옮길 것이라고 본다.

먼 미래에는 인공지능 변호사나 인공지능 의사가 활약할 수 있다는 얘기인가.

그런 시기가 언제쯤 올지 누구도 확답할 수 없다. 10년에서 20년 안에 대규모 실업 사태가 온다고 생각하지는 않는다. 다만 우리가 직면한 과제는 훈련을 통한 인력 재배치다. 기계가 할 일과 사람이 할 일을 나누고, 사람들에게 새로운 교육을 해야 한다. 장기적으로 보면, 전통적인 변호사나 의사의 숫자가 갈수록 줄어들 것이라는 결론을 피하기가 어렵다. 하지만 지금부터 걱정하는 건 무의미하다. 유명한 영국 경제학자 존 케인스John Maynard Keynes가 '장기적으로 보면 우리는 모두 죽는다'고 말한 것*과 마

케인스는 대공황 시대 (1929~1939년), 정부의 적극적 개입을 주장했다. '시장의 자생적 회복을 기다리자'는 다른 경제학자들의 반박에 '경제정책을 만들 때 지나치게 장기적 시각으로 바라보면 안 된다'는 의미에서 이렇게 말했다고 알려져 있다.

찬가지다. 우리는 단기적·중기적 시간을 살지 장기적 시간을 사는 게 아니다. 지금은 변화할 세상에 맞서기 위해 사람들에게 어떤 기술을 가르쳐야 할지 고민할 시기다.

> 케인스의 말이 맞다. 장기적으로 보면 우리는 모두 죽는다. 우리는 오늘을 살고 내일을 준비한다. 이는 다른 말로 먼 미래에 대한 불안에 휩싸여 '결국 아무것도 의미 없다'며 넋을 놓고 있을 수 없다는 뜻 아닐까. 게다가 우리가 두려워하는 미래가 올지, 온다면 언제쯤일지는 아무도 알 수 없는 일이라는 게 서스킨드 교수의 주장이었다.

인공지능이 많은 전문직을 대체할 '장기적 시점'이 도대체 언제쯤일지 짐작할 수는 없을까.

예측할 수 없다. 변화의 속도는 나와 동료의 손에 달리지 않았기 때문이다. 우리가 말하는 변화는 누구도 통제할 수 없는 영역이다. 예를 들어 보자. 법률 회사나 병원, 학교가 로봇이나 인공지능을 얼마나 적극적으로 업무에 도입할지, 그들이 해 온 업무를 얼마나 바꿔 나갈지가 관건이다.

또한 기술을 개발하는 회사가 이 문제에 대처하기 위해 어떤 식으로 움직일지, 정부가 규제 환경을 어떻게 조성할지도 관건이다. 정부는 변화를 부추길 수도 막을 수도 있다. 마지막은 소비자의 반응이다. 예를 들어 어떤 환자는 의사가 진찰하려고 하면

"잠깐, 저는 기계에 진찰을 맡기고 싶은데요"라고 할지도 모른다. 이렇게 복잡하고 다양한 요소가 모여 변화의 속도를 결정할 것이다. 시점을 특정할 수 없는 이유다.

그렇다면 근로자 혹은 아이를 키우는 부모는 중단기 미래만 내다보고 대비해야 하는가.

미래를 준비하는 사람은 미래의 일자리 시장을 걱정하느라 본질을 놓쳐선 안 된다. 성공하려면 어떤 종류의 기술과 역량이 필요한지에 집중해야 한다. 기술이 지금 당장 대량실업을 가져오지는 않기 때문이다. 하지만 성공을 좌우하는 요인은 변하고 있다. 예를 들어 현재의 전통적인 변호사 훈련이 법률 문제 해결에 큰 도움이 안 될 수도 있다. 전통적 의사 훈련도 건강 증진을 위한 최선의 방법이 아닐 수 있다. 마음을 활짝 열고 직업 문제를 어떻게 풀어낼지 고민해야 한다. 다시 얘기하지만, 우리가 당면한 문제는 실업unemployment이 아니라 직업 재배치redeployment다. 사람들이 지금과는 다르게 일할 수 있게끔 기술과 역량을 확보해야 한다. 장기적인 과제가 아니라 현재 우리가 당면한 과제다.

나는 사람들에게 두 가지 전략을 권하고 있다. 첫째는 기계와 경쟁하는 것이다. 기계와 시스템이 현재 잘하지 못하는 부분을 사람이 하는 방법이다. 창의성이나 판단력, 대인 관계나 사회성을 활용한 일을 말한다. 둘째는 기계를 만드는 것이다. 점점 더 능력 있는 시스템과 기계를 설계하고, 사용하고, 조작하고 이해할 수 있는 사람이 되는 방법이다.

창의성과 판단력, 사회성을 기르려면 교육제도는 어떻게 바뀌어야 할까.

기계가 잘할 수 있는 부분을 학생에게 가르치면 안 된다는 큰 원칙을 두어야 한다. 기계나 시스템은 비교적 일상적인 작업을 잘 수행한다. 기계는 상당히 많은 양의 자료를 직관적으로 인식한다. 흥미로운 사실은, 이것이 대부분 학교가 현재 채택한 교육 방식이라는 것이다. 학생들에게 많은 양의 정보를 접하게 하고, 직관적인 방법으로 적용하게끔 가르친다.

이런 모델에서 벗어나 창의력과 판단력, 문제 해결 능력과 대인 관계 기술을 가르쳐야 한다. 또한 새로운 기계와 시스템을 어떻게 설계하고 작동하는지에 관한 디지털 기술을 가르치는 일도 중요하다. 영국에서도 점점 더 많은 이가 컴퓨터과학에 관심을 두지만, 여전히 교육과정은 영감을 줄 만큼 효과적이지 않다.

2016년, 코딩Coding, 컴퓨터 프로그래밍 교육과 관련한 기획 보도를 연재한 적이 있다. 영국은 2014년에 세계에서 가장 빨리 코딩 공교육을 도입했다. 당시 영국의 교육부 장관은 "5세부터 매주 1시간씩 코딩을 가르치겠다"라고 선언하며 코딩 공교육 도입 배경을 이렇게 설명했다. 서스킨드 교수도 코딩 교육의 역할을 강조했다.

영국은 코딩 교육을 잘한다고 알려졌다. 어떻게 보나.

코딩 교육이 굉장히 중요해졌지만 갈 길이 멀다. 아직 코딩이 수학, 영어, 과학처럼 중요하다고 여기는 분위기는 아니다. 하지만 나는 코딩이 우선이라고 본다. 미래에는 코딩을 능숙하게 잘하는 게 글을 정확하고 유창하게 쓰거나 어려운 수학 문제를 푸는 것만큼 중요해질 것이라 생각한다.

모든 사람이 코딩을 할 수 있어야 한다는 뜻인가.

미래에는 모국어로 말할 수 있는 능력만큼이나 프로그램 언어로 대화할 수 있는 능력이 중요해질 것이다. 전 세계 교육과정에 코딩을 포함해야 한다고 생각하는데, 현실은 그렇지 못하다.

아이가 있다면 어떤 직업을 권하고 싶은가.

물론 아이가 행복을 느끼는 일을 우선으로 해야겠지만, 만약 아이가 나에게 조언을 구한다면 기계를 설계하는 일을 하라고 말할 것이다. 기계가 할 수 없는 일을 하면서 기계와 경쟁하기보다는 기계가 역량을 키우도록 설계해 인간의 영역을 차지하게끔 만드는 일이 향후 수십 년 동안 가장 흥미진진한 작업이 될 것이다.

기계와 경쟁하지 않아도 될 분야나 직업은 없을까.

이 세상에 그런 직업은 없다.

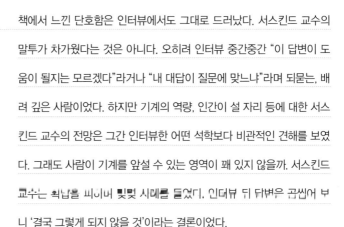

책에서 느낀 단호함은 인터뷰에서도 그대로 드러났다. 서스킨드 교수의 말투가 차가웠다는 것은 아니다. 오히려 인터뷰 중간중간 "이 답변이 도움이 될지는 모르겠다"라거나 "내 대답이 질문에 맞느냐"라며 되묻는, 배려 깊은 사람이었다. 하지만 기계의 역량, 인간이 설 자리 등에 대한 서스킨드 교수의 전망은 그간 인터뷰한 어떤 석학보다 비관적인 견해를 보였다. 그래도 사람이 기계를 앞설 수 있는 영역이 꽤 있지 않을까. 서스킨드 교수는 희답을 피하며 몇몇 사례를 들었다. 인더뷰 뒤 답변을 곱씹어 보니 '결국 그렇게 되지 않을 것'이라는 결론이었다.

기계가 인간처럼 느끼거나 의사소통을 할 수는 없을 것이라고 주장하는 사람이 대부분인데.

동의하지 않는다. 기계가 사람과 같은 방식으로 느끼거나 의사소통을 하지는 않을 것이다. 하지만 기계 나름의 방식으로 느끼고 의사소통을 할 수 있다. 기계가 특정 업무에서 사람을 능가하는 이유는 사람이 아니기 때문이다. 기계는 사람처럼 일하지 않는다. 예를 들어 보자. 최근 스탠퍼드대학에서 개발한 시스템인데, 주근깨를 사진으로 촬영하기만 해도 그것이 암인지 아닌지 판독할 수 있다. 숙련된 의사 스물한 명이 함께 진단한 결과만큼이나 정확하다. 이러한 진단이 가능한 이유가 바로 기계가 인간 의사처럼 진단하지 않기 때문이다. 이 시스템은 과거 13만 건의 데이터를 읽고 패턴 인식 알고리즘을 통해 암을 진단한다. 이렇듯 기계는 자신만의 방식으로 판단력과 감정이입이 필요한 일을 배워 나간다고 생각한다.

인간이 기계와 협업하면 기계를 능가하는 결과를 낼 수 있다는 주장도 많다.

중기적 측면에서는 더욱 많은 기회가 생길 것으로 생각한다. 그러나 장기적으로 볼 때, 기계가 더욱 강력해진다면 인간과 협업할 가능성도 점점 줄어들지 않을까.

이런 변화에 특히 취약한 직업이 있을까.

사실 대부분의 전문직이 위험에 처해 있기 때문에 특정 직업을 언급하기가 쉽지 않다. 당신이 누구보다 잘 알겠지만, 기자도 기계로 인해 지난 10년간 많이 달라진 직업 중 하나다. 회계사도 위험에 처했다고 생각한다. 회계사가 하는 일의 상당수는 기계와 시스템이 아주 잘할 수 있는 일이다. 의료 분야도 위기다. IBM이나 구글의 딥마인드 같은 기술 대기업은 인공지능을 상업적으로 활용하는 첫 분야로 의료를 택했다. 활용할 수 있는 데이터가 많고, 그 데이터가 일련의 증상과 관련이 있는지 매우 명확하게 정의되기 때문이다.

지금 말하는 변화가 궁극적으로 인간에게 혜택을 가져다준다고 생각하나.

당신의 입장에 따라 다르다. 전통적인 노동자의 입장에서는 이런 변화가 매우 위협적으로 다가올 것이다. 하지만 당신이 소비자라고 생각하면 반가울 수도 있다. 그동안 건강관리 시스템을 제대로 이용하지 못했거나, 법률 상담을 충분히 받지 못했거나, 훌륭한 교육을 받지 않았다면 말이다. 기술이 직업을 변화시키면 사람들은 더욱 합리적인 가격으로 다양하고 질 높은 서비스를 받을 수 있다. 이런 점을 생각하면 변화가 훨씬 낙관적으로 다가온다.

2.3   석학들의 목소리
– 제리 캐플런

"인간만이 할 수 있는 일을 찾아 준비하라."
제리 캐플런, 스탠퍼드대학 법정보학센터 교수
Jerry Kaplan, Professor at Stanford Center for Legal Informatics
(Stanford Law School)

제목만 보고 오해해서는 안 된다. 인공지능학자인 제리 캐플런 Jerry Kaplan은 스탠퍼드 법정보학센터 교수가 펴낸《인간은 필요 없다Humans Need Not Apply》는 사실 그렇게 절망적인 내용은 아니다. 오히려 미래 일자리 시장을 전망한 책 중에서 희망적인 편에 속 한다. 이메일과 화상 통화로 대화를 나눈 캐플런 교수 역시 유 머러스하고, 시종일관 밝은 메시지를 전달했다. 그는 이렇게 말 했다.

인공지능이 인간을 넘어선다거나 인공지능 때문에 인간의 직업이 모두 없어지는 일은 절대 발생하지 않을 것이다.

그렇다면 책 제목은 왜 그렇게 지은 걸까. 1차 이메일 인터뷰 후 이어진 화상 통화 인터뷰에서 건넨 첫 번째 질문이었다.

임미진 (이하 생략) '인간은 필요 없다'라는 제목은 당신의 핵심 주장과 조금 동떨어진 느낌이다. 왜 이런 제목을 붙였나.

제리 캐플런 (이하 생략) 영어 제목 '휴먼스 니드 낫 어플라이Humans Need Not Apply'를 번역하는 과정에서 오해를 불러일으킨 것 같다. 사실 영어 제목은 중의적 표현으로 눈길을 끌기 위해 채택했다. '블랙스 니드 낫 어플라이Blacks Need Not Apply'라는 인종차별 표현을 떠올리게 하고 싶었다.

최근 인공지능에 대한 대중의 관심이 폭발적으로 늘어난 이유는 뭘까

최근 들어 인공지능 기술이 실생활에 적용되었기 때문이다. 하지만 너무 과장해서는 곤란하다. '머신러닝Machine Learning, 인공지능의 자기 학습 방법'이라는 개념은 좀 부풀려져 있다. 머신러닝을 쉽게 설명하면, 기계가 보고 들을 수 있게 됐다는 것이다. 즉 기계가 복잡하고 깔끔하지 않은 데이터를 해석할 수 있다는 뜻이다. 머신러닝은 우리 산업과 생활에 획기적인 도움을 주겠지만, 수십 년 안에 매우 평범하게 받아들여질 기술이다. 사람들이 인공지능의 잠재력과 한계를 다 이해하지 못하기 때문에 과도한 기대와 불안을 함께 안고 있다.

알파고 이후 한국인들은 인공지능에 대한 두려움에 사로잡혔다.

솔직히 알파고가 그동안 기계가 해 온 일보다 더 의미 있는 일을 했다고는 생각하지 않는다. 컴퓨터가 처음으로 숫자를 계산했을 때도 사람들은 똑같이 충격을 받았다. 20년 전, 컴퓨터가 세계 체스 챔피언을 물리쳤을 때도 언론은 지금처럼 종말론적 예측을 쏟아냈다. 그렇지만 우리 삶은 평소와 같았다.

인공지능이 고도로 발달한다면, 곧 대량실업 상태가 오지 않겠냐고 걱정하는 사람이 많은데.

최근에 일어난 변화 역시 자동화의 다음 단계에 불과하다. 노동 시장은 매우 탄력적이다. 자동화가 진척되면 우리는 쓸 돈이 많아지고, 이 돈을 쓰는 과정에서 새로운 일자리가 생길 가능성이 높다. 중요한 건 자동화 때문에 생겨난 실업자를 재교육 등으로 지원하는 시스템을 구축하는 일이다.

미국 백악관을 포함해 많은 기관에서 '인공지능이 인간의 일자리를 대체한다'는 우려를 지속해서 제기한다. 왜 이런 보도와 연구 결과가 계속 나오는가.

없어질 일자리를 따지는 데 집중하고, 노동 시장이 얼마나 탄력적인지는 자세히 들여다보지 않아서가 아닐까. 흔히 인용되는 옥스퍼드대학 칼 프레이Carl Frey와 마이클 오스본Michael Osborne 교수의 논문은 수십 년 안에 미국 일자리의 47%가 자동화될 거라고 주장한다. 하지만 그보다 중요한 통찰은 30년 전으로 돌아가보면 얻을 수 있다. 현재 존재하는 일자리 중 상당수는 당시 존재하지도 않았다. 예를 들어 보자. 우리가 지금 스카이프 통화를 하고 있지만, 25년 전에는 전화 교환원이 전화를 일일이 연결해 줬다. 미국에서만 100만 명이 넘는 전화 교환원이 있었다. 이 직업은 사라졌지만 훨씬 더 많은 일자리가 새로 생겼다.

일각에서는 고등교육을 받은 전문가조차 인공지능이 대체할 수 있다는 우려가 나오는데.

기계는 노동자를 대체하는 게 아니라 특정 업무를 할 뿐이다. 이 사실을 정확히 짚어야 한다. 단순히 얘기하면, 새로운 자동화 기술로 인한 영향은 두 가지로 나뉜다. 일자리 대체 또는 생산성 향상. 당신이 맡은 모든 업무가 자동화되면 당신은 직업을 잃게 된다. 예를 들어 벽돌공을 보자. 나는 오늘 당장이라도 벽돌을 차곡차곡 쌓는 로봇을 만들 수 있다. 벽돌만 쌓는 업무를 하는 사람은 더 이상 필요하지 않다.

변호사를 보자. 변호사처럼 과거 판례를 찾고 분석하는 인공지능은 지금도 나와 있다. 하지만 변호사의 업무는 판례를 찾는 게 전부가 아니다. 판례 찾기는 전체 업무의 극히 일부일 뿐이다. 이렇듯 당신이 하는 일의 일부만 자동화된다면, 당신은 어떻게 될까. 생산성이 향상된다. 당신이 변호사라면 더는 판례를 찾느라 밤을 새울 필요가 없어진다. 이런 추세는 예전부터 계속 있었다. 컴퓨터가 나오기 전에는 변호사가 손으로 직접 계약서를 썼다. 지금은 컴퓨터로 계약서를 손쉽게 작성할 수 있다. 그렇다고 컴퓨터가 변호사의 모든 업무를 대신하는가? 그렇지 않다. 인공지능도 마찬가지라고 생각한다.

그렇지만 업무 전체가 자동화돼서 직업을 잃는 사람이 늘어난다는 사실은 분명하지 않은가.

그건 사실이다. 그래서 인공지능과 미래 일자리 시장 논의가 나올 때 늘 사회 불평등 문제가 함께 제기된다. 인공지능으로 세상은 불공평해질 것이다. 새로운 기술을 거머쥔 사람이 자동화로 인한 이익을 가져가기 때문이다. 하지만 비관적으로만 보지는 않는다. 불평등은 해결하려는 의지만 확고하다면 쉽게 해결할 수 있는 문제다. 예를 들어 정부는 부유한 사람에게 적용하는 세금을 올려 일자리가 불안한 사람을 재교육하고, 일자리를 잃은 사람을 지원할 수 있다.

인간은 기계가 수행하지 못하는 업무에 매달려야 할 텐데, 어떤 업무가 있을까.

매우 많지만, 하나만 꼽자면 '표현하는 능력'을 펼치는 일일 거다. 어떤 곡을 연주하거나 스포츠 경기를 뛰는 종류의 일 말이다. 물론 로봇도 바이올린을 켜고 달리기를 할 수 있다. 그런데 누가 그것을 보고 싶어 할까. 힘든 하루가 끝난 뒤 로봇 바텐더에게 오늘 있었던 일을 털어놓으려 할까. 이런 면만 봐도 걱정할 게 없다. 인간만이 할 수 있는 일이 많다.

전문가들은 인간만이 지닌 역량으로 창의성, 감수성, 소통 능력 등을 꼽는다. 그런데 창의성이나 감수성 같은 부분은 어느 정도 타고나는 것 아닌가. 이런 역량이 선천적으로 부족한 사람은 미래 사회에서 불리해지는지 궁금하다.

창의성이나 감수성과 같은 역량이 선천적이라는 주장에 동의하지 않는다. 그런 식의 논리는 어느 사회에서나 적용된다. 예를 들어 대부분이 농사를 짓던 농경 시대에 가장 중요한 역량은 힘이었다. 아무리 노력해도 태어날 때부터 힘이 센 사람을 따라잡지 못하는 경우도 많았을 것이다.

새로운 직업을 준비하기 위한 훈련이 쉽지 않다는 사실도 잘 안다. 하지만 우리가 미래를 이야기하는 이유는 사람들에게 준비할 시간을 주기 위해서다. 우리는 훈련을 통해 사람들과 어떻게 효과적으로 대화할 수 있는지, 다른 사람의 감정을 어떻게 읽어야 할지에 관해 배울 수 있다.

 취재를 계속하며 깨달은 사실 중 한 가지는, 인공지능 전문가들은 인공지능을 두려운 존재로 인식하지 않는다는 점이었다. 김기응 카이스트KAIST 부교수는 "인공지능은 고도화된 계산기라고 보면 된다"고 말했다. 이미 정해지거나 방향이 뚜렷한 일은 사람보다 잘 해내지만, 업무 1과 업무 2를 통합해 새로운 결과를 도출하는 '통섭'의 역량은 아직 요원하다는 설명이다.

또 다른 걱정거리는 인공지능이 인간을 넘어서는 시점, 이른바 '싱귤래러티singularity**'가 온다는 예측이다. 언젠가 인공지능이 인간을 지배할지도 모른다는 우려를 어떻게 바라보나.**

공상 과학 영화나 소설에서 가능한 얘기다. 실현되지 않을 것으로 생각한다. 만약 실현된다 하더라도 가까운 미래가 아니다. 적어도 나나 당신은 평생 그런 순간을 보지 못할 확률이 매우 높다. 기계가 언제 인간을 넘어설지 걱정하기보다 오히려 의도대로 설계되지 않은 기계를 걱정하는 일이 훨씬 유익하다.

인공지능으로 인해 가장 큰 영향을 받는 산업은 무엇일까.

우선 명확히 알아 둬야 할 사실은, 인공지능은 무언가를 더 똑똑하게 만드는 데 사용하는 조미료가 아니라는 것이다. 인공지능은 광범위한 산업에 영향을 미칠 근본적인 기술이다. 그런 점에서 인공지능은 PC와 비슷하다. 모든 산업이 PC를 사용하고, PC가 모든 산업을 바꿔 놓지 않았나. 인공지능도 마찬가지다.

가장 큰 영향을 받는 산업은 자동차 산업이다. 자율주행 기술이 자동차 산업에 엄청난 영향을 미칠 것이다. 또한 인공지능과 전혀 상관없어 보이는 산업도 결국 인공지능의 영향을 받게 된다. 예를 들면 수많은 미국인이 집에서 키우는 화분은 어디서 왔을까. 그 화분들은 비행기 활주로처럼 보이는 거대한 식물 생장기에서 온다. 여기에서는 기계가 화분에 씨앗을 심고 식물이 자라는 상황에 맞춰 화분을 옮긴다. 지금까지는 사람이 지루하고 힘들게 해 온 일이었다.

한국은 산업계가 인공지능 기술의 발전을 따라잡지 못한다는 점을 우려한다. 미국, 중국 등 선진국과 비교하면 소프트웨어 기술과 기초과학 연구가 부족하다는 주장이 나오는데.

근거 없는 우려다. 최근에도 카이스트 팀이 세계 로봇 경연대회에서 우승했다. 미국을 포함한 전 세계 연구팀을 모두 꺾었다. 한국은 오래전부터 첨단 기술을 산업에 적용해 왔고, 교육 시스템도 훌륭하다고 알려져 있다. 인공지능 기술에서도 한국이 선두 그룹에 속할 것으로 생각한다. **글** 정선언 **인터뷰어** 임미진 **도움** 홍희진 인턴기자

2.4 석학들의 목소리
– 칼 프레이

"완전히 새로운 일은 없다."

칼 프레이, 옥스퍼드대학 마틴 스쿨 교수
Carl Benedikt Frey, Professor at Oxford University Martin School

칼 프레이 옥스퍼드대학 교수는 미래 고용을 전망할 때 먼저 언급되는 전문가 중 한 사람이다. 프레이는 같은 대학의 마이클 오스본 교수와 발표한 논문 〈고용의 미래 The Future of Employment, 2013〉에서 '20년 안에 미국의 706개 일자리 중 47%가 자동화로 사라진다'라고 주장해 충격을 주었다.

그들의 논문은 시간이 지날수록 더 큰 주목을 받고 있다. 2013년에는 그리 두드러지지 않았던 인공지능 기술이 최근 들어 급속도로 발전하면서 자동화의 공포가 눈앞에 닥쳤기 때문이다. 2016년 말경 발표된 오바마 행정부의 보고서 〈인공지능, 자동화 그리고 경제Artificial Intelligence, Automation and the Economy〉에서도 이 연구를 비중 있게 소개하며 '인공지능으로 인한 일자리 감소에 대비해야 한다'라고 강조했다.

2017년 9월, 한 지방자치단체가 주최한 포럼에 참석하기 위해 한국을 방문한 프레이 교수를 직접 만났다. 질문을 던지면 그는 오래 곱씹어 생각한 후 긴 답변을 내놓았다.

임미진 (이하 생략) 최근 일자리 자동화에 대한 우려가 세계 곳곳에서 번지고 있다. 과장된 면이 있다고 생각하나.

칼 프레이 (이하 생략) 과거를 돌아보면, 자동화에 대한 공포가 제기된 건 이번이 처음이 아니다. 1930년대에 기술적 실업을 두고 엄청난 토론이 오갔고, 1950년대 후반과 1960년대에도 이 논쟁은 되풀이됐다. 케네디 당시 미국 대통령은 '미국에서 2만 5000개 직업이 자동화로 사라질 것'이라고 우려했다. 이후 취임한 린든 존슨 대통령은 자동화에 관한 사실 관계를 조사하기 위해 위원회까지 만들 정도였다.

과거 진행된 논의가 다소 과장된 면이 있었는데, 이번에도 마찬가지일까.

시간이 지나면서 지난 논의에 과장이 섞였다는 평가도 나오고 있다. 그러나 그 시기마다 매번 빠른 속도로 기술이 발전했고, 실업률이 치솟았다는 공통점이 있었다. 실제로 1930년대에 많은 사람이 자동화로 직장을 잃었고, 새로운 직업을 찾지 못했다는 연구 결과가 있다. 일자리를 찾은 이들도 대부분 이전 직장에서보다 소득이 줄었다. 이러한 현상으로 인해 소득 양극화 현

상이 일어났다. 최근 상황은 그때보다 더 심각하다. 지금은 인공
지능과 로봇이 더 광범위한 업무를 수행할 수 있는 데다, 대체
속도가 훨씬 빠르다.

**일각에서는 없어진 일자리만큼 새로운 일자리가 생겨난다는
주장도 있던데.**

결국에는 직업 수요가 줄어들 가능성이 높다. 중요한 사실은, 미
래는 우리의 선택에 따라 달라진다는 점이다. 그래서 정확히 예
측할 수 없다. 예를 들어 도널드 트럼프 미국 대통령이 어떻게
당선됐는지 생각해 보자. 트럼프에게 표를 몰아준 선거구는 대
개 쇠락한 산업지대인 '러스트 벨트Rust Belt'같이 자동화의 영향
을 많이 받은 지역이다. 이들은 현상 유지를 바라기에 트럼프를
뽑았다.* 유럽에서도 기술 변화로 일자리를 잃은 이들은 현상
유지를 강하게 바라는 경향을 보였다. 이렇듯 미래는 인간의 단
기적 선택에 달려 있기 때문에 우리는 단기적 현상에 집중해야
한다.

관련 기사: '세상 바꿔 보
자' 저학력 앵그리 화이트가
미국을 뒤집었다 (중앙일보
2016.11.10)

인간이 완전히 일하지 않아도 되는 사회가 올 수도 있을까.

한때 전쟁에 참여했고, 교통수단이었으며 농사를 짓기도 했던
말馬이 19세기에 다른 물건들로 대체된 일을 생각해 본다면, 아
예 불가능한 시나리오는 아니다. 현재 말은 과거에 이행하던 역
할을 완전히 내려놨다. 만약 인공지능이 우리를 그 단계로 데려

다준다면, 인간이 일하지 않아도 되는 사회는 충분히 가능할 것이다. 하지만 모든 일은 우리의 단기적 선택에 달려 있기에 먼 미래를 전망하는 것은 쉽지 않다.

공학자들은 머신러닝 기술이 급격히 발전한 시기를 2012년 전후로 본다. 칼 프레이 교수의 논문이 세계적으로 주목받은 배경에는 타이밍이 완벽히 맞았다는 이유도 상당 부분 존재했다. 프레이 교수 역시 이를 인정했다. 하지만 단순히 운 때문만은 아니었다. 프레이 교수는 2011년에 이미 직업별 자동화 연구에 대한 구상을 시작했다. 그리고 옥스퍼드 공대 연구진의 지원으로 이 연구를 1년 만에 완성했다.

2013년 처음 논문을 발표할 때 이 정도로 주목받을 거라고 예상했나.

논문이 발표된 타이밍을 보면, 운이 좋았다고 생각한다. 옥스퍼드대학 공학 연구자들의 지원 덕분에 연구를 빠른 속도로 진행할 수 있었다. 그들은 머신러닝과 모델 로봇공학의 세계적 전문가였다. 논문 결과를 도출한 후 나 역시도 정말 놀랐다. 자동화의 위협에 처하지 않은 직업이 거의 없었기 때문이다. 기술이 일자리에 미치는 잠재적 영향력이 이 정도일 것이라고는 생각하지 못했다. 생산직 일자리는 물론이고 경영지원 업무와 유통, 영업, 서비스 분야의 많은 일자리도 자동화의 영향을 받을 것이라고 예상한다.

사회적 상호작용이 적은 직업, 창의적 업무가 포함되지 않은 직업은 한꺼 번에 몽땅 사라질 수도 있다.

우리가 충격을 받은 이유는 지식노동자에게 닥친 위협 때문이라고 본다. 기계가 육체노동을 대체하는 현실에는 익숙해졌다. 하지만 고도의 지식노동까지 기계에 내주고 나면 도대체 인간의 역할은 무엇일지 우려된다.

자동화가 숙련도를 요구하는 일자리까지 확장되겠지만, 숙련 일자리 대부분은 기계와 일대일로 교체되지 않는다. 변호사를 예로 들어 보자. 법률 문서를 검토하는 기계를 만들 수는 있다. 덕분에 작업 시간을 많이 줄일 수 있을 것이다. 하지만 고객을 만나거나 재판정에 나서는 일을 기계가 하기는 어렵다. 의사도 마찬가지다. 진단 업무는 기계로 인해 발달하겠지만, 환자를 돌보는 업무는 기계가 맡지 않는다. 많은 직업이 부분적인 자동화에 노출된다. 모든 부분이 완전 자동화되는 것이 아니다. 다만 특정 직업, 예를 들면 회계사나 대출 담당 직원 등은 완전히 자동화될 가능성이 높다.

프레이 교수의 설명을 듣고 "신문기자는 어떻게 생각하느냐"라고 물었다. "음, 안전하다고 생각한다Um, I think it is safe"라는 답이 돌아왔다. 프레이 교수의 연구 결과에 따르면, 신문기자의 자동화 가능성은 8%로 회계사 95%나 요리사73%와 비교하면 자동화 영향이 적은 직업 중 하나다. 기계의 역량이 어디까지 펼쳐질지에 대한 논란은 현재 진행형이다. 핵심은 '기계가 따라잡을 수 없는, 인간만의 고유 역량이 존재하느냐'는 점이다. 많은 공학자와 경제학자가 "그렇다"라고 답한다. 창의성이나 공감 능력, 소통 능력 등은 인간의 고유한 역량이라는 것이다. 칼 프레이 교수의 직업별 자동화 연구 역시 이를 전제로 수행되었다. 하지만 《전문직의 미래》의 저자 대니얼 서스킨드처럼, 정반대의 주장을 펼치는 이들도 있다. 서스킨드 교수는 인터뷰에서 "방식이 달라서 그렇지, 기계도 자신만의 방법으로 창조하고, 다른 사람의 감정을 읽을 수 있다"라고 주장했다. 두 가지 상반된 시각은 미래 일자리 논쟁에서 핵심적인 차이를 가져온다. 예를 들어 육아 도우미나 간병인 같은 직업을 살펴보자. 많은 연구자가 "사람을 돌보는 일은 공감 능력과 감정노동이 필요하므로 기계가 대체하기 가장 어려운 직업이다"라고 주장한다. 예술가도 같은 맥락에서 '가장 안전한 직업'으로 꼽힌다. 그렇지만 '사람만이 할 수 있는 일'이 실제로 존재하지 않는다고 밝혀진다면, 이 모두 헛된 논의가 된다.

창의성을 인간이 지닌 고유 역량이라고 정의해도 될까. 엄청난 빅데이터를 기반으로 기계도 자신만의 방식으로 창조를 실현할 수 있다고 주장하는 이도 적지 않다.

이 논의는 창의성을 어떻게 정의하느냐에 따라 달라진다. 무엇이 되었든 새롭게 끄집어낸 것을 창조라고 규정할 수 있을까. 내가 지금 종이 위에 뭔가를 끄적거린 뒤 내밀면 사람들은 '창의적'이라고 인정할까. 우리는 마음속 깊은 곳의 감정을 직관적으로 표현하기 위해 발버둥 치는 일을 창조라고 정의한다. 기계가 이런 일을 하려면 그야말로 인간 그 자체가 되어야 한다. 따라서 인간은 미래 사회에서 경쟁 우위에 있다.

사람들이 어떤 창조물을 원하는지도 생각해 봐야 한다. 소프트웨어가 만든 음악이 선풍적인 인기를 끌었다거나 소프트웨어가 만든 영화가 세계적 유명세를 치렀다는 뉴스를 아직은 들어 보지 못했다.

우리는 어떤 방향으로 가야 할까. 로봇과 인공지능 기술을 적극적으로 받아들여 산업 발전을 주도해야 할까, 아니면 사람들이 급격한 충격에 적응할 수 있도록 기술 도입을 늦춰야 할까.
이런 결정을 두고 고민하는 일이 사치라고 생각한다. 자동화를 도입하려는 기업들이 너무나 많다. 누군가 이런 결정을 내리려면 정부가 훨씬 독재적이어야 할 것이다. 민주주의와 시장주의를 선호하는 관점에서 말하면, 이건 관리할 수 있는 문제가 아니다. 물론 로봇세를 부과하거나 규제를 도입할 수는 있다. 이 논의는 기술의 진보를 어느 정도 유예하자는 뜻이다. 큰 틀에서 보면 기술 발전을 막는 일이 우리에게 유익하다고 생각하지 않는다.

역사를 보자. 만약 기술의 진보가 없었다면 사람들은 농사를 짓거나 공장 또는 광산에서 일했을 것이다. 그렇지만 우리는 새로운 기술을 받아들였고, 그 결과 조금 더 쾌적한 환경에서 돈도 더 벌 수 있는 일을 하고 있다. 나는 이번에도 장기적으로는 비슷한 변화가 일어날 거라고 생각한다. 단기적으로는 혼란이 있을 것이다. 나이가 많은 사람은 새로운 변화에 적응하는 데 어려움을 겪을 것이다. 과거에도 그랬다.

그렇지만 기술 도입을 유예한다고 이들이 잘 적응할 수 있을까? 그렇지 않을 확률이 높다. 나이 든 노동자가 새로운 기술을 익힐 수 없어서가 아니다. 이들이 새 기술을 익히더라도 기업은 젊은 노동자를 선호한다. 더 저렴하고, 상대적으로 적응을 잘하기 때문이다. 그런 의미에서 사회 안전망 확충이 무엇보다 필요하다. 사회 안전망 확충이 바로 진보를 위해 우리가 치러야 할 비용이다. 우리는 변화의 여파가 너무 거세게 불어닥치지 않도록 어루만져야 한다. 하지만 불가피하게 실패하는 사람도 생길 것이다.

자동화로 인한 일자리 시장의 변동이 가져올 충격에 잘 대비하는 나라가 있나. 예를 들어 사회 안전망 확충 작업을 내실 있게 한다든지.

북유럽 국가들이 좋은 예라고 생각한다. 사회 안전망이 특히 발달했고, 교육제도에 힘쓰는 나라도 많다. 북유럽 국가들은 대학

학위를 가진 인구 비중이 높은 편인데, 이는 노동자들이 변화에 잘 적응할 수 있는 배경이 된다.

완전히 새로운 일은 없다. 나는 이런 변화가 완전히 다른 정책이나 엄청나게 고결한 발상을 요구한다고 생각하지 않는다. 지난 100년, 200년 동안 경험해 온 일들을 확장하는 차원으로 접근해야 한다. 직업을 재배치하는 과정을 더욱 잘 관리해야 하고, 사회 안전망이 충분한지 점검하고, 기술의 진보로 이득을 본 사람에게 정당한 비용을 물리는 식으로 말이다.

당신이 주장하는 확장은 재원이 필요할 테고, 이를 위해 로봇세를 도입해야 한다고 주장하는 이들도 많은데.

나는 로봇세에 반대한다. 세금은 비용을 지급할 이유가 있을 때, 사람들에게 부정적 영향을 미칠 때 부과해야 한다고 생각한다. 로봇의 도입은 긍정적인 효과가 더 크다. 산업은 효율화되고, 국민은 지금보다 부유해질 것이다. 그로 인해 얻은 이득이 더 널리 퍼지도록 보장하고, 확산에 방해가 되지 않도록 하는 게 중요하다. 로봇이 17세기 산업혁명 이후 생겨난 기술의 진보와 다른 점이 있을까? 첫 번째 산업혁명이 왜 영국에서 일어났다고 생각하나. 그것은 영국이 사회적 불안에 대한 공포에도 기술의 변화를 적극적으로 막지 않은 첫 번째 나라였기 때문이다. 특히 노동자에게 투자해 그들의 적응력을 높여야 한다. 그리고 앞서 말했듯 사회 안전망 확충에 힘써야 한다. 그렇지만 기술의 진보를 막는 정책에는 반대한다. 국민소득을 높이려면 생산성을 끌어올리는 방법밖에 없다. 정책 역시 우리의 생산성을 최대 한도까지 높일 수 있도록 보장하는 방향으로 가야 한다.

결국 교육의 변화가 가장 중요하다는 지적이 많다. 영국은 코딩을 비롯해 디지털 리터러시Digital Literacy, 디지털 문해력 교육을 선구적으로 실시한다고 알고 있다.

디지털 리터러시가 중요한 건 사실이다. 하지만 디지털 세계에서 신보가 얼마나 빠르게 일어나는지 고려하면 학교에서 배운 지식이 금세 쓸모없어질 가능성도 높다. 그래서 구체적인 프로그래밍 언어를 가르치기보다는 개념에서 비롯된 이슈에 집중해야 한다고 생각한다. 디지털 기술을 가르치는 일보다 교육 시장의 운동장을 평평하게 만드는 일이 더 중요하다.

현대사회는 당신이 어디에서 태어나고 자랐는지에 따라 갈 수 있는 학교의 질이 나뉜다. 디지털 혁명의 위대한 성과 중 하나는 모든 사람이 인터넷 덕분에 같은 수준의 지식과 정보에 접근할 수 있다는 점이다. 하지만 이 지식과 정보가 학교 시스템까지 전파되지 않는다는 문제가 있다. 정부는 문제를 꽤 간단히 풀 수 있다. 주제별 최고 강의를 전 세계 모든 학생에게 전달할 수 있다. 여기에 자동화하기 어려운 역량, 상호작용 같은 복잡한 역량을 더욱 집중적으로 가르쳐야 한다. 나는 학생들이 문제를 함께 풀어 보는 과정을 최고의 교육이라고 생각한다. 이것이 옥스퍼드대학의 교리가 800년 넘도록 살아남은 이유이기도 하다. 800년이 넘는 시간 동안 우리는 정확하게 이 방법을 고수해 왔다. 우리 시스템의 유일한 문제는 가격이 비싸다는 점이었다.

우리는 교육비용을 줄여야 한다는 문제의식을 가졌고, 더 많은 사람에게 우리가 해 온 교육을 전달하려고 노력했다. 그래서 온라인 수강을 가능하게 만들었다. 온라인 수강생이 캠퍼스에서 배운 학생보다 학습 성과가 좋다는 연구 결과도 있다. 원하는 만큼 지식을 습득하는 일은 이제 온라인으로 가능하다. 창의력과 소셜 스킬은 더 작은 교실에서 배워야 한다.

아주 먼 미래를 가정해 질문하고 싶다. 50년 정도 지나 기계의 능력이 지금보다 훨씬 발달하면 소수의 창의적인 인간을 제외한 대부분이 일하지 않고 사는 시대가 올까.

인간이 말馬처럼 될 수도 있느냐는 뜻인가. 나는 그렇게 보지 않는다. 인간은 도덕적인 존재이기 때문이다. 말은 도덕관념이 없다. 나는 인간이 스스로 일하지 않고 다른 존재가 생산한 것에 의존해 살면서는 행복을 느끼지 못한다고 생각한다. 미래 사회에서도 여전히 사람들은 일하기를 기대할 것이다. 그리고 지금처럼 일을 통해 정체성과 사회적 위상을 확인하려 할 것이다.

한편으로는 공유경제가 확산되면 사람들이 원시시대의 부족들과 비슷하게 살 수 있다고 상상하는 이들도 있다. 원시시대 사람들은 배가 고프면 사냥을 했고, 사냥 전리품을 온 부족이 나눠 먹었다. 배가 부르면 잠을 자며 시간을 보냈다. 하지만 그 시기의 사람들에게는 부에 대한 개념이 없었다.

1900년대 이후 우리는 삶의 질을 스스로 결정할 수 있는 시대를 살아왔다. 지금도 일 년에 몇 개월만 일하며 생계를 유지할 만큼만 돈을 번 후 놀 수도 있다. 그런데 많은 이가 그렇게 하지 않는다. 나눔의 욕심 때문이니. 미래에도 여전히 많은 인지피가 있을 것이다. 창의성과 소통 능력이 필요한, 기계가 할 수 없는 복잡한 일도 끊임없이 생겨날 것이라고 예상한다. **글·인터뷰어** 임미진

CHAPTER 3

3

당신은
뉴칼라인가

3.1   뉴칼라의
             다섯 가지 조건

디지털 시대를 이끄는 인재는 어떤 특징을 갖는가. 인공지능 앞
에서 무력해진 화이트칼라의 무기는 무엇인가. 인간으로서 가
치를 창출하기 위해 어떤 도구를 새로 쥐어야 하는가. 이에 대
한 답을 찾은 이를 뉴칼라New Collar로 정의한다.

뉴칼라는 로봇과 인공지능의 시대에 인간만이 갖는 가치를 창
출하는 이, 빠르게 변하는 일의 지형에서 자신의 영역을 앞서
개척하는 이를 가리킨다. '뉴칼라'라는 단어를 처음 주목한 곳은
미국의 IT 기업 IBM이었다. 지니 로메티Virginia Marie Rometty IBM
회장은 2017년 초에 열린 세계경제포럼에서 이 단어를 소개하
며 '디지털 기술을 통해 새로운 것을 창조하는 이들'이라고 정
의*했다.

● 관련 기사: 4 IR 시대…
화이트·블루칼라 외에 '뉴
칼라계급' 생긴다 (매일경제
2017.1.18)

2017년 3월부터 우리는 일의 미래를 찾아 취재를 계속해 왔다.
그리고 2017년 9월, 치열한 토론 끝에 뉴칼라의 다섯 가지 조
건을 꼽았다. 이 조건은 누군가가 정리한 결과를 활용하거나 공

식을 세우고 일정한 요소를 대입해 추출한 결과가 아니다. 이는 그동안 일과 교육의 미래를 취재하기 위해 세계를 누비며 경험하고 느낀 핵심 조건들을 공유하며 브레인스토밍한 결과다. '그 조건은 반드시 포함돼야 한다'거나 '그 조건에는 동의하지 않는다'는 의견이 치열하게 오간 끝에 다섯 가지 조건이 추려졌다.

- 기술이 바꿀 미래를 내다보는가
- 디지털 리터러시가 있는가
- 세상을 바꾸고 싶은가
- 끊임없이 변하는가
- 손잡고 일하는 법을 알고 있는가

최근 국내 산업계에서 주목받는 뉴칼라 일곱 명을 인터뷰하며, 우리는 잠정적으로 내린 이 결론이 틀리지 않았음을 확인했다. '토스Toss'를 만든 비바리퍼블리카의 이승건 대표는 우리의 가설에 전적으로 동의했다.

누가 정리한 거죠? 정말 꼭 필요한 조건들만 다 들어가 있네요.

이번 챕터에서는 뉴칼라의 다섯 가지 조건이 부상하게 된 경제·기술·산업적 배경을 설명하고자 한다. 그리고 우리가 한국의 뉴칼라에게서 확인한 진실을 추가로 소개하려고 한다.

3.2 기술이 바꿀 미래를 내다보는가

세상이 어디를 향해 움직이고 있는지, 그 속도가 어떻게 변하고 있는지 정확히 내다보지 못하는 사람은 세상을 이끌 수 없다. 2017년 취재를 진행할 당시, 우리 팀 기자들은 대부분 정보기술IT 산업을 취재하고 있었다. 기술의 발전 방향을 예측하고 정확한 변신 타이밍을 가늠하는 일이 IT 사업의 성패를 가르는 핵심 요소임을 알고 있었다. 비단 IT 산업에만 해당하는 얘기가 아니다. 지금은 모든 산업이 IT 산업화로 변하는 시대다. 미디어 산업은 물론 금융업과 유통업까지도 IT 기업들이 접수할 기세다. 결국 정확한 예측과 빠른 변신이 모든 기업의 생존을 좌우할 것이라는 얘기다.

특히 스타트업 투자자에게 이 타이밍은 목숨과도 같다. 나는 홍콩의 거부 리카싱李嘉誠의 투자 자문을 맡았던 프랭크 미한Frank Meehan 스파크랩Sparklabs 공동대표를 2017년 여름에 인터뷰했다. 미한 대표는 음성인식 기술업체 '시리Siri'를 애플이 인수하기 전에 투자했으며, 2016년 '알파고AlphaGo'로 세상을 떠들썩하게 한 구글의 '딥마인드Deep Mind'에 2009년 투자했다. 음악 스트리밍 서비스 '스포티파이Spotify'에도 지분을 확보하고 있다. "어떻게 '대박 낼 회사'를 정확하게 예측했느냐?"라고 묻자, 미한 대표는 "빅트렌드"라고 답했다. "투자자는 끊임없이 데이터를 확인하고, 빅트렌드를 숙지해야 한다"라는 의미였다.

미한 대표는 인공지능의 발전 이후 부상할 분야로 푸드 테크Food Tech를 들었다. 최근 세계 인구의 성장세, 중국과 인도의 식품 소비량 증가세와 같은 데이터를 보면, 식품과 관련한 기술 기업이 부상할 수밖에 없나는 얘기였니. 공 성분으로 고기를 만드는 '임파서블 푸드Impossible Foods'에 리카싱과 손잡고 투자를 감행한 이유도 여기에 있었다.

미한 대표와 함께 스파크랩을 설립한 베스핀글로벌의 이한주 대표도 비슷한 이야기를 했다. 이 대표는 1998년 웹호스팅업체를 설립해 2014년이 되자 3000억 원에 매각했다. 그리고 이번에는 클라우드 컨설팅 서비스 회사를 창업해 수백억 원대 초기 투자를 끌어냈다. 본인 사업 외에도 화려한 창업 투자 포트폴리오를 자랑하는 이 대표에게 "어떻게 매번 예측과 타이밍이 정확하느냐?"라고 묻자 비슷한 대답이 돌아왔다.

크게 보면 돼요. 당장 내일이나 다음 주에 이 회사 주가가 어떨지는 아무도 모르죠. 하지만 10년 뒤 이 산업이 어떨지는 대부분 알고 있어요. 그 방향으로 움직이는 거죠.

그렇다면 빅트렌드 분석은 과연 투자자에게만 필요한 사항일까. 1990년대 중반 이후 인터넷 시장에서 기회를 잡은 이들에겐 공통점이 있다. 우연히 얻은 깨달음이든 치밀한 분석 끝에 얻은 통찰이든, 인터넷 기술이 세상을 어떻게 바꿀지 누구보다 빠르게 확신했다는 사실이다.

중국 최대 전자상거래업체인 알리바바의 설립자 마윈馬雲 회장은 1995년 미국 출장 중에 인터넷을 알게 됐다. 그리고 마윈은 같은 해에 홈페이지를 만들어 주는 회사인 차이나옐로우페이지中国黄页를 창업했다. 1995년의 인터넷 성능이 어떠했겠는가. 그 당시 인터넷을 보면서 '미래 사회를 바꿀 거대한 변화'를 예측한 것이 바로 마윈의 안목이다. 남들보다 조금 더 빠른 확신. 우리가 만난 한국의 뉴칼라도 다르지 않았다. 이들은 각자 우연한 기회에 인터넷과 스마트폰이 바꿀 세상에 관심이 생겼다고 했다.

대기업을 다니던 박희은 알토스벤처스Altos Ventures 심사역은 어떻게 창업에 관심을 두게 됐을까.

대학 졸업반 때 최고경영자 과정 조교 생활을 했어요. 그때 통신사 임원이 아이폰을 주면서 한 달간 써 보고 리뷰를 해 달라고 하셨죠. 우리나라에 아이폰이 들어오기 6개월 전이었어요. 스마트폰이 정말 많은 걸 바꿀 수 있겠다 싶더군요.

문효은 아트벤처스 대표는 '인터넷'이라는 단어도 생소했던 1993년에 어떻게 인터넷 데이터베이스 큐레이팅을 시작했을까.

번역 덕분이에요. 미국의 인터넷 서비스 사용법을 한국어로 번역하는 일을 니게 됐거든요. 번역을 해이 하니 인터넷을 급부했고, 알이 갈수록 매력적이었죠.

뉴칼라는 시장을 미리 읽고 반걸음 앞서갔다. '반걸음'은 2011년 모바일 리서치 플랫폼인 '오픈서베이Open Survey'를 구축한 김동호 한국신용데이터 대표가 여러 차례에 걸쳐 강조한 단어다.

대세 상승장에 반걸음 일찍 들어가는 게 중요하다고 생각해요. 오픈서베이를 예로 들어 보죠. 여기도 타이밍이 있어요. 1994년은 PC 통신 기반의 여론조사가, 2000년은 온라인 여론조사가 시작됐거든요. 그때쯤 스마트폰 기반의 여론조사가 나와야 했던 거죠. 시계열*을 돌리면 답이 나옵니다. 역사는 반복되니까요.

* 일정 시간 간격으로 배치된 데이터들의 수열.

세계 석학과 한국의 뉴칼라를 인터뷰하며 깨달은 점은 '너무 먼 미래를 내다보려고 하면 오히려 핵심을 흐릴 수 있다'는 것이었다. 최근 기술의 발전 속도를 고려하면 수십 년 뒤의 미래는 예측하기도 어려울뿐더러, 그 시대를 고려해 현실성 있는 대비책을 마련하기도 불가능하다.

'장기적으로 볼 때 우리는 모두 죽는다'는 케인스의 말을 인용한 대니얼 서스킨드 교수의 주장처럼, 너무 먼 미래에 관해 이야기하면 모든 것이 부질없게 느껴질 수 있다. 반면 가까운 미래를 내다보는 일은 현재 상황을 깊이 통찰하게 해 주며, 더욱 실효성 있게 준비할 수 있도록 도와준다.

우리가 만난 뉴칼라, 김치원 서울와이즈재활요양병원장도 같은 말을 했다. 인공지능이 결국 의사를 대체하는 게 아니냐는 질문에 대한 답이었다.

> 중단기적으로는 걱정만큼 변화가 크지 않을 거라고 봐요. 너무 먼 미래를 가정하고 상상력을 펼치면 비관적으로 생각하게 되거든요. 이 속도로 발전하면 의사뿐 아니라 기자, 변호사 모두 필요 없을지도 모르죠. 그렇게 상상하면 끝이 없잖아요.

'미래를 어떻게 준비하느냐'라는 질문에 삼성SDS 인공지능AI

개발팀장인 이치훈 상무가 내놓은 답변은 그래서 더 의미 있었다. 이 상무는 남들보다 먼저 머신러닝의 미래를 확신하고 관련 공부를 시작한 사람이었다.

미래를 내다보려면 오늘을 깊이 들여다봐야 합니다. 현상을 끊임없이 고찰하고, '어떻게'와 '무엇을'에 대한 질문을 꾸준히 던지고 답을 찾아야 합니다. 그런 여행을 즐기다 보면 미래가 준비되지 않을까요.

3.3   디지털
            리터러시가 있는가

디지털 리터러시는 다양한 의미로 번역된다. 컴퓨터를 다룰 수 있는 능력으로 해석하는 이도 있고, 디지털 세상에 퍼진 정보를 왜곡 없이 흡수하는 능력으로 확장해 이해하는 이도 있다. 생산의 도구로써 컴퓨터를 활용할 수 있는가. 우리가 뉴칼라의 조건으로 디지털 리터러시를 꼽을 때 의도한 점이다. 이것은 코딩을 할 수 있는지와는 다른 질문이다. 디지털 기술이 어떤 가치를 만들어 낼 수 있는지, 당신이 세상을 바꾸려면 어떤 디지털 기술이 필요한지 이해하고 있느냐는 물음이다.

생산과 소비의 터전이 디지털 세계로 거의 넘어왔음을 부인할 사람은 없을 것이다. 테일러 피어슨이 《직업의 종말》에서 인용한 문장 그대로다.

소프트웨어가 시장을 집어삼키고 있다Software is eating the world.

사람들이 디지털 세계에서 어떻게 대화하고 놀고 소비하는지 이해하지 못한 기업은 시장에서 퇴출당했다. 앞으로 이러한 변화는 더 빨라질 것이다. 이미 생산 현장에서 인공지능 기술이 혁신을 주도하고 있다. 인공지능은 사람들의 생각과 행동을 실시간으로 관찰하고 분석한다. 인공지능이 도출한 데이터를 어떻게 활용하느냐가 향후 시장의 패권을 결정할 것이다.

뉴칼라는 이런 변화를 이해하고, 자신만의 도구를 손에 쥐었다. 치과 의사 출신인 이승건 비바리퍼블리카 대표는 왜 안정된 직장을 박차고 나와 창업이란 고행길에 올랐을까. 이 대표는 어릴 때 코딩을 배웠다. 중학생 때는 컴퓨터 프로그래밍 경진대회에 나갈 정도로 관심이 컸다. 이 대표는 이렇게 말했다.

소프트웨어로 무엇을 할 수 있는지 알았기 때문에 모바일혁명이 얼마나 큰 기회인지 또한 알 수 있었습니다. 그래서 아이들에게 프로그래밍 언어를 가르쳐야 한다고 생각해요.

하지만 미래를 이끌어 나가기 위해 모든 사람이 코딩 능력을 갖춰야 하는 것은 아니다. 우리가 만난 한국의 뉴칼라 일곱 명 중직접 코딩을 할 수 있는 이는 전체의 절반인 네 명에 불과했다. 개발자 출신인 김동호 한국신용데이터 대표는 "중요한 건 코딩이 아니다"라고 말한다.

중요한 건 수영장에 뛰어드는 거예요. 실제 서비스와 동떨어진 코딩을 하는 건 수영 교재를 읽는 행위와 같아요. 혁신 기업이 내놓은 제품이나 서비스를 이용하는 일도 시장에 뛰어드는 겁니다. 향후 수십 년간, 경쟁의 양상은 새로운 기계와 서비스를 잘 다루는 인간과 그렇지 못한 인간 사이에서 나타날 겁니다. 제가 중소기업 사장이라면 코딩을 할 필요가 있을까요? 아니요. 하지만 중소기업용 회계장부 서비스를 쓸 수 있는 사람과 아닌 사람 사이에선 경쟁력이 달라지겠죠.

기계를 활용해 더 나은 결과를 창출하는 일. 이것이 인공지능 시대에 인간이 선택할 수 있는 유일한 혁신의 길이라는 데 전문가들은 의견을 모은다. 에릭 브리뇰프슨Erik Brynjolfsson, 앤드루 맥아피Andrew McAfee MIT 교수는 《제2의 기계 시대The Second Machine Age》에서 자유형freestyle 체스를 사례로 든다. 자유형 체스는 인간과 컴퓨터가 원하는 대로 팀을 이뤄 참가할 수 있는 게임이다. 세계 체스 챔피언인 가리 카스파로프Gary Kasparov는 2005년 "인간과 기계의 혼합팀은 가장 강력한 컴퓨터와의 대결에서조차 승리했다"라고 말했다. 사람과 기계가 각자의 장점을 발현한 결과물이라는 것이다.

기계와의 '자유형' 게임은 이미 많은 전문직에서 도입했다. 우리는 초당 1억 장의 법률 문서를 검토하는 인공지능 프로그램 로스와 손잡은 미국 변호사 세 명을 인터뷰*했다. 로스는 방대한

관련 글: '로스, 꽤 괜찮은 동료입니다', 이 책 《새로운 엘리트의 탄생》 부록 중.

법률 문서를 검토한 후, 이들의 관심사에 가장 가까운 판례를 찾아 준다. 뉴욕의 로펌 코브레앤킴Kobre & Kim의 마이클 김 변호사는 인공지능과 손잡은 변호사와 그렇지 못한 변호사 간 경쟁력이 극명하게 갈릴 것이라고 암시했다.

고객에게 전달하는 가치가 아니라 고객을 위해 쓴 시간에 대해 대가를 받으려는 변호사들이 있어요. 그들은 일이 효율적으로 변하는 것을 원하지 않죠. 같은 일을 더 오래 수행하는 게 그들에게는 이익이니까요. 반면 고객이 가치를 인정해 주길 원하는 변호사는 인공지능을 더 적극적으로 활용할 거예요. 그렇게 되면 그들은 훨씬 더 많은 가치를 생산할 수 있어요.

김 변호사는 인공지능이 감당하는 수준의 업무, 즉 법률 문서를 검토하고 사실을 전달하는 업무만 하는 변호사는 갈수록 설 자리를 잃을 것이라고 덧붙였다. 인공지능이 본격화되면 이를 활용할 수 있는 이와 그렇지 못한 이의 성과는 갈수록 극명하게 나누어질 것이다. 타일러 코언Tyler Cowen 조지메이슨대학 교수는 자신의 책 《4차 산업혁명, 강력한 인간의 시대Average is Over》에서 이러한 불균형 현상에 대해 강력히 경고했다.

근로자들은 갈수록 두 부류로 분명히 나뉠 것이다. 이런 구분을 좌우하는 중요한 질문이 있다. 당신은 컴퓨터 작업에 능숙한가, 아니면 능숙하지 않은가. 당신의 숙련도가 컴퓨터 기술을 보완하는가, 아니면 컴퓨터가 홀로 작업할 때 성과가 더 좋은가. 더욱 심각한 문제를 반영하는 질문도 빼놓을 수 없다. 혹시 컴퓨터와 경쟁하고 있지는 않은가.

우리가 만난 한국의 뉴칼라 박효은 심사역은 "기술과 관련된 일 앞에서 주눅들 필요는 없다"라고 말했다. 모든 사람이 일할 때 기술을 직접적으로 활용할 수는 없다. 디지털 리터러시가 갖는 의미 역시 빠른 속도로 성장하는 기술에 따른 세상의 변화를 내다보고, 그로 인해 어떤 가치가 만들어지는지에 초점이 맞춰져 있다.

요즘 데이터, 데이터 하지만 지금도 데이터는 많아요. 데이터보다 더 구조화된 정보도 많고요. 하지만 데이터와 정보가 어떤 의미인지, 어떤 영향을 미칠지, 어떻게 사람들의 삶을 바꿀지 분석하는 게 더 중요해요. 이건 지식이죠.

(데이터와 정보를 지식으로 구조화하려면) 계속해서 질문하고 생각해야 해요. 책을 읽거나, 사람을 만나거나, TV를 볼 때도 능동적이어야 해요. 생각하면서 읽고, 생각하면서 만나고, 생각하면서 보는 일이 생각보다 쉽지 않아요. 불편하고 시간도 오래 걸리지만 계속해서 연습해야 해요.

3.4   세상을 바꾸고 싶은가

무엇을 위해 일하는가, 즉 일의 목적을 점검해야 한다. 한국을 포함한 세계 많은 나라에서 일의 세계는 완전히 새로운 차원으로 접어들고 있다. 이 거대한 흐름을 한마디로 정리하면 이렇다. 빵의 시대는 끝났다. 생계니 부의 축적은 위해 일하는 시대가 빠르게 저물고 있다는 말이다.

선진국에서는 젊은 세대 대부분이 상대적 빈곤에 큰 박탈감을 느낄지언정 절대적 빈곤에 빠져 있지는 않다. 이들은 돈을 벌기 위해 자신의 가치관이나 취향을 희생하려 들지 않는다. 대기업의 비합리적 조직 문화, 직원을 부품처럼 대하는 태도를 견디지 못한다. 왜 천문학적 경쟁률을 뚫고 들어간 대기업에서 그토록 많은 신입사원이 퇴사를 선택하는가. 왜 퇴사를 가르치는 학교가 생겨나고 퇴사를 주제로 한 책이 날개 돋친 듯 팔리는가.

퇴사를 고민하는 이들이 자신에게 던진 질문은 이것이다. 나는 무엇을 위해 일하는가. 어떤 일을 하며 살아야 행복할까. 현재

113

젊은 세대는 스스로 이 질문을 던지기 시작한 역사상 첫 세대다. 이전 세대는 이런 질문을 애써 외면하며 살았다. 이들은 먹기 위해 일하는 세대였다. 불과 삼사십 년 전만 해도 직업 전선에 뛰어든 젊은이에게 이런 질문을 던지는 사람은 많지 않았다. 일은 가족을 부양하기 위해 한다는 생각을 모두들 당연하게 받아들였다.

무엇이 과거 세대와 현재 세대를 가르는가. 그것은 새로운 경제 체제의 출현, 즉 제러미 리프킨이 '한계비용 제로 사회'라고 이름 붙인 새 시대다. 자본주의 체제에서는 인간 생활에 필요한 모든 상품과 서비스에 가격이 매겨진다. 돈을 소유한 이와 소유하지 못한 이가 누릴 수 있는 삶의 질이 극명하게 갈렸다.

공유경제체제에서는 많은 상품과 서비스가 제로에 가까운 가격에 거래된다. 우리는 세계의 수많은 음악을 공짜에 가까운 돈(한 달에 몇천 원)으로 즐길 수 있다. 엄청난 등록금을 내야 들을 수 있던 석학의 강의가 인터넷에 무료로 풀려 있고, 갈수록 많은 사람이 자동차와 집, 집 앞마당에서 발전한 에너지까지 나누고 있다. 생활에 필요한 물품의 가격도 점점 내려간다. 앞서 언급한 세계화와 자동화가 이룩한 생산성 혁신 덕분이다. '지금 물가가 비싸지 않다고?' 누군가는 발끈할지도 모른다. 하지만 이는 저공비행 하는 물가지수에서도 확인할 수 있는 객관적 사실이다.

예를 들면, 인터넷에서는 1만 원도 안 되는 가격에 살 수 있는 품질 좋은 옷이 넘쳐난다. 얼마 전 아이에게 사 준 플라스틱 장난감 구급차는 문을 여닫을 수 있는 데다, 버튼을 누르면 수십 가지 노래가 나오면서 경광등까지 번쩍이는데도 1만 원 남짓에 불과했다.

인간다운 삶을 보장받기 위해 큰돈이 필요하지 않은 시대, 무엇이 우리를 움직이게 할까. 평균을 뛰어넘는 수준의 성취를 이끌어 내려면 어떤 동기가 필요할까.

우리가 만난 한국의 뉴칼라는 대부분 이 문제에 대해 깊이 고민하고, 각자 답을 가지고 있었다. 이승건 비바리퍼블리카 대표가 내놓은 답은 '사명'이다. 이 대표는 일의 목적이 개인뿐 아니라 조직의 성공을 좌우한다고 말했다. 설립한 지 3년이 채 되지 않아 사용자 650만 명을 사용자를 모으고 세계 35위 핀테크업체에 랭크된 토스의 성공 비결을 묻자 내놓은 대답이었다.

> 돈을 버는 것을 회사의 최우선 목적으로 삼지 않아요. 그보다 사회문제를 해결하는 데 주안점을 두고 있어요. 우리 팀원들은 대부분 밀레니얼세대예요. '돈을 많이 벌자'라거나, '더 많은 월급을 주겠다'는 말로는 설득할 수 없어요. 각자가 사회에 의미 있는 일을 한다고 생각할 때 훨씬 큰 에너지가 나와요. 이른바 사명이 가장 중요해요.

세상을 바꾸는 데 기여한다는 믿음, 그로써 자신의 가치를 스스로 증명하는 것. 중국 칭화대학의 천진陳劲 경영관리대학원장은 이런 변화가 최근 중국에서 불고 있는 창업 열기와도 맞닿아 있다고 진단했다. 한국의 싱크탱크 여시재www.yeosijae.org와 베이징에서 열린 세미나에서 만난 그는 '왜 중국의 젊은이들이 점점 더 대기업 입사 대신 창업을 택하는가'를 주제로 발표했다.

천진 학장은 에이브러햄 매슬로Abraham H. Maslow의 5단계 욕구 이론을 바탕으로 최근의 변화를 설명했다. 미국의 심리학자였던 매슬로는 사람이 생리적 욕구와 안전 욕구가 충족되면 이후 애정과 소속감, 존경, 자아실현을 단계별로 추구하게 된다고 분석했다. 물질적 풍요 속에서 태어난 중국의 젊은 세대 역시 자신이 추구하는 가치를 최우선에 두고 일을 찾다 보니, 조직에 속하기보다는 자기 일을 택한다는 주장이었다. 이처럼 경제적 보상보다 내적 동기를 부추겨야 사람들을 움직일 수 있다는 사실을 한국의 뉴칼라 역시 잘 알고 있었다.

지인이라고는 페이스북 친구 두 명이 전부였던 실리콘밸리로 날아가 〈리얼밸리〉 인터뷰 시리즈를 만든 1인 미디어 사업가 김태용 PD. 그는 어떻게 맨몸으로 찾아간 실리콘밸리에서 한국인 40여 명을 만나 인터뷰했을까. "인터뷰를 통해 풀고 싶은 문제를 내세워 설득했다"는 게 김 PD의 설명이었다.

예를 들어 실리콘밸리에서 일하는 디자이너를 설득할 때는 한국 디자이너들의 현실을 이야기했어요. 박봉과 열악한 근무 환경 등 한국에서 디자인의 가치가 인정받지 못하는 현실이요. 한국에서 디자인을 바라보는 인식을 당신의 이야기를 통해 바꿔 나가고 싶다고 설득했어요.

풀고 싶은 문제와 지향하는 가치가 사람들을 움직였다. 이렇듯 일의 목적이 성과를 좌우하는 현상은 자아실현을 추구하는 인간 본성의 발현 때문만은 아니다. 다른 한편으로는 시장의 요구이기도 하다. 모든 제품과 서비스에 담긴 이야기가 갈수록 투명하게 공유되는 시대다. 그동안 사람들은 제품이나 서비스가 탄생한 과정을 낱낱이 알지는 못했다. 이 상품을 누가, 어떤 마음으로 기획했는지, 또 어떤 과정을 거쳐 만들었는지 소상히 모른 채 소비했다.

하지만 지금은 모든 과정이 투명해지는 시대다. 예를 들어 보자. 삼성전자가 혹은 다른 대기업이라도 제품에 어떤 포장을 하든, 사람들은 그 회사의 조직 문화를 안다. 직원들이 어떤 대우를 받으며 어떻게 일하는지, 특정 제품은 어떤 기획을 거쳐 어떻게 생산되는지 알고 있다. 무엇보다 해당 기업이 무엇을 위해 움직이는지 인지하고 있다. 이처럼 예전에는 기업이 외부인에게 들려주고 싶은 스토리만 포장해 유통하는 일이 가능했다. 그러나 이러한 포장이 점점 불가능해지는 시대로 접어들었다. 동시에 소비 목적도 바뀌고 있다. 생산성의 급진적 혁신으로 싸고 품질 좋은 물건이 넘쳐난다. 사람들은 더는 물질적 필요를 충족하기 위해 소비하지 않는다.

소비는 자신의 취향을 드러내는 행위다. 내가 누구를 좋아하느냐, 혹은 나는 어떤 문화를 지지하느냐가 제품 그 자체보다 더 중요한 문제로 부상한 것이다. 이런 맥락에서 보면 모든 제품·서비스 뒤에 숨은 콘텐츠가 갈수록 중요해지고 있다. '내 마음을 얻고 싶으면 당신의 진짜 속마음을 보여 달라'는 소비자의 요구에 진정성 있는 답변을 내놓지 못한다면 시장에서 외면받는 일은 한순간일 것이다.

3.5 끊임없이 변화하는가

변화가 두려운 당신, 일단 안심하길 바란다. 당신만 그런 것이 아니다. 변화를 두려워하는 것은 인간의 본성이다. 하버드 비즈니스 스쿨HBS의 로저베스 캔터Rosabeth Moss Kanter 교수는 하버드 비즈니스 리뷰를 통해 사람이 변화를 싫어하는 이유를 열 가지로 정리했다. 핵심만 추리면, 변화가 닥치면 통제력을 잃게 되고, 변화에 적응하느라 일은 더 늘어나며 불확실성이 커져 늘 불안한 상태에 놓이게 된다는 것이다. 게다가 최근의 디지털 트랜스포메이션*은 우리가 역사적으로도 경험해 본 적이 없는 속도의 변화다.

Chapter 1.1, p. 018 주 참고

김동호 한국신용데이터 대표는 코앞에 닥친 변화를 외면하는 인간의 심리를 잘 알고 있었다. 인터뷰 중 김 대표는 철도 위에서 짐차를 끄는 말에 대한 이야기를 들려주었다. 철도는 깔렸는데, 철도를 달릴 증기기관이 충분히 생산되지 못하자 운송업자들은 과거 방식대로 말을 철도 위에서 달리게 했다는 것이었다.

이 운송업자들은 증기기관이 상용화되면서 10년도 안 돼 줄도산합니다. 이들은 철도가 깔린 걸 보면서도 왜 증기기관으로 전환하지 못했을까요? 변화가 이렇게 순식간에 닥치리라고 생각하지 못했던 거죠. 수천 년 동안 인류는 천천히 진보해 왔습니다. 기하급수적으로 혁신 사례가 생겨난 건 불과 수백 년 전이죠. 여전히 사람들은 급속한 변화에 둔감합니다.

슬프게도, 본능에 안주하기엔 우리의 현실이 너무나 급박하게 돌아간다. 최근 기술과 산업의 변화는 단 한 명도 놓치지 않겠다는 기세로 모두를 변화의 소용돌이 속으로 끌어당기고 있다. 이 글을 읽으며 '내 직업은 최근 일어나는 변화와 아무 관계가 없다'며 웃는 이가 있다면 꼭 연락해 주길 바란다. 아무에게도 알리지 않겠다. 그 아늑한 보금자리가 어딘지 확인하고 가능하다면 나도 기어들어 가고 싶다. 피할 수 없다면 즐기는 수밖에 없다. 우리가 만난 뉴칼라는 변화를 두려워하지 않았다.

끊임없는 공부는 변화할 수 있는 동력이다. 문효은 아트벤처스 대표는 리딩leading, 즉 앞서 나가려면 흐름을 읽는 리딩reading이 중요하다고 말했다. 문 대표는 빠른 기술 변화를 따라잡는 자신만의 노하우를 공개했다.

이끌고leading 싶은 분야를 정하면, 그 분야를 제대로 읽어 내고reading 실행하며 저만의 노하우를 쌓았어요. 어느 분야에나 룰 메이커rule maker가 있고, 패스트 폴로어fast follower와 그냥 폴로어follower가 있어요. 기술 변화도 마찬가지죠. 세계를 흔드는 플랫폼이 새로 나올 때, 그 기술이 대중에게 채택되고 사랑받으려면 혁신이나 편의성이 있어야 하거든요. 결국 대중에게 도움이 되는 기술로 시너지를 내는 게 중요해요.

뉴칼라에게는 일의 개념 자체가 변화의 대상이었다. 이들은 기존의 직업 기준으로 자기 일을 정의하지 않았다. 김태용 PD가 대표적이다. 우리가 김 PD를 '1인 미디어'라고 불렀더니, 그는 '1인 마케터'라고 정정했다. 김 PD는 지금까지 세 번의 창업 경험이 있는데, 아이템이 모두 달랐다. 첫 번째 창업은 예술 작품을 프린팅한 패션 소품, 두 번째 창업은 1인 가구를 위한 신소재를 활용한 가구였다. 세 번째 창업에서 갑자기 김 PD는 콘텐츠 제작자가 된다.

"어떻게 제조업에서 콘텐츠업으로 방향을 확 틀었느냐"라고 묻자 김 PD는 고개를 흔들었다. 그동안 자신이 쭉 해 온 일은 스토리를 전하는 스토리텔링이었다는 것이다. 콘텐츠를 만들고 있는 지금도 그는 자신을 마케터라고 정의했다.

제가 저 자신을 마케터라고 정의하는 이유는 고객을 생각하며 제품을 어떻게 브랜딩하고 접근할지 고민해 왔기 때문이에요.

3.6 손잡고 일하는 법을 알고 있는가

협업은 뉴칼라에게도 어려운 과제 중 하나였다. 우리는 우리가 만난 뉴칼라에게 다섯 가지 조건에 대해 각자 자신의 점수를 매기도록 했다. 거의 모든 뉴칼라가 자신의 협업 역량이 다른 역량에 비해 더 떨어진다고 답했다. 그럼에도 협업이 중요한 이유는, 협업이야말로 가장 인간다운 가치를 끌어낼 수 있는 원동력이기 때문이다. 기계는 서로 손을 잡지 않는다. 자기에게 주어진 일을 완벽히 해낼 뿐이다. 이승건 대표는 협업의 중요성을 강조한 사람 중 한 명이다. 그는 "인간의 모든 위대한 활동은 협업에서 나온다"라고 말했다. 치과 의사 출신 창업가로서 가장 큰 어려움을 겪은 부분도 협업이라고 했다. 의료계 상명하복 문화에 익숙하던 그 역시 어떻게 자발적인 협력을 끌어낼 수 있을지 몰랐다는 것이다. 퇴근 후에도 조직 문화와 관련한 책을 읽느라 새벽까지 잠들지 않는 경우가 많았다고 했다. 수많은 실패를 거듭한 뒤 이 대표가 찾은 방법을 소개하면 이렇다.

믿음을 기반으로 한 협업이 가장 중요하다고 생각해요. 그러려면 정보를 투명하게 개방하고 맥락을 공유해야 해요. 밀레니얼세대는 톱다운 방식으로 일하지 않아요. '이렇게 해'라고 지시하면 이행하지 않죠. 회사를 나가거나 무시하거나, 둘 중 하나예요. 이런 사람이 너무 많기 때문에 기업이 어쩔 수 없이 바뀔 것이라고 생각해요.

투명한 정보 개방. 신기하게도 똑같은 말을 김동호 대표에게서도 들었다. 김 대표는 두 번째 창업이었던 '캐시노트'에서 단 여섯 명의 멤버로 6개월 만에 고객 2만9000여 명을 모았다. 비즈니스가 확장되는데도 구성원을 한 명도 더 늘리지 않았다. 실력 있는 멤버들을 김 대표는 어떻게 통솔하고 있을까.

협업에서 가장 중요한 건 공감대예요. 제 협업 방식은 투명하게 공개하는 겁니다. 왜 이 일을 하는지 모르는 상태에선 열심히 할 수가 없습니다. 이 일이 왜 필요하고, 어떤 의미가 있는지 잘 알리면 현재 우리 팀이 어떤 방향으로 나아가는지, 각자가 맡은 포지션은 무엇인지 잘 이해하고 있어야 해요. 이해하고 있으면 협업은 어렵지 않아요.

"'우리는 서로의 성장을 돕고 있다'는 믿음이 중요하다." 1인 미디어로 활동하는 김태용 PD 역시 다른 채널이나 회사와의 협업을 진행하고 있었다. 하지만 협업을 한다는 사실 자체에 집중하기보다는 왜 협업해야 하는지를 더 고민했다. 그는 자신이 세운

'협업의 기준'을 다음과 같이 설명했다.

제가 느끼기에 해 볼 만한 과제여야 해요. 재미있는 실험이요. '얼마를 줄 테니 영상을 만들어 달라'는 협업은 하지 않아요. 그런데 '이런 문제가 있는데, 여태 푼 사람이 없고, 우리가 이렇게 해 보려고 하는데, 너랑 같이하면 성공까진 모르겠지만 데이터를 만들어 볼 수 있을 것 같다'고 하면 해요. 어떤 결과가 나오는 게 아니라 '데이터만' 얻을 수 있어도 해봐요.

일방적인 관계에서 발생하는 협업이 아니라 쌍방의 소통이 담긴 협업. 서로 손을 잡았을 때 양쪽 모두 의미 있는 과정이 되어야 한다는 뜻이었다. 협업 또한 어떤 문제를 같이 해결해 나가는 과정으로 받아들이는 김 PD의 생각이 한껏 묻어난 답변이었다.

한국의 뉴칼라
7인의 목소리

4.0 　귀 기울이기 전에
　　　　－ 한국에서 뉴칼라를 찾다

"한국에 뉴칼라가 몇 명이나 될까요."

뉴칼라 컨피덴셜New collar Confidential이라는 부제를 보고, 누군가 내게 물었다. 한때 통계청을 출입하며, 종종 마이크로데이터 분석 기획을 했던 나다. 질문을 듣자마자 알 수 있었다. 이건 답이 나오지 않는다.

그건 뉴칼라의 정의 때문이다. 앞서 설명했듯 우리는 뉴칼라New Collar를 '인공지능과 로봇의 시대에 인간만의 가치를 창출하는 이'로 정의한다. 통계로 추산할 수 없는 이유는 그래서다. 통계는 직업이나 직무에 따라 사람을 나눈다. 대기업에 종사하는 상당수의 화이트칼라White Collar는 '사무종사자'로 분류되며, 세세하게 들어간다고 해도 '행정사무원', '회계 및 경리사무원' 등으로 나뉠 뿐이다. 이 중 기계가 대체할 수 없을, 인간만의 가치를 창출하는 이는 도대체 몇 명이나 될까. 아마 아무리 유능한 인사 담당 직원이 와도 가려내지 못할 것이다.

질문을 좁혀 보자. 한국이 아니라 당신의 회사에, 더 나아가 당신의 팀에는 뉴칼라가 몇 명이나 될 것 같은가. 기계가 대체하지 못할 '진짜 인간의 일'을 하는 이들 말이다. 이것조차 어려운 질문이다. 이들의 일하는 방식과 성과를 깊이 관찰해야 답이 나올 것이다. 질문을 더 좁혀서 이렇게 스스로에게 물어보자. 나는 뉴칼라인가. 많은 이들에게 쉽지 않은 질문일 거라 생각한다.

한국의 뉴칼라 선정 작업은 출발부터 이런 고민을 안고 있었다. 정의가 모호했기에 사례가 더 중요했다. "이들은 진짜 인간만이 할 수 있는 일을 하고 있다"고 모두가 인정할만한 이들을 찾아야 했다. 선정 방식은 뉴칼라의 다섯 가지 조건과 크게 다르지 않았다. 일단 취재팀이 함께 모였다. 우리는 던지듯 각자가 생각하는 뉴칼라 후보들을 내놓았다. 후보로 언급된 이들이 누구였는지는 밝힐 수 없지만, 각자의 영역에서 최고의 역량을 증명한 이들임은 분명했다. 그럼에도 의견은 쉽게 모이지 않았다. 초기엔 격론이 벌어졌다. 갈수록 우리의 대표로 꼽힐 만한 뉴칼라에 대해 서로 비슷한 생각을 나누게 됐다.

다른 고민도 있었다. 최대한 다양한 분야, 다양한 성별, 다양한 직업의 뉴칼라를 소개하고 싶었다. 뉴칼라 선정 회의는 다섯 차례나 열렸다. 최종 확정된 명단을 보고, 임정욱 스타트업얼라이언스 센터장은 "엄청난 분들이 모였다"고 평했다. 다양성을 염

두에 두었음에도 명단이 공개된 뒤 이런 질문을 자주 받았다.

"왜 이렇게 스타트업계 일색인가요."

그것이 우리의 큰 고민이었다. 산업계에선 아직 대기업의 비중이 압도적이라는 걸 안다. 종사자의 규모도 비교가 안 되게 많다. 그럼에도 대기업 종사자가 단 한 명만 포함됐다는 건 우리 사회 전체에 생각할 거리를 던진다고 생각한다. 대기업에 역량 있는 인재가 없다는 건 아니다. 그들 상당수가 기계와의 경쟁에서 밀릴 거란 얘기는 더더욱 아니다. 대기업 직원이 많이 포함되지 않은 건 우리의 프로젝트가 일에 대한 이야기여서다.

우리가 뉴칼라와 이야기하려 했던 부분은 일의 목적과 방식, 일에 대한 태도 같은 것이었다. 그러자면 조직 문화라든가 사명 mission 같은 조직의 이야기가 나올 수밖에 없었다. 대기업 종사자들이 자신이 몸담은 조직을 솔직히 평가할 수 있을까. 대부분의 기업이 자유로운 발언을 제한하는 내규를 갖고 있다. 누군가 자신의 생각을 가감없이 밝히는 용기를 낸다고 하더라도, 독자들이 진의를 믿기 어려울 수도 있었을 것이다.

대기업이 상대적으로 소외를 받은 또다른 이유는 혁신의 속도 때문이다. 한국 경제가 대기업 중심이라는 건 모르는 이가 없다.

하지만 한국 경제의 혁신은 누가 이끌고 있는가. 대기업과 스타트업 중 굳이 하나만 고르라면 대부분 후자를 택할 것이다. 이것은 세계적 흐름이다. 거스를 수 없다. 제러미 리프킨이 인터뷰에서 설명한 대로다. 규모의 경제에 기반한 대기업의 생산성 혁신은 한계에 부딪혔다. 스타트업은 아이디어와 실행력을 무기로 기존 산업을 파괴하고 있다. 한국에서도 미디어 산업과 유통·금융·제조 업계 전반이 파괴를 겪고 있다.

1인 마케터 김태용 씨를 제외하고도 일곱 명 중 네 명이 스타트업 대표라는 것도 처음부터 조심스러웠던 부분이다. 그럼에도 강행한 데는 몇 가지 이유가 있다. 첫째, 일에 대해 가장 치열하게 고민하는 사람이 결국은 경영자라는 판단이었다. 두 번째는 경영자라는 직업의 특수성이다. 석학들을 인터뷰할 때 나는 종종 이런 질문을 던졌다. "인공지능의 시대에도 끝까지 살아남을 직업은 무엇일까요." 그때 가장 많이 나온 답이 경영자였다. 경영이란 끊임없는 문제 해결의 과정이다. 판단력과 실행력, 리더십과 협업 능력이 모두 필요한 종합 예술이다. 공유경제가 본격화하면 더 많은 이들이 작은 단위의 기업을 만들거나 1인 기업으로 스스로 경영자로서 활동하게 될 거란 전망도 이런 결정에 힘을 실었다.

뉴칼라 일곱 명과 나눈 인터뷰는 가급적 상세히 정리했다. 이들이 어떤 생각으로 일하고, 어떻게 미래를 전망하고 있는지를 가급적 자세히 소개하고 싶었다. 개인적으로도 많은 고민을 안고 있던 시기에 큰 배움을 얻었다. 한줄 한줄이 묵직하게 다가왔고, 곱씹을수록 새로웠다. 인터뷰이 뉴칼라 일곱 분에게 다시 한번 감사드린다. 글 임미진

4.1 뉴칼라의 목소리
− 이승건 비바리퍼블리카

기획은 배움의 연속이다. PUBLY와 협업하기로 결심한 것도 배움을 위해서였다. 박소령 PUBLY 대표는 첫 만남에서 '뭔가 배울 게 있는 사람'이라는 기운을 강하게 풍겼다. 2017년 여름, 여의도 한 카페에서 박 대표는 우리가 몇 달 동안 공들여 준비한 기획 〈미래 직업 리포트〉를 훑어보고선 말했다.

> 똑똑한 사람들이 말하는 미래의 일 말고,
>
> 그런 게 더 흥미 있지 않을까요.
>
> 내가 닮고 싶은 사람이 말하는 미래의 일이요.

이승건 비바리퍼블리카 대표는 박 대표가 제안한 사례였다. 왜 진작 그 생각을 못했지. 이승건 대표는 이미 만난 적이 있었다. '이런 청년이 있으니 조국의 미래는 밝다'는 느낌이 드는 청년이었다. 치과 의사 출신의 창업가라는 독특한 이력, 8전 9기 끝에 일군 토스의 엄청난 성장. 그래, 미래와 일을 이야기하기에는 그가 적임자다.

이 대표는 인터뷰 주제를 듣자 바로 "할게요"라고 답했다. 한 달 전에 만났을 때만 해도 언론 인터뷰는 되도록 사양 중이라고 들었던 터라 고마웠다. 혹시 너무 준비된 답변을 내놓을까 걱정돼서 사전에 미리 질문지를 주지 않았다. 모범 답안을 준비한 인터뷰이들은 가끔 생생한 목소리를 들려주지 못한다.

그러나 아무 준비 없이 시작된 첫 인터뷰에서 이승건 대표는 마치 이런 질문을 기다렸다는 듯 정리된 답변을 내놓았다. 아래 인터뷰는 순서를 바꾸거나 문장을 크게 다듬지 않은, 거의 대화 그대로다. 그는 말을 잘 정돈하는 능력이 있고, 일에 대해선 누구보다 치열하게 고민해 온 사람이다.

치과 의사 출신, 8전 9기의 창업가

사명이 이끄는 회사를 만들기까지

임미진 (이하 생략) **토스°가 단기간에 일군 성과가 엄청나요. 그동안 많은 핀테크 서비스가 빛을 보지 못했는데, 어떤 점이 시장에 먹혔을까요?**

이승건 (이하 생략) 우리는 기본적으로 회사가 하는 일은 돈을 버는 것이 아니라 사회가 갖고 있는 문제를 해결하는 거라고 생각해요. 그 과정에서 사회에 부를 제공하고, 그 대가로 사회의 부를 전달받는 게 회사인 거죠.

°
TOSS, 비바리퍼블리카가 2015년 2월에 출시한 간편 송금 서비스.

새로운 엘리트의 탄생

토스가 돈이 되는 가치를 사회에 공급했다는 건가요.

그것보다는 사회적으로 사람들이 겪는 문제를 해결하는 데 주안점을 두고 있어요. 그래야만 훨씬 더 강력하고 많은 부를 창출할 수 있고요. 그게 사회적 선에 기여하기 때문에, 팀원들은 의미 있는 일을 한다고 생각하고 그래야 더 열심히 일하게 됩니다. 단순히 주주와 회사의 돈을 불려 주기 위해 일한다고 생각할 때보다 훨씬 더 많은 에너지가 나오는 거죠.

이게 다들 말하는 '사명이 이끄는 회사Mission Driven Company'예요. 성과가 좋다고 만씀히셨는데, 우리가 푸는 문제가 그만큼 한국 사회에서 크고 심각한 문제였다는 반증인 것 같아요.

토스는 송금앱이었는데, 모바일 송금이라는 게 그렇게 중요한 문제인가요? '모바일 송금을 간편하게 만들자'라는 미션만으로 어떻게 팀원들을 설득할 수 있었나요.

우리는 출발이 송금이었을 뿐이지, 사람들이 금융과 관련해 갖고 있던 전반적인 좌절감과 불만을 해결하는 게 가장 큰 미션이었어요. 금융을 간편하게 만들고 싶었죠. 그중 가장 먼저 해결하려던 게 송금이고요. 토스에는 이미 많은 금융 서비스가 들어와 있어요. 우리가 전달하고 싶었던 메시지는 이거예요. '토스는 너를 금융 생활에서 앞으로 해방시켜 줄 거야. 완전히 자유롭게 만들어 줄게.' 이 메시지에 사람들이 반응한 거라고 생각해요.

사명이 이끄는 회사를 목표로 삼은 이유는 뭔가요.

사회를 더 나은 곳으로 만들고 싶어 창업을 했어요. 저에게 돈보다 더 중요한 목표가 생긴 건데, 이런 사고를 갖고 있는 사람들만 모이면 얼마나 강력한 회사가 될 수 있을까, 그런 생각을 했어요.

그런 사람들이 모여서 돈이 안 되는 일을 할 수도 있잖아요.

영리 회사에서는 그러면 안 되죠. 그래서 사실 세 가지가 교집합이 되는 일을 해야 해요. 우리가 하고 싶은 일, 잘하는 일, 시장이 원하는 일. 그 교집합이 시장에 부를 창출하기 때문에 돈을 벌 수 있는 것이라고 생각했어요.

가끔 사회가 아닌 자신만의 잣대로 직업을 선택한 사람들을 만난다. 판사를 그만두고 철학 공부를 시작했다거나, 외교관을 그만두고 유기농업에 투신했다거나 하는 이들 말이다. 이들을 만날 때마다 드는 생각이 있다. 외롭지 않았을까. 한국은 정답이 하나라고 강요하는 사회이며 A라는 직업이 B라는 직업보다 낫고 누구에게나 그렇다는 식의 사고가 퍼져 있다. 나 역시 이 대표를 처음 만났을 때 이렇게 물었다. "치과 의사 왜 그만두셨어요?" 창업에 뛰어든 2013년 이후, 그는 도대체 이 질문을 몇 번이나 받았을까. 여덟 번의 창업에서 실패를 거듭할 때, 이 질문으로 마음이 흔들리지는 않았을까.

갑자기 이런 생각을 하지는 않았을 것 같아요. 어디서부터 시작되었나요. 치과 의사를 하다 창업을 한 것도 그 때문인가요?

어려서부터 사회에 도움이 되는 일을 하고 싶었는데, 집안이 너무 어려워져 돈을 벌려고 치과대학을 갔어요. 다행히 대학을 간 뒤에 집안 사정이 좀 나아졌지만 의사 생활을 하다 보니까 마음이 뭔가 비어 있는 느낌이었어요. 그래서 장애인 치과에서도 일해 봤어요. 보람되고 좋았지만 여전히 뭔가 채워지지 않는 부분이 있었어요.

많은 사람이 치과 의사를 좋은 직업으로 여기는 이유는 안정성과 고수익 때문이죠. 그게 좋은 직업을 가르는 우리나라의 기준이기도 하고요. 그런데 거기서 만족을 찾지 못했나요.

해 보니까 알겠더라고요. 고등학생 때 정말 열심히 공부했고, 대학생 때도 좋은 병원에서 수련받으려고 정말 열심히 했어요. 그런데 막상 병원에 들어가 보니 '아, 내가 남의 인생을 살았구나. 사람들의 사회적인 기대에 맞추는 그런 인생을 살았구나' 하고 느꼈어요. 내가 원한 건 이런 게 아니라는 걸 너무 늦게 깨달았어요. 제 생각엔 적지 않은 의사들이 저와 똑같이 느끼는 것 같아요. 제가 달랐던 건 뛰쳐나왔다는 거죠.

많은 의사가 그렇게 느끼나요.

고수익과 안정성, 안락한 삶으로 가슴을 다 채울 수 없다는 걸 알아요. 제가 느낀 건 그랬어요.

결국 가장 중요한 건 소명 의식이죠. 치과 의사가 천직이라 느
끼며 일하는 사람도 있을 테니까요.

그렇죠. 다만 저는 치과에서 그걸 찾지 못했어요. 그래서 제가
하고 싶은 일이 뭔지를 찾는 자기 발견의 시간을 위해 군 생활
을 보건소에서 3년 동안 했어요. 거기서 책도 많이 읽고, 평소
만나지 못했던 사람들을 만나고 여행도 가면서 자신을 발견했
어요. 그때 알게 된 게 저는 기술로 이 세계를 더 낫게 만드는 일
이 흥분되고 가슴 떨리고 살아 있는 느낌이 든다는 거였어요.
그래서 이걸 해야겠다고 생각했죠.

어느 날 갑자기 깨달은 건가요?

3년이니까 꽤 오랜 시간에 걸쳐 깨달았죠. 많은 사람의 삶을 한
번에 변화시키는, 큰 영향을 미치는 일에 가슴이 떨리더라고요.
마침 당시에 모바일 혁명이 일어났고, 이 흐름에 함께해 수많은
사람의 삶을 근본적으로 바꿀 수 있겠다는 생각에 마음이 흥분
됐어요.

진정한 가치를 창출하는 인재

누구나 아는 만큼 보인다. 나는 그것을 스마트폰 탄생 10주년이 된 요즘

자주 느낀다. 스마트폰이 처음 나왔을 때, 이 손바닥만 한 물건이 세상을 이 정도로 바꾸리라고는 상상하지 못했다. 세상의 거의 모든 소통과 소비가 이 기기를 통해 이뤄질 거라고는 생각하지 못했다.

의사였던 이 대표는 어떻게 '이 모바일 혁명에 함께하겠다'고 마음먹었을까. 그가 소비자가 아니라 잠재적 생산자로서 스마트폰을 바라보게 된 데는 어려서 배운 코딩이 적잖은 영향을 미쳤다. 컴퓨터를 알기 때문에, 적어도 이 판에서 어떤 것을 만들 수 있을지 상상할 수 있었다.

기술 혁명에 관심을 쏟는 과정에서, 어려서 컴퓨터 프로그래밍을 배운 게 영향을 미쳤네요.

맞아요. 누가 컴퓨터를 배우라고 시키진 않았어요. 우연히 접하게 되었고 흥미를 크게 느꼈어요. 초등학생, 중학생 때 프로그래밍 공부를 열심히 했고, 경진대회도 많이 나갔어요. 결과는 좋지 않았지만요. 그때 디지털 기술, 컴퓨터 과학에 눈을 뜬 게 이쪽으로 용기 있게 넘어올 수 있었던 큰 기회가 된 것 같아요.

디지털 리터러시가 있는 아이들은 꿈의 폭이 다르다는 얘기를 많이 하죠. 그만큼 코딩 같은 디지털 교육이 중요하다고.

굉장히 공감해요. 저는 제2외국어보다도 프로그래밍 언어를 가르치는 게 더 먼저라고 생각해요. 지금 자라나는 세대에게는 이게 훨씬 중요해요.

그래서 요즘 강남 사교육 시장이 코딩으로 뜨거워요. 코딩 부익부 빈익빈 현상이 걱정될 정도죠.

요즘은 학원에 갈 필요도 없어요. 코드닷오알지code.org 같은 무료 코드 학습 방식도 많아요. 공교육에서도 코딩 수업이 포함돼 전 국민이 프로그램 언어를 익히는 게 중요하다고 생각하는데, 아직은 아쉬운 수준이에요. 지금 한국 사회는 영어 능력에 따라 커리어가 많이 나뉘는데, 다음 세대는 코딩이 그 역할을 하게 될 거예요.

일의 세계는 빠르게 변하고 있다. 기술로 인한 산업의 변화는 일의 범위와 종류를 바꾸고 있다. 그리고 이 변화는 궁극적으로 일의 목적, 나아가 일의 개념에까지도 미친다. 이승건 대표는 이 변화를 매우 뚜렷하게 인식하고 있었다. 그리고 그 배경을 자기 나름의 언어로 정리해 왔다. 우리가 일의 미래에 대해 한 수 듣겠다며 인터뷰한 해외 석학들 못지않은 통찰력이 있었다고 생각한다.

미래엔 직업을 선택하는 기준도 바뀔까요. 지금까지는 안정성과 고수익을 좇느라 정작 자기가 하고 싶은 일을 찾는 연습은 아무도 하지 않은 것 같아요.

이제 직위나 직함이 중요한 시대는 아니에요. 지금까지는 그것만으로도 충분히 안정성과 수익이 보장됐기 때문에 다들 그걸 얻으려고 매달렸어요. 자격증, 토익 시험을 보고 학벌을 갖추기 위해 노력했죠. 하지만 이미 변화가 시작됐고 앞으로는 '스펙'보다 실제 일할 수 있는 역량이 훨씬 더 중요해질 거예요. 변호사나 의사 같은 직업이 보장하던 수익과 안정성의 시대는 지났어요. 자격증이나 직함을 따기 위해 업무에 도움 되지 않는 공부를 하는 건 무의미한 시대예요.

왜 이런 변화가 생겼다고 보세요?

두 가지 이유가 아닐까요. 첫 번째는 경쟁이에요. 경쟁이 극도로 치달으면서 모든 기업이 세계 시장에서 경쟁을 해요. 한국에서 시작한 스타트업도 미국보다 작해야 살아남아요. 산업 간 구분도 없어요. 네이버가 전자상거래에 뛰어드는 걸 보면 알 수 있죠. 이런 무한 경쟁 시대에는 누가 진정한 가치를 창출하고 있느냐가 뚜렷하게 드러나요. 또 하나는, 가치가 창출되는 구간이 달라졌기 때문이에요. 예전엔 유통이, 어떤 제품이나 서비스를 어디를 통해 공급하느냐가 중요했어요. 실제로 만드는 구간에서는 오히려 큰 차별성이 필요하지 않았죠. 특별히 창의성을 요구하지도 않고요. 그런데 제4차 산업혁명은 모든 게 기술 기반으로 움직이니 기술 혁신과 창의력이 그 어느 때보다 중요해졌죠.

그럼 어떤 사람이 진정한 가치를 창출할 수 있나요.

앞서 말한 것과 같은 맥락으로, 미션과 비전이 있는 사람이요. 연구 결과로도 증명됐는데, 미션과 비전을 갖고 있는 기업과 그렇지 않은 기업의 생산력 차이는 10배 정도에 달한다고 해요. 본인이 왜 일하는지, 이 일이 왜 중요한지 알고 일하는 경우와 일은 단지 생계 수단이며, 가족이나 취미 활동을 더 큰 가치로 여기는 경우는 그 정도 차이가 나타나죠.

지금 많은 사람이 그렇게 일하고 있다고 여기나요.

그렇게 하지 않으면 버틸 수 없어요. 일하는 방식이 바뀌지 않으면 생존할 수 없는 시대가 왔다고 느껴요. 예전엔 IT나 게임 산업 같은, 창의성이나 기술 혁신이 중요한 산업이 따로 있었죠. 지금은 모든 산업이 마찬가지예요. 기존의 '아재'식 조직 문화로는 절대로 다른 가치를 만들어 낼 수 없어요.

미래에 대해 어떻게 생각하나요. 우리는 미래를 제대로 대비하고 있을까요.

우리나라 사람들은 미래에 대해 충분히 고민하지 않는 것 같아요. 특히 자라나는 세대가 그렇다는 게 문제죠. 왜 그럴까 생각해 보니, 그들은 너무 바빠요. 자기를 돌아보고 느낄 만한 시간이 없어요. 학교를 마치면 학원에 가고 숙제하고 자느라고요. 그리고 학교나 학원에서는 자신을 생각할 필요가 없죠. 선생님들이 욕망을 주입해 주잖아요. '좋은 대학에 가면 결혼도 잘 할 수 있고, 좋은 집 좋은 차로 편안하게 살 수 있다'는 식이죠.

라캉Jacques Lacan이 이런 말을 했어요. "인간은 타자의 욕망을 욕망한다." 자기 욕망보다도 다른 사람이 좋다는 걸 좋아하게 된다는 거예요. '사' 자 돌림 직업, 좋은 집과 안락한 삶 등이 한국에서 대표적으로 주입되는 욕망이죠. 자신의 진짜 욕망은 발견하지 못하는 사람들이 많아요.

라캉이 그렇게 지적했다면 우리나라뿐만 아니라 사람은 다 그렇다는 거 아닌가요.

정도의 차이가 있어요. 서양은 개인주의 사회이다 보니 '네 생각은 어떠냐'는 질문을 자주 던져요. 하지만 한국은 그런 질문 자체가 없어요. '지혜는 인제 이제. 너도 이렇게 살아야 행복해'라고 사고를 주입하는 느낌이에요.

그 기준에 따라 일류 인생과 이류, 삼류 인생이 나뉘죠.

사회가 그렇게 학습시키죠. 의사가 돈을 잘 버는 건 외국이나 한국이나 마찬가지예요. 그런데 외국에서는 의사를 성공의 상징으로 보지 않아요. 엄청 힘들지만 남을 위해 희생하는 직업이라고 여겨요. 하지만 한국에서는 의사를 보면 '1등이었구나'라고 생각하죠. 욕망이 획일화된 사회이다 보니 모든 사람이 의사를 꿈꾸고, 그중에서 1등을 차지한 사람이 의사가 돼요.

한국이 절대적 빈곤을 벗어난 지 얼마 되지 않아 아직 물질에 대한 집착을 버리지 못한 게 아닐까요.

그렇다기보다 사상이 풍부하지 못한 것 같아요. 단 하나의 사상
이 옳다고 생각하고 몰입하는 경향이 있었던 게 아닐까요. 조선
시대에도 오직 성리학에만 그렇게 매달렸던 걸 보면…. 사상이
다양한 나라에선 다양한 사람들이 1등이 될 수 있어요. 이런 삶
도 중요한 삶, 저런 삶도 중요한 삶이에요. 한국에서는 사회 전
체가 인정하는 1등은 한 명뿐이죠.

미래를 대비하기 위한 전문성

이승건 대표와 대화하는 중에 몇 번 놀란 적이 있었는데, 다음 질문을 던
질 때가 그랬다. 미래에 대한 불안을 언급하자 이승건 대표는 새삼스럽다
는 듯이 답했다. "그런 사람이 있나요? 뭐가 불안한 거죠?"

미래에 대해 불안해 하는 사람들이 많아요.
그런가요. 어떤 불안이죠?

**그런 불안에 대해 들어 본 적이 없어요? '인공지능이 내 일자
리를 다 빼앗아 가는 건 아닌가', '나는 그렇다 치고 우리 애는
어떻게 키워야 하나' 같은 거요. 요즘은 카카오뱅크 때문에 위
협감을 느낀 은행원도 많을 거예요.**
그렇게 불안해 하는 이유가 구체적으로 뭘까요. 예를 들어, 은행
원이 실제로 카카오뱅크 때문에 실직했다고 가정해 볼게요. 그

럼 힘든 이유가 전문성이 없는데 다른 산업에서 살아남을 수 있을까 하는 우려 때문일까요, 아니면 새로운 분야에서 전문성을 획득하는 과정이 너무 힘들고 싫어서일까요.

나이 든 은행원이 새롭게 직장을 잡기에 일자리 시장이 그렇게 호락호락하지 않아서인 것 아닐까요.

이런 불안은 한국의 기업 문화 탓이라고 생각해요. 한국 대기업 대부분이 사람들의 성장을 완전히 거세하고 있기 때문에 생기는 문제인 거죠. 어떤 분야에서 수십 년 일하면 당연히 그 사람에게서 배울 게 있어야 하거든요. 역시 견적 능력이니 오랜 경험에서 얻은 협업 능력, 조직화 능력, 문제를 도출하고 문제 해결 방법을 알아내는 역량 같은 거요. 그런 본질적인 역량은 시간이 갈수록 쌓이기 때문에 은행업이 어려워져도 다른 산업에서 수요가 있겠죠. 그런데 오랜 직장 경력에도 가치를 창출하는 법을 배우지 못했다면 그건 기업 탓이에요. 기업이 직원에게 가치 창출이 아니라 조직에 적응하기를 요구해 온 거죠. 능동적으로 역량을 발휘하기보다 자리를 잘 지키는 사람을 키운 거예요. 자기 일을 변화시킬 수 있는 여지가 없고, 그러다 보니 결국 부속품으로 전락하는 게 바로 이런 맥락이죠.

조직엔 나서서 변화를 이끄는 사람도 필요하지만 자리를 지키는 사람도 필요한 것 아닐까요.

예전엔 그랬죠. 기능적인 부속품이 필요했어요. 하지만 절차에 따라 기계적으로 하는 일을 진짜 일이라고 할 수 있을까요? 그러니까 누구든 대체할 수 있는 거예요.

그럼 어떤 게 진짜 일인가요?

현재 산업의 문제가 뭔지 고민하고, 고객의 어려움을 생각해 보고, 문제를 도출해서 해결책을 모색하는 과정을 겪어야 해요. 이런 역량이 있으면 어떤 산업에 가더라도 유용하잖아요. 모든 산업은 늘 해결해야 할 문제가 있고, 그 문제가 해결되면 가치가 창출되죠. 결국 혁신을 선도할 사람인지 아니면 운용만 하는 기능적인 사람인지가 불안감을 좌우하는 부분이겠네요.

지금껏 혁신을 배우지 못하고 기능만 익혀 온 사람들은 그럼 어떻게 해야 할까요.

해결책이 있을까요? 어려운 문제네요. 우선 재교육 시스템을 활성화해야겠지만 쉽게 해결되지 않겠죠. '배달의 민족' 김봉진 대표님과 이 얘기를 한 적이 있어요. 치킨집이 너무 많은데, 치킨집들이 다 잘살 수 있게 배달의 민족이 좀 도와 달라는 말을 많이 들으신대요. 그런데 그건 불가능해요. 치킨집이 너무 많기 때문이죠. 30%씩은 계속 망할 수밖에 없는 구조라는 거죠.
그런데 왜 이렇게 치킨집이 많을까요. 결국 같은 얘기로 다시 돌아가요. 기업에서 사람들을 성장시키지 못했기 때문이죠. 전문성을 쌓지 않았기 때문에 경력을 살린 재취업이 불가능해요. 은행 지점장을 하다가 아파트 경비원을 한다는 것 자체가 그렇잖아요. 지점장을 할 때까지 쌓은 역량이 없었다는 얘기죠.

그동안은 그렇게까지 혁신을 밀어붙이지 않아도 잘 굴러온 사회가 왜 갑자기 혁신하지 않으면 낙오되는 사회가 된 거죠.
문제 해결을 통해 창출할 수 있는 산업적 가치가 그만큼 크기 때문이에요. 소프트웨어로 엄청난 가치를 창출할 수 있는 시대이다 보니 그렇지 못한 기업은 도태되는 거죠. 기업 내에서도 이런 파괴적 혁신에 적합한 사람들만 살아남는 거고요.

이런 가치 창출 과정은 앞으로 어떤 직무든 동일할 거예요. 문제를 발견하고 해결 방법을 찾고, 이걸 전파하고, 거기서 가치를 창출해 내죠. 토스가 한 일도 같아요.

사실 토스에는 스타트업계에서 잘 알려진 몇 가지 성공 요인이 있는데, 그중 하나는 다음과 같다.

그럼 실질적 역량을 갖춘 사람은 어떤 사람인가요. 토스는 그런 지원자를 어떻게 가려내나요.
우리는 면접을 보기 전에 먼저 과제를 주고 실제로 수행하는 결과를 봐요. 일종의 기술 면접technical interview이죠. 개발자에게는 실제 프로그래밍 과제를 주고 현장에서 몇 시간이고 개발을 하게 끔 해서 결과를 지켜봐요. 예를 들어 사업 개발 직종이라면 개발과 관련한 과제를 미리 줘서 얼마나 빠른 시간 안에 제대로 된 사업계획을 짜 오는지를 평가하는 식이에요.

해외 기업에서 진행한다는 문제 해결 능력 테스트와 비슷한가 봐요. 스펙은 전혀 보지 않나요?

학벌로 사람을 평가하지 않아요. 그 사람이 어떤 것을 이뤄 냈고 실제 달성한 성과가 어떤지, 왜 실패했고 그 과정에서 뭘 배웠고 얼마나 겸손해졌는지, 그런 것들을 봐요.

실질적 역량을 갖춘 사람과 그렇지 않은 사람의 차이는 뭘까요? 가령 둘을 가르는 기준이 있다면요?

지적인 열정과 호기심이 중요해요. 저는 누나가 많아서 조카가 다섯 명이에요. 누나들이 조카를 가르치는 걸 보면 굉장히 많은 양의 성숙한 교육을 시키려고 노력해요. 저는 어릴 때, 적어도 중학생 때까지는 지적 호기심을 키우는 게 제일 중요하다고 생각해요. 세상에 관심을 갖게 하는 거죠. '이건 왜 이런 모양일까', '사람들은 이걸 왜 이렇게 하게 됐을까' 그런 호기심을 발견하는 교육이요. 호기심을 자극해 주기만 하면 돼요. '호기심을 키워 주라'고들 하는데, 저는 호기심은 억지로 키울 필요가 없다고 생각해요.

누구나 그런 호기심을 타고나는 걸까요.

피카소가 이런 얘기를 했어요. "인간은 모두 천재로 태어나는데 어른이 되는 과정에서 그 천재성이 거세될 뿐이다." 공감해요. 어린아이들은 자연적으로 만물에 호기심을 가지는데 사회적 관습이나 예의, 부모와의 관계 때문에 차차 거세되는 것 같아요.

이승건 대표를 처음 만났을 때 가장 집요하게 캐물은 건 이 질문이다. "어릴 때 어떤 가정교육을 받았나요." 어린아이를 둔 엄마로서, 진심으로 내 아이도 이렇게 키우고 싶었다. 꼭 창업가로 자라길 원하는 게 아니다. 자신을 알고, 자신이 하고 싶은 일에 확신을 갖고, 장애물은 하나씩 치워나 갈 수 있는 실행력을 가진 청년으로 컸으면 한다.

자신과 일에 대한 깊은 생각이나 안정된 직장을 박차고 나온 용기가 평범하진 않아요. '어떻게 자랐길래' 하는 생각이 들어요.

저는 굉장히 행복한 유년기를 보냈어요. 어머니는 가정 선생님이셨어요. 유아교육으로 석사과정을 마치셔서 아이의 심리를 잘 아셨어요. 어머니께서 제게 해 주신 건 두 가지예요. 하나는 어머니와 함께한 행복했던 기억이 너무 많아요. 그 행복한 기억이 뼈에 새겨질 만큼이요. 엄청난 것도 아니에요. 그냥 아늑한 곳에서 엄마가 떠먹여 주는 아이스크림을 먹은 일 같은 거요. 덕분에 세상을 긍정적으로 바라보는 시선이나 낙관적인 태도가 생겼어요.

두 번째는, 제가 관심을 갖는 분야는 다 지원해 주셨어요. 경제적으로 어려울 때도요. 예를 들어, 제가 라디오를 만들고 싶다고 하면 청계천에 가서 부품을 살 수 있게 해 주셨어요. 당시 제 방에 책상이 세 개였어요. 하나는 공부하는 책상이고, 두 개는 뭔가를 만드는 책상이었어요. 각각 다른 작업을 하는 용도였죠.

누나들도 책상이 여러 개였나요?

네, 저와 관심 분야는 달랐지만 누나들에게도 마찬가지였어요. 중·고등학생 때는 아버지 사업으로 집안 형편이 굉장히 어려웠어요. 그게 저에게는 오히려 긍정적으로 작용했던 것 같아요. '나는 다른 사람하고 다르니까 놀면 안 된다. 어머니 속 썩이지 말아야지. 열심히 공부해야지' 이런 생각을 했어요. 어머니와 행복한 기억이 너무 많아 그런 사람의 마음을 아프게 하고 싶지 않았어요.

천성이 착한 것 같아요.

아니에요. 게으르고 못된 면도 있어요. 그때 배고픔을 겪은 경험 덕에 인생이 많이 변화됐어요. 그래서 나중에는 집안 사정이 나아졌는데도 계속 배고픔을 느껴요. 더 열심히 살아야 한다면서요.

결핍에서 오는 에너지인가요?

네, 그런 것 같아요. "Stay hungry, Stay foolish. 늘 갈망하고, 우직하게 나아가라." 스티브 잡스가 한 말처럼, 그래야만 끊임없이 지혜를 탐구하고 사회적 부를 늘리려 노력할 수 있어요. 결핍이 중요하다고 생각해요.

그런 면에서 '헬조선' 이슈를 어떻게 생각하시나요. 지금 20대들은 스스로 '기회를 잃은 세대'라며 좌절하고, 기성세대는 '나약한 투정'이라고 꾸중하죠.

저는 양쪽 다 수긍해요. 지금 젊은 세대들이 역사상 유례없는 도전에 직면했다는 건 확실해요. 아끼던 사람은 회장에 취직할 수도 있고 직장을 만들 수도 있어요. 더 많은 사람이 용기를 내어 두려움 없이 좋은 직장에 다닌다는 허영심이 아니라 진짜 내가 뭘 할 수 있는지에 집중하면 창업도 할 수 있을 거예요.

사실 나약하다는 건 상대적인 단어예요. 너무 큰 도전 과제가 주어지면 나약하고 아니고를 떠나서 넘어설 수 없게 되니까요. 지금 젊은 세대들이 맞닥뜨린 어려움은 굉장히 높은 수준이고 극복하기 쉽지 않아요. 하지만 조금 더 본질적인 것에 집중하면 어떨까요. 이름이 알려진 회사를 다니겠다거나 일을 하며 안락한 삶을 찾겠다는 목표보다 어떤 문제만큼은 내가 해결해 보겠다는 진취적인 생각을 가지면 풀리는 문제도 많을 것 같아요.

결국은 개인도 '미션 드리븐 셀프 Mission Driven Self, **사명이 이끄는 개인'가 돼야 한다는 건가요?**

맞아요. 이제 '철밥통' 직장은 없어요. 오히려 그렇게 생각할수록 현실감이 생기고 삶은 차차 나아질 거예요.

공무원은 여전히 '영원히 안정된 직장' 아닌가요? 그래서 수십만 명이 공무원 시험에 매달리고요.

그런데 그 사람들이 몇 년을 투자해서 겨우겨우 들어간 그 직장이 주는 행복은 어떠냐는 거죠. 각자가 자신이 하고 싶은 일을 찾는, 미션 드리븐 셀프가 됐을 때 행복감의 총량이 훨씬 더 클 거라고 생각해요.

그러다 하고 싶은 일이 잘 안 풀리면 빈곤층이 될 수도 있지 않을까요.

그래서 정책이 더 과감해져야 한다고 생각해요. 우선 실업급여를 더 확대해야 해요. 결국 기본소득과 비슷해요. 실업급여 자체가 직장에서 받던 수준과 비슷하고 1년에서 1년 반 정도를 지원해 준다면 사회는 여러 면에서 굉장히 바뀔 거예요. 첫 번째는 기업 문화를 꼽을 수 있어요. 이직에 대한 사회의 지원이 탄탄하다면 재직자 누구나 나쁜 기업 문화를 만났을 때 더 가벼운 마음으로 퇴직해 버릴 수 있거든요. 모든 사람을 우대하는 문화가 되면 자연히 꼰대 문화는 없어질 거예요. 사람들이 퇴직을 하고 자기가 원했던 일을 하는 데 시간을 쓴다고 생각해 보세요. 단기적으로는 재정 적자가 생길 수 있겠지만, 장기적으로는 사회 다양성과 행복도를 높이는 데 도움이 될 거예요.

부작용도 심각할 것 같은데요.

단순히 경제적 지원에서 그쳐서는 안 되고 열정을 자극하는 사회적 운동도 뒷받침되어야겠죠.

이런 논의는 늘 '재원이 없다'는 결론으로 끝나는데, 결국 토스처럼 경기가 좋은 기업의 세금 부담이 커지지 않을까요?

저는 그러고 싶어요. 인공지능이나 로봇으로 사회적 부를 창출하는 기업이 더 많은 세금을 내서 기본소득 같은 사회적 실험을 지원해야 한다고 생각해요. 로봇의 등장은 진정한 의미에서 생산 수단을 공유하기 시작했다는 이야기입니다.

어찌 보면 공산주의 같은 거죠. 그러니까 이를 통해 창출되는 사회적 부는 인류 모두가 나눠야 해요. 모든 사람이 꿈을 꾸고 원하는 일을 찾게 해 주고 그걸 할 수 있게 용기를 북돋는 거죠.

모든 사람이 그렇게 가슴 뛰게 하고 싶은 일을 갖고 있을까요?

사람은 누구나 호기심 많은 어린이예요. 살면서 어느 순간에는 정말 나를 행복하게 해 주던 무언가가 있어요. 뭐가 됐든 그 사람이 흥미를 느끼는 일을 용기 있게 선택할 수 있도록 해 주면 누구보다 잘할 수 있을 테고 사회적 경쟁력도 올라갈 거예요.

이승건 대표는 우리 교육 시스템 안에서 누구보다 강했다. 서울대 치과대학에 합격했으니 아마도 전국에서 손꼽히는 수준이었을 것이다. 그런 그가 '학교에서 열심히 공부한 것이 후회된다'고 털어놨다. 성적을 잘 받으려고 지식을 외웠던 시간이 아깝다는 것이다.

결국 우리의 교육 시스템도 많이 바뀌어야겠죠.

학문이 본질적으로 가르치려는 지식이나 지혜가 아니라 성적을 잘 받기 위한 암기 교육이 중심인 게 문제예요. 이런 차이예요. 인간이 자연을 이해하려면 미적분 없이는 불가능해요. 예를 들어 나뭇잎은 왜 이런 속도로 떨어질까, 이런 원리에도 미적분이 필요해요. 이걸 공부하는 이유, 이 지식으로 어떤 일을 해결할 수 있는지를 배우는 게 먼저죠. 그런데 아직도 다들 '암기해. 외워. 중요한 거야' 하며 미적분 풀이를 반복하잖아요. 지적 호기심을 자극하지 못하는 교육이죠.

결국 목표는 미션 드리븐 컴퍼니

사업을 하면서 이런 공부는 정말 필요하다고 느끼는 게 있나요.
인간관계요. 전 학교 교육에서 가장 아쉬운 부분이 인간관계예요. 학교의 폭력적인 인간관계들이 걱정돼요. 교사와 학생, 학생과 학생 관계에서 서로 따뜻하게 안아 주고 도와주는 걸 배우지 못했어요. 단지 부모의 지위에 따라 편을 가르거나 성적에 따라 아이들을 차별하는 못된 관습을 배우잖아요. 인간의 위대한 활동은 모두 협업에서 나와요. 생산적인 결과를 만들려면 여러 명이 동시에 한 발을 내디뎌야 해요. 그래서 협업의 가장 중요한 요소는 신뢰와 애정이에요. 그런데 우리뿐 아니라 많은 나라의 학교 교육에서 그걸 가르쳐 주지 못하고 있어요.

리더십 교육을 받은 적이 없을 텐데, 그런 신뢰를 얻기 어렵지 않았나요?

제가 치과 의사를 하다 창업했을 때 가장 어려웠던 게 바로 협업 역량이 없다는 점이었어요. 치과 의사는 다 혼자 하거든요. 간호사들에겐 지시를 하죠. 의료계는 워낙 응급 상황이 많아 상명하복 문화가 맞아요. 하지만 생산적인 결과를 위해선 같은 방식으로 진행해선 안 되죠. 각자가 모두 내가 하는 일이 정말 필요하고 중요하다고 생각하게 해야 해요.

이승건 대표는 일중독자로 유명하다. '잠을 자지 않는 것 같다'는 소문까지 들려왔다. 자는 시간이 적은 건 사실인 것 같다. 가끔 낮에 보낸 문자에 대한 답이 새벽 3시쯤 도착하기도 했다. 새벽에 뭘 하느냐고 묻자 그는 '공부할 게 너무 많다'고 말했다. 주로 어떤 공부를 하는지에 대해선 '조직 문화가 가장 큰 고민'이라는 답변을 받았다. 토스는 어느새 200명

에 가까운 직원을 둔 회사로 자랐다. 이들을 어떻게 한 방향으로 이끌지
가 그에겐 큰 숙제다.

결국 어떻게 방법을 찾아냈나요.

수많은 실패를 거듭하며 배웠어요. 회사를 살리고 지속 가능하
게 만들어야 하니까 '어떻게 해야 할까' 창업 초기부터 많은 실
험과 고민과 노력이 있었어요. 그 결과로 서로 신뢰하고 이를
기반으로 하는 협업을 추진하려고 했죠. 그래서 정보를 투명하
게 개방하고 맥락을 공유하면서 이를 추진하는, 이럴 때 미션
드리븐 컴퍼니가 가능하겠구나 하는 생각이 들었어요.

**요즘 20대 직원들과 대화하는 것조차 어렵다고 토로하는 '아
재'들이 많아요.**

이제는 톱다운top-down 방식으론 일을 할 수가 없어요. 밀레니얼
세대는 그렇게 일하지 않아요. 제가 서른여섯 살인데, 제 아래
세대가 이해찬 세대예요. 생각하는 로직이 완전히 달라요. '이렇
게 해'라고 지시하면 이행하지 않아요. 회사를 나가거나 무시하
거나 둘 중 하나예요. 이런 사람들이 너무 많기 때문에 기업이
어쩔 수 없이 바뀌고 있겠죠.

그런데도 아직 바뀌지 않은 조직이 더 많은 것 같아요.

대부분의 한국 기업이 그렇죠. 젊은 친구들이 못 견디는 건, 상

사가 무의미한 프로젝트를 지시하니까 마지못해 하는 경우예요. 이런 일은 실제로도 성공하지 못할 확률이 높아요. 참여하는 사람들이 몰입감을 느낄 수 없으니까요. 리더가 아는 게 정답이 아닐 수도 있다는 걸 인정하는 게 중요해요. 리더의 잘못된 생각이 꺾일 수 있다면 참여감과 몰입감을 느낄 수 없는 프로젝트는 아예 시작도 안 하겠죠.

본인은 꺾일 수 있는 리더라고 생각하나요.

창업 초기와 지금의 다른 점이 그 부분이에요. 겸손한 태도와 경청하는 자세가 얼마나 중요한지를 알게 된 것. 이게 협업의 시작이에요. 모두가 각자의 관점에서 경험의 양과 관계없이 옳은 판단을 하고 있다고 인정하는 거죠. 그리고 정돈된 형태의 커뮤니케이션이 중요하더라고요.

정돈된 형태의 커뮤니케이션이 뭔가요?

커뮤니케이션 역량이랄까. 예를 들어 복잡한 내용을 돌려서 얘기할 수도 있지만, 직설적으로 이야기하거나 표정 하나로 표현할 수도 있거든요. 뭔가 지적하고 싶을 때 대놓고 이야기하지 않고 '이게 우리 목표를 달성하는 데에 맞는 코스냐', '더 높은 목표로, 다른 방법으로 달성해야 하는 거 아니냐' 하는 식으로 표현하는 거죠.

밀레니얼세대는 지적을 잘 못 받아들이는 편인가요? 맷집이 약한가요?

정당한 지적과 합리성이 중요한 것 같아요. 자신이 정말 잘못했다고 인정하거나 이를 통해 성장할 수 있다고 생각하면 오히려 더 적극적으로 받아들여요.

밀레니얼세대가 기존 세대보다 잠재력이 더 크다고 생각해요?

저는 요즘 시간이 나면 조직에 대해 공부해요. 어떻게 동기를 부여할 수 있을지, 어떻게 하면 일을 더 잘할 수 있을지, 프로세스에서 중요하게 생각해야 할 부분은 무엇인지, 이런 주제요. 토스가 특이한 방식의 기업 문화를 고생하며 받아들이는 이유는, 이 문화가 결국은 미래의 문화이기 때문이에요. 다가올 미래에 한국 인재들이 일하기에 가장 적절한 문화요.

어떻게 하면 그 세대의 몰입감을 이끌어 낼 수 있나요.

지켜보니, 이 친구들이 일을 잘할 때는 본인이 자율적으로 일할 수 있는 환경이 조성됐을 때예요. 자유를 줘야 해요. 그런데 자유뿐만 아니라 책임도 줘야죠. 그러면 팀장이나 부장, 윗선이 쥐고 있는 건 하나도 없어요. 자율도 책임도 함께 줘 버리니까요. 그런데 이게 굉장히 무서운 거예요. '잘못하면 너는 끝이야' 그런 메시지를 함께 전하니까요. 제가 늘 강조하는 '신뢰에 기반을 둔 협업'은 서로 침범하지 않는 업무의 영역을 존중하는 거예요.

내가 신뢰하는 영역이 있다는 거죠. 톱다운은 의사 결정 영역이 명확하니까 어느 수준까지만 일을 하면 되지만, 이는 신뢰가 없으면 작동하지 않아요.

그럼 토스의 문화는 얼마나 다른가요.

우리는 매달 회사의 수입과 지출을 전 직원과 공유해요. 회사가 돈이 얼마 남았고, 어떤 속도로 쓰고 있고, 주로 어디에 쓰는지 알아야 서로 믿고 자율적으로 일할 수 있어요. 예를 들면, 우리는 모두 법인카드를 갖고 있고 사용 한도가 없어요. 회사 이익을 극대화하는 데 사용한다는 원칙만 있어요. 어디에 얼마를 썼는지 들여다보지도 않아요. 그리고 매달 1인당 평균 카드 사용량을 모두에게 공개해요. 그러면 서로 신뢰 구조가 붕괴될까 조심하게 돼요. 신뢰가 깨지면 이 문화가 무너질 수 있다는 걸 알기 때문에 서로가 서로를 감시하죠. 다른 사람이 엉뚱한 데 법인카드를 쓰면 '너 왜 그런 데 법인카드를 쓰느냐'고 대놓고 말하기도 해요.

뒤통수를 맞는 일은 없었나요.

없었어요. 각자가 생각하는 기준이 달라 오해가 생길 수는 있지만, 커뮤니케이션으로 빠르게 기댓값을 일치시킨 적은 있어요. 회사가 좀 바보 같은 규칙을 만들 때 훌륭한 인재들이 나온다고 생각해요. 더 과감하게 규칙을 없애 신뢰 관계를 강화하려고 노력하면 훌륭한 인재의 비율이 높아져요.

언젠가 사석에서 이승건 대표와 인공지능에 대한 이야기를 나눈 적이 있는데, 따로 기록하지 않았는데도 기억에 또렷하게 남아 있다. Q 인공지능이 못하는 일들이 있잖아요. 예를 들면 아기를 돌보는 일 같은 거요. A 전 10년 안에 가능할 것 같은데요. 가장 먼저 보편화될 서비스 중 하나일 것 같아요. 그 뒤로 취재를 위해 많은 국내외 전문가를 인터뷰했는데, 로봇이 아기를 보게 될 거라고 답한 이는 이 대표가 유일했다. 나는 거의 소리를 치다시피 했고, 이승건 대표는 침착했다. Q 아니, 로봇이 아기와 눈을 맞추고 자장가도 불러 줄 수 있다고요? A 사람의 표정을 미믹mimic하는 게 그렇게 어려운 일은 아니잖아요. 지금도 벌써 사람과 굉장히 비슷해 보이는 로봇이 있고요. Q 그렇지만 사랑하는 마음 없이 아기를 돌볼 수 있을까요. A 인간 엄마만이 아기를 완벽하게 돌볼 수 있을 거라는 게 오히려 오만한 생각이 아닐까요? 엄마들이 아기에게 최상의 돌봄 서비스를 제공할까요? 감정 기복이 심해지고 체력이 떨어져 아기를 제대로 돌보지 못하는 엄마들도 있잖아요. 어린아이를 키우는 엄마로서, 인정할 수밖에 없었다. 아기가 한밤중에 시도 때도 없이 울어 대면, 기저귀를 갈아야 하는데 다리를 버둥대면 짜증이 났다. 육아는 최고 난도의 감정적, 육체적 노동이다. 당시의 대화를 회상하며 이 질문을 던졌다.

**육아까지 기계가 맡게 될 거라던 말이 기억에 많이 남았어요.
먼 미래에, 기계가 대체할 수 없는 인간의 일이 존재할까요.**

없을 것 같아요. 기계가 대체할 수 없는 건 딱 하나, 인간의 의지라고 생각해요. 그건 근거도 없고 합리적이지 않거든요. 제가 치과 의사를 하다가 '기술 혁신을 통해 이 세계를 바꾸겠다'면서 창업한 것 자체가 이성적이거나 합리적이지 않죠. 이런 결정은 인간만이 할 수 있어요. 하지만 창업한 뒤에 제품을 만들거나 프로그래밍, 마케팅 등 사업의 모든 전략에 대해선 기계의 도움을 받을 수 있을 거예요. 결국 의지와 방향성을 갖는 것만이 인간에게 남은 유일한 부분이겠죠.

인공지능이 우리 사회에 좋은 영향을 끼칠지, 큰 위협이 될지 아직 논란이 많아요. 일론 머스크Elon Musk* 는 '인공지능을 지금부터 견제해야 한다'고 강조하기도 하고요.

• 테슬라모터스 CEO

많은 위협이 있을 거예요. 인공지능이 발전하면 굉장히 많은 것이 가능해지거든요. 예를 들어 여론을 조작하는 것도 가능하죠. 전 국민에게 전화를 해서 그 사람의 프로파일에 맞는 방식으로 특정 정치적 성향을 유도하는 식으로요.

사회가 제대로 대비하지 못하고 있는 걸까요?

도덕은 기술보다 발전이 늦을 수밖에 없어요. 인간 배아를 복제하는 문제에 대해 아직도 생명 윤리가 뚜렷한 결론을 내리지 못했잖아요.

CHAPTER 04

기획 취재는 스스로 질문을 던지고 답을 찾아 나가는 과정이다. 답을 찾다 보면 '이거다' 싶은 결정적 순간이 온다. 그 순간은 인터뷰를 하다가, 자료를 찾다가, 취재 현장에 멍하니 서 있다가도 찾아온다. '아, 이게 바로 내가 찾던 그 답인가 봐' 하는 그런 순간이다. 나는 이승건 대표를 인터뷰하며 그런 느낌을 받았다. '미래에 인간이 해야 할 일이 무엇인지 알 것 같아.' 이 대표는 인터뷰를 마치며, 이 이야기를 젊은 세대에게 꼭 전하고 싶다고 당부했다. "진짜로 하고 싶은 일을 찾고, 용기 있게 그걸 추진했으면 좋겠어요. 처음엔 힘들어도 몇 년만 지나면 훨씬 더 행복해진 자신을 발견할 수 있을 거예요."

글·인터뷰어 임미진

4.2 뉴칼라의 목소리
– 김동호 한국신용데이터

김동호 한국신용데이터 대표는 반듯하고 빈틈없는 사람이다. 실패나 좌절 같은 단어와는 어울리지 않아 보일 정도다. 2011년 스물여섯에 창업한 첫 번째 회사 아이디인큐는 2016년 당시 연매출 30억 원 규모의 회사가 됐고, 2016년 새로 창업한 두 번째 회사 한국신용데이터는 최근 카카오로부터 40억 원의 투자를 유치했다. 한국신용데이터의 중소사업자 회계관리 서비스인 '캐시노트'는 2017년 4월 출시돼 6개월여 만에 2만9000여 명의 고객을 모았다.

한 번도 어렵다는 성공 창업을 두 번이나 했으며, 확률로 따지면 100%다. 우리는 때로 이런 생각을 한다. 큰 성공 뒤엔 적잖은 실패와 좌절, 그리고 불굴의 의지와 도전 같은 게 있을 거라고. 그런 실패의 경험은 성공을 더욱 빛나게 하지만 그에겐 그런 게 잘 보이지 않는다. 하지만 우리는 알고 있다. 크고 작은 성공의 경험이 우리를 얼마나 성장하게 하는지를. 그를 보면 이런 생각이 든다. '성장의 경험은 더 큰 성장으로 이어지는구나. 큰

실패가 없는 삶이 오히려 스스로를 담담하고 냉정하게 객관화
하는 힘을 키우기도 하는구나.' 기복 없이 단단한 암력처럼 굳센
정신을 가진 김동호 대표의 이야기를 지금 시작한다.

경쟁은 국지적이다

**정선언 (이하 생략) 두 번째 창업°도 B2B 비즈니스로군요. B2B
시장은 진입이 어렵지 않나요?**

김동호 (이하 생략) 네, 맞아요. B2B 시장은 확실히 진입 장벽이 있
죠. 하지만 일단 진입해서 기반을 잡으면 지속 가능성이 커요.
다른 경쟁자들이 그만큼 덜 들어오니까요.

기반을 닦기까지가 힘들잖아요.

떡볶이 장사는 쉬운가요? 처음은 똑같이 어려워요. 무엇보다 중
요한 건 경쟁은 국지적이라는 점이에요.

그게 무슨 뜻인가요?

배달의 민족이 구글이랑 경쟁할까요? 아니에요. 세계적으로 경
쟁하는 게 아니라 한국에서만 잘하면 되는 거죠. 경쟁은 국지전
이에요. 국지적인 경쟁 환경에서는 경쟁력을 얼마나 확보할 수
있는가가 가장 중요해요.

°
그의 첫 번째 창업은 모바
일 여론조사 서비스 '오픈서
베이'를 만든 아이디인큐였
다. 기업에서 여론조사 의뢰
를 받아 일반인을 대상으로
스마트폰 기반의 여론조사를
벌여 결과를 제공하는 형태
다. 조사에 참여한 일반인에
게는 현금처럼 쓸 수 있는 포
인트를 준다. 두 번째 창업은
중소사업자를 위한 간편 회
계관리 서비스 '캐시노트'를
만든 한국신용데이터다.

제가 사업하는 시장을 예로 들게요. 여기는 B2B 시장이라 뉴 플레이어가 별로 없어요. OB Old Boy가 많은 시장이라 기존 업체들이 꽉 잡고 있어요. 그런데 이런 시장에 균열이 생기는 시점이 있어요. 예를 들어 2009, 2010년 스마트폰이 처음 등장했을 때처럼요.

지금도 균열이 생기는 시점인가요?

2010년과는 조금 달라요. 지금은 전 국민이 스마트폰을 쓰잖아요. 이제는 저희 조부모님도 스마트폰을 쓰세요. 2010년만 해도 새로운 앱을 만드는 게 사업이 됐어요. 스마트폰 자체가 처음이니까 그걸로 뭔가 새로운 걸 할 수 있다는 것을 발견하는 게 신기했던 시절이죠. 그래서 사람들이 새로운 앱이 나오면 큰 고민 없이 한번 깔아 봤어요. 경제지에 앱을 소개하는 코너가 있었을 정도죠. 지금은 어떤가요? 가장 최근에 새로운 앱을 다운로드한 게 언제죠?

글쎄요. 기억이 잘 안 나네요.

그러실 거예요. 지금은 앱의 시대가 아니에요. 이 말을 조금 달리해 보면, 지금은 스마트폰 시대가 아닙니다. 과거엔 스마트폰이 있고 여기에 다양한 서비스가 앱으로 깔리는 시장이었다면, 이제 스마트폰은 SNS소셜 네트워크 서비스에 함락됐어요. 이제 SNS가 스마트폰 역할을 하고 있어요. 한 단계 더 깊어진 거죠.

다들 아마 항상 쓰는 앱만 쓰실 거예요. 그리고 그건 주로 SNS일 테고요. 특히 한국에선 카카오톡이죠.

2010년이 스마트폰 중심이었다면, 지금은 카카오톡을 중심으로 균열이 생긴다는 건가요?

네. 캐시노트 얘기를 해 보면, 이건 중소사업자를 타깃으로 한 서비스예요. 중소사업자는 대부분 나이가 있는 사람들이잖아요. 그분들한테 스마트폰은 카카오톡이에요. 2010년 오픈서베이는 앱으로 만들었지만, 그래서 이번 캐시노트는 앱이 아니라 카카오톡 안에서 돌아가는 서비스로 만들었어요.

그 균열이 시장을 바꾸고 있는데, OB 중심의 사업자 금융 시장의 공급자는 변하지 않는다는 건가요?

네, 맞아요. 한국은 상대적으로 개인 금융이 고도화되어 있어요. 이미 10여 년 전부터 개인 신용 정보, 거래 정보를 디지털화했죠. 그래서 카카오뱅크가 공인인증서를 쓰지 않고도 거래를 할 수 있는 거예요. 주민등록 인구의 90%는 나이스신용평가 같은 신용평가사 서비스에서 신용등급을 조회할 수 있어요.

사업자는 어떨까요? 전년도 재무제표를 나이스신용평가에서 확인할 수 있는 사업자가 10만 개가 안 돼요. 그중 2만5000개가 상장사고요. 실제로 일반적인 중소사업자 341만 개 중 최신

재무제표를 가지고 있는 곳은 5%도 채 안 됩니다. 그래서 개인은 주민등록증 하나만 들고 가도 거래를 트고 대출도 받을 수 있는데, 사업자는 안 되는 거예요. 사업자가 은행에서 거래를 트려면 7개의 서류를 가지고 가야 해요. 놀랍지 않나요?

왜 사업자 금융이 이렇게 발달하지 못했죠?

개인 시장에 비해 규모가 작고, 우선순위에서 늘 밀려 왔어요. 그러다 보니 양극화가 더 심해졌고요. 2016년 두 번째 창업을 하겠다 마음먹고 시장을 둘러볼 때 눈에 들어온 게 핀테크°였어요. 이미 스마트폰은 널리 보급되어 있고, 거기서 생겨나는 기회가 있을 거라고 생각했죠. 저는 금융 산업에 주목했는데, 보수적이고 깐깐한 금융 산업이 IT 기술은 너그럽게 받아주는 분위기 때문이었어요. '앞으로 확 크겠는데' 하는 느낌이 왔죠.

° 금융과 IT의 융합을 통한 금융 서비스 및 산업의 변화.

문득 궁금해졌어요. 창업 아이템은 어떻게 정하나요?

개인의 노력으로 바꿀 수 있는 건 제한적이에요. 대세 상승장인 분야로 초기 단계에 들어가는 게 사업의 성패를 좌우해요. 제때 들어가면 여러 가지 기회가 맞물려 돌아가지만 늦게 들어가면 아무리 대단한 사람이라도 성공하기 힘들죠.

어떤 분야가 대세 상승장인지, 지금이 초기 단계인지는 어떻게 아나요?

어려운 건 아니에요. 길게, 통시적으로 보면 됩니다. 시대 흐름을 보는 거죠. 저는 통시적 자료에 관심이 많아요. 새로운 비즈니스를 준비할 때도 오래된 책이나 기사를 많이 보는 편이에요. 한국에는 크게 보면 3개의 분기점이 있었어요. 1990년대 PC통신, 2000년대 인터넷, 2010년대 스마트폰 이런 식으로요. 비즈니스 기회는 엇비슷했어요. 본질은 비슷했던 거죠. 미디어가 바뀌면 그 미디어에서 광고를 하거나, 물건 혹은 서비스를 팔거나, 게임을 하거나 하는 식으로요.

캐시노트로 돌아와 볼게요. 이건 어디서 출발했나요?

오픈서베이를 그만두고 두 달을 놀았어요. 일을 할 때는 소비자 조사를 주로 하니까 뉴스에 굉장히 민감했어요. 변화의 맨 앞단을 따라가는 일이잖아요. 그래서 일을 놓고 나서는 의식적으로 일과 전혀 상관없는 사람들을 만나고 다녔어요. 그러면서 사업자 금융 서비스가 얼마나 불편한지 알게 되었죠.

창업 아이템은 어떤 방식으로 발전시키나요?

꼬리에 꼬리를 무는 식으로 업계 사람들을 만났어요. 신용평가사에 다니는 친구도 만나고, 전문가들도 만나고, 논문도 찾아보고요. 이런 적도 있어요. 시중 모 은행의 대출을 담당하는 부장님이 대학원에서 중소사업자 대출 심사 프로세스 개선에 관한 논문을 쓰셨더라고요. 그래서 그 대학에 전화해 그분께 메시지를 남겨 달라고 부탁해 만나기도 했어요. 그렇게 사람들을 만나면서 사업자들의 금융 서비스를 개선하는 서비스를 만들자고 결심했고, 2개의 가설을 세웠죠.

어떤 가설인가요?

하나는 금융기관을 바꾸는 것, 또 다른 하나는 사업자를 바꾸는 거예요. 머리로 생각하면 전자가 훨씬 쉬워요. 시중 은행 16개만 바꾸면 되니까요. 그래서 우선 전자를 시도했죠. 사업자들의 대출 심사 과정을 자동화하려고 했어요.

지금은 은행 직원이 사업자에게 일곱 개의 서류를 받으면 그걸 다시 시스템에 입력하거든요. 사업자들은 온라인 시스템상에 있는 서류들을 다 프린트해 와야 하고, 은행 직원은 그걸 다시 온라인 시스템으로 올려요. 그래서 제가 앞의 시스템과 뒤의 시스템을 연결하려고 했죠. 그게 '크레딧체크'라는 이름으로 2016년 12월 말에 출시됐어요.

캐시노트가 아니네요?

캐시노트는 플랜 B였어요. 금융기관을 바꾸는 게 안 될 수도 있으니까 사업자를 바꾸는 것도 한 거죠. 2017년 4월에 나왔어요. 그런데 캐시노트가 나오고 한 달인가 지났는데 이상했어요. 너무 잘되는 거예요. 첫 달에 1000개의 유료 고객사가 생겼어요. 연말까지 1만 개에서 1만2000개 고객사를 모으는 게 목표 예요.

크레딧체크는 잘 안됐나요?

아뇨, 그것도 꾸준히 팔리고 있어요. 주로 캐피탈사나 P2P 대출 업체 등 제2금융권, 대안 금융권에 팔렸어요.

두 번째 창업과 첫 번째 창업의 차이

캐시노트가 짧은 시간 폭발적으로 성장했는데, 영업의 힘인가요?

우리는 영업 담당자가 없어요. 시험 삼아 제가 자영업 매장을 돌아다닌 적이 있어요. 하루에 다섯 개도 못 돌아요. 오십 개를 가도 사장님이 있는 매장은 절반도 채 안 돼요. 아르바이트생한 테 맡기고 자리를 비우니까요. 그런 비율을 생각하면 발품을 팔 면 안 되겠더라고요.

그럼 어떻게 팔았나요?

디지털 광고를 했어요. 오프라인 영업은 전혀 안 하고요. 우리가 세운 중요한 가설 중 하나는 비대면으로 팔아야 한다는 거였어 요. 2017년이니까 될 거라고 생각했죠. 주로 30대 이상 남성을 타깃으로 했어요. 그들이 모여 있는 곳이 페이스북, 카카오톡, 밴드 같은 곳이잖아요. 페이스북을 중심으로 구글과 네이버를

섞어서 홍보했어요. 채널을 관리하고 집행하는 마케팅 담당자
는 저예요.

마케팅을 CEO가 담당한다고요?

캐시노트 고객사가 2만4000개예요. 캐시노트 팀은 대표 포함
여섯 명이고요. 굉장히 작은 팀으로 엄청난 일을 한 셈이죠. 서비
스가 이렇게 커져도 론칭 이후 직원은 한 명도 늘지 않았어요.

어떻게 그게 가능하죠?

우리 팀에는 신입 직원이 없어요. 가장 연차이 짧은 사람이 6년
이고, 평균 7년에서 8년이에요. 정말 일을 잘할 때잖아요. 업계
에서 성과를 냈던 사람들이 모여 있어요. 팀 안에서 베이비시팅
을 안 해도 됩니다. 모두가 각자의 밥값을 해요. 그래서 밥값도
많이 줘요. 우리 팀 멤버들이 받는 연봉은 스타트업 연봉 테이
블과 달라요. 카카오 동일 연차와 전체 복리후생이 거의 같죠.

**아이디인큐 때는 회사가 커지면서 직원도 빠르게 늘었던 것 같
은데요.**

네, 그때는 2012년 1월에 다섯 명이 시작해, 그해 말에 마흔두
명이 됐어요. 시장이 팽창하고 있었고 정말이지 고양이 손이라
도 빌리고 싶었어요. 채용한 사람은 많았지만 지금에 비해 신입
이 많았어요.

첫 번째 사업 때와는 전혀 다른 선택을 했군요.

훌륭한 비즈니스는 매출이 늘어날 때 사람이 따라서 늘지 않아야 해요. 그게 진짜 양질의 매출이죠. 인건비 비즈니스는 매출이 늘면 비용도 늡니다. 그래서 초기에 자동화 시스템을 만드는 데 주력했어요. 구체적인 시스템에 투자했다기보다 의식적인 노력을 했다는 게 더 맞아요. 그래서 사람을 뽑을 때 경력이 탄탄한 사람을 뽑기도 했고요.

첫 사업 때 아쉬웠던 결정 중 하나는 2012년 사업 첫해에 사세를 덜 늘려도 됐을 텐데 하는 거예요. 그땐 모든 사업의 기회를 잡고 싶었어요. 하지만 지금은 덜 중요한 기회라고 생각되면 그냥 포기합니다.

선택과 집중이 중요한 걸 알지만 막상 실행하기는 어렵죠.

부모님이 대전에 사세요. 서울에서 한 200km 정도 되니까 운전하면 2시간 정도 걸려요. 마음이 급할 때는 막 밟아요. 그래봐야 5분 정도 빨리 도착하더군요. 어떻게 해도 결국은 200km를 가야 하고, 그게 변하지 않는 한 차이는 크지 않아요. 비즈니스도 비슷하다고 생각해요.

모든 기회를 놓치지 않으려고 노력했던 게 순효과도 있었겠지만, 충분히 숙고하지 못하고 정돈되지 못해서 생기는 부작용도 있죠. 결과적으로 차이는 크지 않을 겁니다. 반올림하면 없어지는 정도겠죠. '정말 중요한 일을 잘하면 나머지는 안 하거나 못해도 대세에는 지장이 없다' 이게 제가 첫 사업을 하는 5년간 알게 된 겁니다.

모든 기회를 놓치지 않으려고 하는 것의 부작용은 뭘까요?

진짜 중요한 기회를 놓친다는 거요. 이건 치명적이죠. 그래서 늘 손이 비어 있어야 해요. 첫 번째 사업을 할 때는 두 손에 뭔가를 다 쥐고도 모자라 손을 빌려서 또 쥐었어요. 정말 좋은 기회는 노력만으로 오는 게 아니더라고요. 어느 순간 하늘에서 뚝 떨어질 때도 있죠. 그걸 배를 위해 빈손을 만들이 되어야 합니다 뭔가를 쳐내야 하는 거죠. 안 하는 게 있어야 손이 빕니다.

궁금한 게 있어요. 정말 중요한 일인지는 어떻게 알죠? 데이터가 말해 주나요?

그렇진 않아요. 지금이 아니면 안 되는 일인지 스스로에게 솔직하게 대답해 보면 됩니다. 영업할 때 보면 지금 못 팔면 절대 못 팔 것 같다고 생각하는 사람들이 있어요. 조급한 사람들의 특징이죠. 하지만 제품이 정말 좋다면 나중에라도 반드시 팔려요.

배짱 같기도 하네요.

어떻게 보면 그렇죠. 중요한 건 거시적인 관점에서 반보 일찍 들어가는 겁니다.

말이 나온 김에 첫 번째 사업 얘기를 좀 물어볼게요. 왜 창업을 했나요?

우발적이었어요. 원래는 창업할 생각이 없었죠. 2000년대 중반 대학생들은 연봉 많이 주는 외국계 기업에 가고 싶어 했어요. 저도 그랬죠. 그런 느낌의 전문직이면 좋겠다 싶었어요. 그런데 아이폰이 나오고 나랑 비슷한 또래의 사람들이 성과를 내는 거예요. 2010년 일이죠. 예를 들면 티켓몬스터 신현성 대표 같은 분이요. 20대가 창업하는 것도 신기했고, 1년 만에 3000억 원에 회사를 매각한 것도 신기했죠. 이건 뭐지, 이런 게 가능하다고? 컬처 쇼크였어요.

친구 따라 강남 가는 심정으로 창업한 건가요?

사실 창업 생각이 아예 없던 건 아니에요. 외국계 기업이나 대기업 다니다가 언젠가는 창업할 수도 있겠다고 생각하긴 했어요. 인생은 기니까요. 물론 졸업하자마자 창업할 생각은 없었죠. 그런데 신현성 대표 같은 분들을 보면서 신선했고, 그런 고민들을 친구들이랑 나누곤 했어요. 친구들과 같이 '우리도 할 수 있는 거야?' 그런 심정으로 시작한 게 아이디인큐예요.

처음엔 대단한 성과가 있을 거라곤 생각 못 했어요. 오히려 그렇게 생각하는 게 이상한 거죠. 의미 있는 규모의 비즈니스가 되겠다는 생각은 한 20% 정도? 그래도 지른 거죠. 분위기에 휩쓸려서.

그런데도 잘됐군요.

아까도 말씀드렸던 것 같은데, 제가 첫 번째 사업에서 나름의 성과를 낼 수 있었던 건 대세 상승장에 반보 일찍 들어가서예요. 그때 만든 오픈서베이가 여론조사 서비스잖아요. 여기에도 분기가 있어요. 1994년은 PC통신 기반의 여론조사, 2000년엔 온라인 여론조사. 그러면 이제 모바일, 스마트폰 기반의 여론조사가 나와야 하잖아요. 시계열을 돌리면 답이 다 나오는 거예요. 역사는 반복되니까요. 오픈서베이가 성공한 건 그 시장에 조금 빨리 들어갔기 때문입니다.

오픈서베이를 만든 아이디인큐 시절 가장 힘들었던 순간을 꼽자면요?

모든 순간이 처음인 게 힘들었어요. 2000일 동안 내내 내일 무슨 일이 일어날지 짐작 못 했어요. 지도에 없는 영역을 그려 나가는 일이니까요. 2010년만 해도 주변에 창업한 사람이 별로 없어 물어볼 사람도 없었죠. 2000년 인터넷 시기 창업자들이 있긴 했지만 물어본다고 해도 별 의미가 없었어요. 그때는 신현성 대표가 가장 중요한 의논 상대였어요. 내일 무슨 일이 일어날지 모르고, 뭘 고민해야 할지 몰랐던 게 가장 큰 어려움이었고, 또 한편으로는 가장 큰 배움이었죠

지금은 그런 점은 좀 수월하겠네요.

네. 순간순간 고민해야 할 것, 그 순간 중요한 것과 중요하지 않은 것을 알고 있으니까요. 봉봉의 권기현 본부장이 늘 이런 말씀을 하세요. 마일스톤 뒤에 있는 걸 미리 고민할 필요 없다고요. 지금 단계에서 고민을 하든 안 하든 큰 차이가 없는 거죠. 이번 챕터가 끝나야 다음 챕터가 시작되는 거니까, 지금 고민할 필요가 없죠. 지금 중요하지 않은 걸 정의할 수 있는 힘은 첫 번째 창업에서 왔어요.

그렇게 애정 어리게 키워 낸, 그리고 성공적으로 성장시킨 아이디인큐를 왜 떠났나요?
일련의 과정을 지나면서 아이디인큐는 스타트업start-up 국면을 넘어 스케일업scale-up 국면에 접어들었어요. 스케일업 국면에서 필요한 대표는 스타트업 국면에서 필요한 대표와는 달라요. 저는 스타트업 국면에 맞는 대표였어요. 0에서 1을 만들어 가는 걸 잘하는 대표요. 하지만 조직을 체계적으로 키우고 관리하는 건 제가 잘할 수 있는 일이 아니었어요. 챕터가 바뀌면 주연도 바뀌어야죠.

나의 경쟁력을 고민하다

첫 회사를 나와 다시 창업에 도전하셨어요. 이유가 있나요?
여러 가지 대안이 있었어요. 벤처캐피털 회사에서 벤처캐피털

리스트vc로 일해 보자거나, 조금 큰 회사에서 새로운 팀을 만드는 자리를 제안받기도 했어요. VC 시장은 제 경쟁력이 가장 가치 있게 쓰일 수 있는 시장은 아니죠. 저는 투자를 해 본 적이 없잖아요. VC보다는 규모 있는 회사에서 새로운 팀을 만드는 게 더 좋은 옵션이죠. 그런데 여기도 단점이 있어요. 제가 원하는 걸 직접 조율할 때 제가 가장 성과를 잘 내는데 조직이 어느 정도 만들어져 있으면 최상의 성과를 내진 못할 거라고 생각했어요. 게다가 그때는 시장에 모험 자본의 공급이 많을 때였어요. 그리고 창업자로서 저 역시 첫 번째 창업 때보다 더 경쟁력이 있었고요.

요즘 창업 시장엔 훌륭한 사람이 정말 많아요. 2010년 제가 처음 창업할 때와는 완전히 다르죠. 그래서 처음 창업한 사람보다 경험이 있는 사람이 훨씬 유리해요. 두 번 창업해 본 사람은 아직 별로 없거든요. 그만큼 시간이 쌓이지 못한 거죠.

계산기를 두드려 보고 '영리한 판단'을 한 거군요.
내가 가진 강점이 바뀌는 일은 거의 없어요. 내 강점, 경쟁력은 상수죠. 그게 극대화되는 지점이 어디일까 고민했어요. 다시 창업한다면 상대적으로 시행착오가 적을 거고, 더 많은 자원을 모을 수 있겠죠. 네트워크가 있으니까. 아이디인큐를 나와 한두 달 사이에 마음을 굳힐 수 있었어요.

자신의 경쟁력에 대해서는 언제부터 고민했나요?

저는 승부욕이 강해요. 정확하게는 지는 걸 특히 더 싫어하는 거 같아요. 승부욕은 승부욕인데 이기고 싶다기보다는 지고 싶지 않은 게 더 큰 승부욕이죠. 내 강점이 별로 소용없는 판에 들어가면 질 확률이 비약적으로 높아져요. 반면 내 강점이 주요한 역량이어야 하는 판에 들어가면 이기진 못해도 적어도 지지 않을 순 있죠. 지지 않고 판에 남아 있어야 다음 카드를 받을 수 있어요. 그래서 내 강점이 200% 레버리지를 일으키는 곳에 가야겠다고 생각했어요.

그럼 이렇게 물을게요. 본인의 경쟁력은 뭔가요?

남들보다 좀 더 빨리 패턴을 알아챈다는 거예요. 시대 흐름을 보면 답은 나와요. 저는 통시적인 자료에 관심이 많은데, 그런 자료들을 보면서 패턴을 읽어 내죠. 그리고 시장에 들어가는데, 아주 초기 단계에 들어가진 않아요.

그게 무슨 말인가요?

예를 들면, 저는 카카오톡 같은 서비스를 만들진 못해요. 카카오톡을 만드는 건 아무나 할 수 있는 게 아니에요. 카카오톡이 2010년 2월에 만들어졌는데, 갤럭시 휴대폰이 같은 해 5월에 출시되니까 엄청나게 빠른 거죠. 김범수 의장은 이미 2008년부터 판을 벌이고 있었고요. SNS는 스마트폰 시장이 열리기 전에

들어가야 해요. 하이 리스크 하이 리턴high risk high return, 고위험 고
수익 분야인 거죠.

대표님도 모바일 시장 초기 창업가 중 한 사람이잖아요?

저는 2011년에 사업을 시작했어요. 2010년 초에 시장을 전망
할 때 스마트폰이 가장 잘 팔리는 시나리오가 170만 대였어요.
긴가민가할 때 카카오톡은 이미 시작한 거죠. 그리고 그해 말
실제로 스마트폰이 600만 대가 팔렸어요. 시장이 생각보다 폭
발적으로 성장한 거죠. 그때면 사업을 해 볼 만한 시점인 거예
요. 가능성을 확인한 거니까. 스마트폰 시장이 0부터 100까지
간다고 하면 저는 한 20 즈음 들어가서 기회를 찾은 거예요. 그
게 오픈서베이죠.

두 번째 사업도 그렇게 설명할 수 있을까요?

두 번째는 스마트폰 자리에 카카오톡을 넣으면 돼요. 우리가 캐
시노트를 앱이 아니라 카카오톡에서 구현되는 서비스로 만든
건 그래서예요. 카카오가 투자할 때 그런 얘길 하더라고요. 내부
서비스인 줄 알았다고요. 우리는 아주 초기에 카카오톡이라는
플랫폼에 최적화된 서비스를 만든 거예요.

카카오톡을 플랫폼으로 선택한 효용은 뭔가요?

여러 가지가 있죠. 우선 '앱을 까세요' 하면 시큰둥하거나 무슨

소리인지 모르던 분들도 '카카오톡에서 추가하세요' 하면 다 알아들으세요. 실제로 새로운 앱을 깔게 하기 위해 엄청나게 많은 마케팅 비용을 쓰고, 이 비용은 계속 올라가고 있어요. 그런데 우리는 그 돈을 안 써도 되는 거죠.

구매 전환율도 높아요. 홈페이지를 방문해 서비스를 사용하기까지의 전환율이 웹 서비스의 열 배, 모바일 앱 서비스의 여섯 배에 달해요. 10%대 후반이에요. 일반 쇼핑몰의 구매 전환율은 1%밖에 안 되는데, 우리는 10%대 후반이에요. 열 명 중 두 명은 구매한다는 거죠.

패턴을 알아채고 있다가 대세 상승장을 확인하면 초기 단계에 진입하는 게 대표님의 강점이군요.

네, 다시 말하지만 저는 카카오톡은 못 만들어요. 하지만 카카오톡이 시장을 만들어 놓으면 초기에 들어가서 사업하는 건 할 수 있어요. 개인이 바꿀 수 있는 건 제한적이에요. 대세 상승장에 반 발 먼저 진입하는 게 중요해요.

자신의 강점이 두 가지라고 하셨는데, 다른 하나는 뭔가요?

저는 설득에 강해요. 패턴을 잘 읽으면 평론을 하면 되잖아요. 그런데 저는 아직 없는 것, 손에 잡히지 않는 걸 설명하고 상대를 설득하는 걸 잘해요. 창업에서 이 능력은 매우 중요하죠. 창업은 설득의 연속이에요. 투자자를 설득해야 하고, 사업에 합류할 멤버들을 설득해야 하고, 고객들을 설득해야 해요. 내러티브를 만들어야 딜을 할 수 있어요.

뉴칼라 김동호가 생각하는 기술과 미래

기술 이야기를 해 보려고 합니다. '제4차 산업혁명'이 화두인데요. 데이터와 이를 기반으로 한 인공지능이 핵심 기술일 텐데, 이게 어떻게 세상을 바꿀 거라고 생각하나요?

데이터가 가져온 가장 큰 충격이랄까, 영향력이랄까 그건 연공서열의 붕괴예요. '내가 해 봐서 아는데, 이건 이래'가 이제는 의미 없어지는 거예요. 데이터 기술을 무한정에 가깝게 활용할 수 있다는 건 시간과 경험을 쌓아야 확보할 수 있었던 의사 결정 능력이 신입에게도 주어진다는 의미죠. 이제 오래 일한 경력자와 신입의 차이가 무의미해져요.

그래서 과거엔 있을 수 없는 일이 벌어집니다. 단기간에 업계의 전통적인 강자를 위협하고 나아가 대체하는 회사들이 생겨납니다. 예를 들면 아마존, 테슬라 같은 회사들이요. 이렇게 압도적인 성과를 거둔 회사 중에 원래 이 시장에 있었던 기업은 없어요. 어쩌면 그런 압도적인 성과가 가능했던 건 그 기업들이 외부인이었기 때문일지도 몰라요. 이런 사람들이 기술력의 우위를 레버리지 삼아 이길 수 있는 기회의 창을 데이터가 열어 주는 거죠.

데이터와 인공지능이 그렇게 단기간에 세상을 전혀 다른 모습으로 바꿀 수 있을까요?

제가 자주 이야기하는 사례가 있어요. 증기기관이 상용화되기 전에는 말이 짐차를 끌었다는 사실을 알고 계세요? 인프라(철도)는 깔렸는데, 정작 그 인프라를 활용할 기술과 도구(증기기관)가 발달하지 못해 운송업자들이 과거에 했던 방식대로 말을 철도 위에서 달리게 한 겁니다. 짐차를 끌고요.

이런 운송업자들은 증기기관이 상용화되기 시작하면서 채 10년도 안 되어 모두 줄줄이 도산합니다. 왜 이 사람들은 증기기관으로 전환하지 못했을까요?

산업혁명 이전의 인류는 점진적으로 발전해 왔기 때문이에요. 이렇게 급속도로, 아니 기하급수적으로 발전할 줄 몰랐던 거죠. 수천 년간 인류는 점진적으로 진보해 왔어요. 기하급수적인 혁신이 일어나기 시작한 건 불과 기백 년 전이죠. 그래서 여전히 사람들은, 기업들은 이런 변화에 둔감해요. 저는 지금도 마찬가지라고 생각해요. 이 순간에도 '철도 위의 짐차를 말이 끄는 일'이 곳곳에서 생겨나고 있어요.

하지만 이건 아주 분명한 사실이에요. 우리가 당연하다고 생각해 온 무언가는 그게 무엇이든, 당연하지 않을 가능성이 훨씬커요. 그리고 모두가 당연하다고 생각하는 것에 그렇지 않다고되물을 수 있는 건 해당 산업 밖에 있던, 그래서 '뭘 모르던 사람'일 거예요.

콜럼버스의 달걀이 떠오르네요. 발상의 전환이 처음엔 힘들지만, 막상 하고 나면 별거 아닌 것처럼 보이잖아요.

맞아요. 나중에 보면 별거 아닌 것처럼 폄하할 수 있지만 처음그 발상이 전환을 이루는 건 정말 힘들죠. 그렇게 쉬웠다면, '배달의 민족'이 하는 일을 〈교차로〉가 하고 있겠죠.

기술이 기하급수적인 혁신을 일으키는데, 대표님은 어떻게 준비하고 있는지 궁금해요.

많은 분이 제가 모바일 여론조사를 하다가 중소사업자 금융 서비스를 하니까 업을 바꿨다고 생각하세요. 제가 하는 일의 본질은 달라지지 않았어요. 데이터를 잘 모으고, 그걸 기존 사업자들과 다른 방식으로 분석하고 자동화한 뒤 그걸 필요한 사람들한테 정당한 가치를 받고 파는 일이죠. 다시 말하면 적정한 데이터 기술을 이용해 상업적 경쟁력을 극대화하는 지점을 찾아다니는 거예요.

사실 우리가 구글만큼 데이터 분석 능력이 뛰어나진 않잖아요. 하지만 한국의 사업자 대상 금융 서비스 중에서 제일 잘하는 건 우리입니다. 앞서도 말씀드렸듯이 경쟁은 국지적이잖아요.

대표님이 구현할 수 있는 적정한 수준의 기술을 상업적으로 극대화할 수 있는 시장을 찾아다니는 게 기술에 대응하는 방법이군요?

네, 그 대응법은 사람마다 다를 수 있습니다. 성향마다 다르고요. 김범수 의장처럼 '나는 못 먹어도 고'인 사람이 있고, 저처럼 추세를 보다가 10%에서 20% 수준으로 올라오면 그때 뛰어드는 사람도 있어요. 또 누구나 다 사용하면 그때 뛰어드는 사람도 있겠죠.

대표님은 코딩 할 줄 아시나요?

네, 저는 개발자 출신이니까요. 제 커리어의 시작이 백엔드back-end* 개발이었어요. 하지만 저는 모든 사람이 코딩을 배울 필요는 없다고 생각해요. 실제 서비스와 동떨어져 코딩을 하는 건 수영 교재를 읽는 것과 같아요. 수영을 하려면 수영장에 뛰어들어야죠.

수영장에 뛰어드는 게 뭔가요? 서비스를 개발하라는 건가요? 창업을 해라?

* 시스템의 구축, 내부 로직, 데이터베이스 설계, 데이터 처리 등.

아뇨. 꼭 모두가 창업하거나 스타트업에 뛰어들 필요는 없어요. 혁신 기업들이 내놓은 제품이나 서비스를 이용하는 것도 시장에 뛰어드는 것과 마찬가지죠. 제 추측으로는 향후 수십 년 동안은 기계와 인간이 직접 경쟁하는 일은 일어나지 않을 겁니다. 경쟁의 양상은 아마도 새로운 기계와 서비스를 잘 다루는 인간과 그렇지 못한 인간 사이에서 일어나겠죠. 그러려면 서비스를 만들 필요까지는 없지만, 시장을 바꾸는 서비스를 앞서서 써 보고, 익숙하게 다룰 수 있어야겠죠. 그건 20년 전 엑셀을 잘 다루는 것과 같을 거예요.

그래도 코딩은 할 줄 알아야 하는 거 아닐까요? 다들 그렇게 생각하니까 코딩 열풍이 부는 것일 텐데요.

여전히 우리나라 국내총생산GDP의 대부분은 제조업·건설업에서 나오는데, 그 업계에 있는 사람이 코딩을 할 줄 안다고 무슨 소용이 있을까요? 중국 비즈니스를 할 때 중국어를 네이티브 수준으로 할 필요는 없어요. 내가 네이티브만큼 하거나 그렇게 구사하는 사람을 가까이 두는 두 가지 선택이 가능하죠. 보통은 후자를 선택하잖아요. 모든 걸 다 잘할 수는 없으니까요.

컴퓨터 언어를 배우는 것도 마찬가지예요. 내가 그 업을 하는 사람이 아니라면 시사 상식 혹은 교양이 넓어지는 정도겠죠. 업의 본질과 맞닿아 있지 않으니까요. 내가 중소사업자라면 코딩을 할 필요가 있을까요? 아니요. 하지만 캐시노트를 잘 쓸 줄 아는 사장님과 그렇지 않은 사장님은 경쟁력에서 차이가 발생하겠죠. 제가 앞서서 서비스를 써 보고 익숙하게 다루라고 말한 건 그런 취지입니다. 그 정도만 되어도 경쟁에서 우위에 설 수 있어요.

혹시 대표님은 기술이, 세상이 너무 빠르게 변해 불안한 순간이 있나요?

기존 산업의 절대 강자라면 그럴 수도 있겠네요. 하지만 저는 외부인이니까요. 기술이 발전하니까, 시대가 변하니까 기회가 많아진다고 생각해요. 저 같은 사람은 오히려 시대가 안 변하면 불안하죠. 기회의 창이 줄어드니까요.

데이터와 인공지능이 몰고 올 새로운 시대엔 어떤 인재가 각광 받을까요?

자기가 개발자냐, 기획자냐, 기자냐에 따라서 아마 요구하는 게 다르겠죠. 창업자라면 기술을 알고 변화를 알아채고 좋은 서비스를 보는 눈이 있어야 할 거예요. 하지만 직종에 상관없이 모두에게 해당하는 조건이랄까, 요건, 그런 건 있어요. 어차피 경쟁은 있을 테고 모두가 잘살 순 없어요. 개인 단위의 경쟁은 더 거칠어질 텐데, 가장 중요한 건 내 강점이 뭔지를 아는 거예요. 그리고 두 번째는 내 강점이 극대화되는 곳에서 일하는 거고요. 한 가지 더해서 대세 상승장을 알아채고, 초기 단계에 들어간다면 더할 나위 없겠죠.

워커worker로서 김동호만의 노하우

일할 때 특별한 방식이 있는지 궁금해요.

모르는 게 있으면 물어봅니다. '그게 뭐야' 하실 수도 있지만 의외로 물어보는 걸 잘 못하는 분들이 많습니다. 하지만 그걸 며칠 더 고민한다고 해서 좋은 답이 나오느냐, 아니에요. 가장 잘 알 것 같은 사람한테 물어보는 게 가장 효율적입니다. 물어본 다음에 다시 생각하는 게 낫죠.

사실 내가 모르는 게 뭔지를 정의하는 것도 중요합니다. 그리고 잘 아는 사람이 누군지 찾아보고 물어보는 거죠. 전문가에게 자문하거나. 우리 회사의 경우 풀타임 직원은 여섯 명뿐이지만, 열 명이 넘는 파트너들이 참여하고 있어요. 우리가 특정한 영역에서 어려움을 겪으면 그게 기술적인 부분이든 사업적인 부분이든 적정한 사례를 하고 조언을 구합니다.

협업은 참 중요해요. 혼자 할 수 있는 일은 제한적이기도 하고요. 창업도 그럴 것 같은데, 어떻게 협업하고 있나요?

제 협업 방식은 투명하게 공개하는 겁니다. 가장 중요한 건 공감대예요. 왜 이 일을 하는지 모르는 상태에서는 열심히 할 수가 없습니다. 그 일은 왜 필요하고, 어떤 의미가 있는지 잘 알려면 현재 우리 팀이 어떠한 방향으로 나아가고 있는지, 그리고 각자 맡은 포지션은 무엇인지 잘 이해하고 있어야 해요. 이해하고 있으면 협업은 어렵지 않아요.

의도적이든 의도적이지 않든 불투명하면 협업이 어려워집니다. 치명적이죠. 충분히 공유할 시간이 부족하거나, 인위적으로 불투명하게 만들거나. 뭔가 있는 것 같은데 모르는 게 많아질수록, 남들이 뭘 하고 있는지 모를수록 협업하기는 어려워집니다. 당장은 이해가 안 되더라도 우리 조직은 투명하다는 믿음, 나중에 물어보면 알려 주겠지 하는 믿음이 쌓이면 협업에 대해서는 고민할 필요가 없어요.

하루 일과가 어떻게 되나요?

오전 여섯 시에서 일곱 시 사이 일어나서 운동을 해요. 여덟 시에 아침을 먹고, 여덟 시 반에서 아홉 시 사이 출근해서 일을 합니다. 일이 많아 자정을 넘기기도 하지만 특별한 일이 없으면 일찍 가려고 노력해요.

온종일 일만 하는 게 아니군요?

워크 앤 라이프 밸런스work and life Balance, 일과 삶의 균형이 중요해요. 오래 일해야 하니까요. 정신 건강과 신체적 건강도 중요하죠. 그래서 꾸준히 운동도 하는 거고요.

새로운 지식이나 정보는 어떻게 습득하나요?

콘텐츠를 소비하거나 인터뷰를 많이 읽어요. 자서전도 읽고 기사도 찾아 봐요. 요즘은 좋은 콘텐츠가 생각보다 많이 공개되어 있어 좋아요. 유튜브 검색도 많이 합니다. 마케팅이 고민되면 스탠퍼드대학 등에서 스타트업 마케팅에 대해 강연한 동영상을 찾아 보는 식으로요.

일 외에 취미나 습관 같은 게 있나요?

기록을 많이 하는 편이에요. 일하면서 중요한 순간들은 비교적 상세하게 기록해 둡니다. 생각날 때마다 꺼내 보기도 하고요. 책이나 영화도 여러 번 보는 편이에요. 영화도 책도 두 번, 세 번 보면 처음엔 보이지 않던 게 보여요. 주연이 아닌 조연의 시선도 보이고, 감독이 의도하지 않은 것도 보이고요. **글·인터뷰어** 정선언

4.3

뉴칼라의 목소리
– 문효은 아트벤처스

〈미래 직업 리포트〉*를 취재하는 과정에서 해외 유명 인사를 여럿 만났다. 뉴욕에 위치한 IBM의 왓슨 연구소를 방문했고, 위워크WeWork 공동 설립자 미구엘 매켈비Miguel McKelvey도 인터뷰했다. 이들이 한결같이 강조한 추세가 있다. 프리랜서를 포함한 창업 인구의 지속적인 증가다. 미래에는 여러 가지 업무를 처리할 수 있는 기업이 아니라 내가 원하는 업무를 처리할 수 있는 개인을 원하는 수요가 늘어난다는 것이다. 그것은 곧 '내가 하고 싶은 일'을 고민하게 하고, 그 고민은 창업으로 이어질 거란 얘기다.

2017년 7월부터 그해 말까지 연재가 지속된 중앙일보 기획 기사. 이 기획은 《새로운 엘리트의 탄생》의 모태가 되었다.

문효은 아트벤처스 대표는 이런 흐름을 앞서 발견한 사람 중 한 명이다. 그가 창업 시장에 발을 내디딘 1993년은 국내에서 창업이라는 단어가 아직 낯설던 때였다. 그는 문과 출신 여성이다. 대중에겐 단어 자체도 생소한 인터넷 데이터베이스 큐레이팅이 그의 창업 아이템이었다. 그는 두 번째 창업인 인터넷 비즈니스 컨설팅을 거쳐 다음커뮤니케이션2018년 현 카카오에서 부사장으로 10년간 근무했고, 얼마 전 다시 창업했다. 장난감에 예술을 입힌 '아트 토이'로. 그의 삶은 곧 변화의 연속이었고, 늘 시대 흐름의 선봉에 있었다.

낯선 세계에 대한 매력에 빠지다

최현주 (이하 생략) 이화여대 불문과를 나오셨어요. IT나 예술과는 상관없어 보이는데요, 특히 IT와는.

문효은 (이하 생략) 맞아요. 전 사실 컴퓨터를 잘 몰랐어요. 처음 컴퓨터를 접한 계기는 번역 때문이었어요. 컴퓨서브라는 미국 인터넷 서비스 사용법을 한국어로 번역하는 일을 하게 됐고요. 일종의 미국판 하이텔 정도로 보면 돼요. 당시 국내에는 인터넷이라는 단어 자체가 생소할 때였어요. 나우콤이 나오기도 한참 전이니까요. IT 관련 연구소에 있는 연구원 몇 명 정도 알고 있었을까. 그때 인터넷은 통신기술 정도로 이해했고 신문·방송이 매스미디어Mass Media였죠.

컴퓨터를 잘 모른다면서 IT업종으로 창업하셨어요.

번역을 해야 하니 인터넷에 대해 공부할 수밖에 없었어요. 알아갈수록 매력적이었죠. 그런데 불문과를 졸업한 문과생이 IT업종에서 일할 만한 자리가 없었어요. 엔지니어가 아니니까요. 그래서 창업이라는 선택을 했어요. 사실 IT업종에 종사하는 모두가 엔지니어는 아니에요. 예컨대 데이터베이스 구축은 엔지니어가 하지만, 이 DB가 정보가 되고 거래가 되려면 큐레이팅이 필요하거든요. 해외 DB를 구축하고, 큐레이팅 업무를 하는 기획자가 모여 창업을 했어요. 당시는 해외 통신에 접속하는 것도 쉽지 않아 쏠쏠했어요.

일종의 DB 판매가 되는 건가요.

그렇죠. 당시 굉장히 선진적인 시도였어요. 창업이 대중화되기 전이라 지원도 없었죠. 그러다가 IT 창업 붐이 일어났어요. 삼성 SDS 출신 창업자가 크게 늘었어요. 네이버·한게임 같은 업체가 탄생한 시기죠. '헬리콥터 머니'가 성행할 때였어요. 두 번째 창업에 나선 것도 이때입니다. 컨설팅을 했어요. 인터넷에 비즈니스 관련 정보를 제공하고 그 과정을 컨설팅하는 거죠. 그러면서 인터넷 비즈니스 역량을 키울 수 있었고 마케팅도 알게 됐죠. 회사가 아주 잘됐어요. 코스닥 상장 기업이랑 합병했고 경제적으로 큰 득을 봤죠.

이른바 '대박'이 터진 거네요. 이어서 세 번째 창업을 하셨어요.

두 번째 창업으로 돈도 벌었고 자신감도 얻었어요. 더 의미 있는 일을 해 보고자 나섰죠. 그게 교육이었고 인터넷 유료 교육 서비스를 만들었어요. 콘텐츠는 지금 생각해도 아주 좋았어요. 창의력을 키우는 교육이었어요. 예컨대 패턴을 통해 확률을 따지거나 석굴암의 원지름을 구하는 식이었죠. 일상에서 수학을 배울 수 있는 그런 콘텐츠였어요.

콘텐츠 자체는 좋았지만 이른바 '닷컴 버블'이 꺼지기 시작했어요. 인터넷 서비스가 유료라는 것을 받아들이기 힘들었던 거죠. 너무 앞서 나갔던 것 같아요. 요즘에야 비슷한 서비스가 나오더라고요. 가진 돈을 다 쏟아붓고 결국 회사를 접었어요. 큰 교훈을 얻었죠. 창업은 어렵구나.

이후 다음커뮤니케이션에서 10년간 재직했죠.

창업이 어렵다는 것을 체감하고 나니 더 신중해지더라고요. 모교인 이화여대에서 여성 리더십 관련 프로젝트를 맡았어요. 그런데 다음커뮤니케이션에서 다음세대재단 대표를 찾는다는 연락이 왔어요. 포털과 재단 일을 같이할 사람이 필요하다고 했는데 제가 적임자라고 생각했던 모양이에요.

인터넷 비즈니스와 문화를 겸한 거네요.

포털은 동전의 양면과 같아요. 비즈니스지만 문화적인 측면이 공존해요. 덕분에 재단 이사장을 하면서 다음커뮤니케이션 부사장을 겸직할 수 있었죠. 다양한 영역의 사람이 모였어요. 당시 제가 30대 중후반이었는데 1000명이 넘는 회사에서 제가 두 번째로 나이가 많았어요. 젊은 기업인 거죠. 다음커뮤니케이션은 철학이 좋은 회사예요. 그곳에서 세상을 즐겁게 변화시키고 싶었어요.

석사 학위를 여러 개 받았는데, 언론대학원에서 정보통신을 연구하셨죠.

전문성을 업그레이드하는 가장 좋은 방법은 회사에서 경험을 쌓는 것이라고 생각해요. 직접 일하면서 커리어를 얻는 거죠. 그 다음으로 좋은 방법은 학교라고 생각해요. 두 번째 창업을 했을 때 고려대 언론대학원을 다녔어요. 당시 컨설팅을 했는데 가장 비슷한 분야가 언론대학원의 마케팅, 홍보 정도였어요.

그런데 고대 언론대학원에 정보통신이 있는 거예요. 고대에만 있었어요. 졸업 논문 주제를 '사이버 스페이스'로 정했어요. 계보를 완벽하게 정리해 당시 지도교수가 '교수급 학생'이라고 칭찬도 했어요. 어떤 분야에서 어떤 식으로 융합이 일어날 것인지, 인공지능까지 다뤘으니까요. 요즘 제4차 산업혁명이라는 말과 함께 인공지능에 대한 관심이 크죠. 당시에도 인공지능이 유행이었어요. '뇌를 다운로드한다'는 게 이슈였죠. 굉장히 즐거웠어요.

한국예술종합학교에서는 예술경영으로 석사과정 중이시네요.

다음커뮤니케이션을 나와서 고민했어요. 10년간 포털에서 경영진으로 일하며 다시 '나의 것'을 하고 싶었어요. 하지만 나이를 무시할 수는 없었죠. 내 나이에 즐거울 수 있는 일이 뭘까. 물론 돈도 벌어야 하지만 우선 행복해야 했어요. 결국 콘텐츠 비즈니스를 해야 하는데 어떤 콘텐츠를 선택하느냐가 고민이었죠. 일이 잘 안되더라도 취미로 남을 수 있었으면 좋겠다는 생각을 하게 됐어요. 그때 예술이 떠올랐습니다. 하지만 아는 건 없었죠. 그래서 다시 학교 문을 두드렸어요. 컴퓨터를 몰랐지만 IT업종에 몸담았듯이 예술을 모르지만 문화계에 발을 담그고 싶었고 그래서 지금은 예술경영을 공부하고 있습니다.

대개 성공한 사람들은 '나이는 숫자에 불과하다'는 말을 많이 하는데 네 번째 창업을 하면서 나이를 고려했다고요.

어떤 일을 시작하는 데 나이가 문제 되지는 않아요. 하지만 고려는 해야죠. 20대에 즐거운 일, 30대에 즐거운 일, 40대에 즐거운 일이 다 다르잖아요. 쌓인 경험치가 다르고, 생각이 달라지고, 시각이 달라지니까요. 40대라서 창업이 두렵지는 않았지만 창업 아이템을 고를 때는 고려했어요. 50세, 60세가 되어서도 계속할 수 있는 일, 즐거울 일을 찾자는 생각이었죠.

IT와 예술의 융합

문 대표는 40대 후반에 네 번째 창업을 했다. 아티스트가 만든 장난감, 예술적 가치가 있는 장난감인 아트 토이로 전시회를 연다. 가진 것에 안주할 법도 한데 전혀 새로운 장르에 뛰어들었다. IT시장에서 문과생인 것이,

여성인 것이 일반적인 시각으로는 약점으로 보이지만 '인터넷을 아는 문학도'이기에 되레 돋보일 수 있었다. 이번에도 문 대표는 '인터넷을 아는 경영인'으로 예술 분야에 접근했다.

IT에서 예술로 업종을 전환하기가 쉽지 않았을 텐데요. 어떻게 결심을 하셨나요.

스스로에게 계속 물었어요. 어떤 일을 할 것인지. 정확하게는 인터넷 관련 일을 할 것인지 아닌지였죠. 예술이라는 영역이 새롭게 보였어요. 예술에서는 완전 초보지만, 저는 이미 큰 회사에서 많은 경험을 했더라고요. 인터넷 포털에서 그간 쌓은 경험이 분명히 도움이 될 거라고 생각했어요. 제 주요 자산이니까요. 예술 분야에 있는 전문가들과 제 경험이 새로운 융합을 만들 수 있을 거라 생각했어요. 인터넷 관련 경험이 기반이 되고 있어요. 모바일 SNS가 없었다면 아트벤처스의 글로벌 성장은 힘들죠.

용기가 필요한 일 같아요.

평소에 '나는 어떤 사람인가'에 대해 끊임없이 생각해요. 나라는 사람에 대해 스스로 정의를 내려 보는 거죠. 안정적이고 누구나 예측 가능한 일은 하고 싶지 않아요. 위험이 있더라도 나를 던질 수 있는 일, 내 심장이 뛸 수 있는 일이면 좋겠어요. 아트벤처스를 시작할 때 '만약 일이 잘 안되면 인생에서 좋은 취미를 얻은 것으로 감사하자'고 마음먹었어요.

아트벤처스의 어떤 부분이 IT와 접목된 부분일까요.

아트벤처스는 소수의 전유물로 인식된 예술의 대중화를 지향해요. 아트 토이는 예술에 대중에게 친근한 장난감이라는 콘텐츠를 입힌 거죠. 대중화 과정에서 모바일 인터넷의 영향력은 절대적입니다. 예컨대 아트토이컬처 박람회에서 재미있고 신기한 작품을 접한 사람은 이걸 찍어서 자신의 페이스북이나 인스타그램에 올려요. 그걸 본 사람이 '재밌어 보이네, 이런 게 있구나, 나도 가봐야지'라고 생각하면 그 자체가 대중화입니다.

요즘 '키덜트'가 늘어나고 있어요. 아트 토이 마니아층도 상당히 두텁고요.

이전에는 만화나 애니메이션이 전부였어요. 만화 주인공 피겨 정도였죠. 지금의 캐릭터는 이모티콘이 지배적이에요. 카카오프렌즈, 라인프렌즈처럼 모바일 메신저에서 사용하는 이모티콘이 상품이 되고 인기를 끌어요. 배경이 모바일인 거죠. 이런 환경역시 아트 토이 시장 배경 중 하나예요. 아티스트가 창조하거나 재해석해 만든 아트 토이를 수집하고, 모바일을 통해 취향을 공유하고, 한정판을 갖고 싶어 하고, 수집하고, 다시 공유하고⋯. 삶의 즐거움인 거죠.

소득이 3만 달러가 넘어가면 의식주에서 벗어나 문화에 눈을 돌린다고 하던데요.

아트벤처스의 프로젝트 중 '플레이아트'라는 프로그램이 있어요. 3만5000원을 내면 2시간 동안 술을 마시면서 그림을 그리고, 자신의 작품을 가져가는 거예요. 아트 호스트화가와 함께 그림을 그리는 거죠. 완성된 그림에 본인 사인도 해요. 데이트나 크고 작은 모임으로 활용하고 기업에선 회식이나 워크숍으로도 이용해요. 저비용으로 직접 그림을 그리며 예술을 즐길 수 있는 경험에 기꺼이 지갑을 여는 거죠.

아날로그 냄새가 물씬 나는데요.

제4차 산업혁명도 마찬가지예요. 첨단과 아날로그의 공존을 이야기할 수밖에 없어요. 인간은 감정의 동물이죠. 디지털 환경이 견고해질수록 아날로그를 찾게 돼요. 카메라를 예로 들어 볼까요. 나이 든 사람에게 필름 카메라는 '어, 오랜만에 보네'라는 감정을 불러일으키죠. 그리고 그 카메라와 관련된 추억을 떠올릴 수 있어요. 젊은 사람은 필름 카메라를 보고 사진을 찍어요. 그 자체가 신기하거든요. 필름 카메라로 사진을 찍을 때 나는 '찰칵' 소리도 신기한 거죠. 불편한 구식에 열광하는 것도 이런 맥락이에요.

제4차 산업혁명 시대, 즉 미래에는 아날로그가 더 중요해진다는 의미인가요.

요즘 노트가 잘 팔린다고 해요. 컴퓨터가 나오고, 태블릿 PC가 나오고, 특히 스마트폰이 등장하면서 필기구는 사라질 것 같았죠. 스마트폰이 있으니 메모장이나 수첩이 필요 없어지죠. 하지만 노트를 쓰는 문화가 다시 생겨나고 있어요. 기술의 편의성과는 다른 의미의 편의성을 찾는 거예요. 그게 이른바 '간지'가 되죠. 미술관에서 유명 화가의 그림을 보는 내가 멋지다고 느끼고, 멋진 노트에 뭔가를 끄적거리는 자신을 색다르게 느끼는 거죠.

미래에 직업을 선택할 때는 어떤 부분을 고려해야 할까요.

요즘은 '뜨는' 게 쉬워요. 아트토이컬처 전시회를 예로 들어 볼게요. 앞줄에 있는 그만큼 큰 아트 토이는 수만 명의 사람이 사진을 찍는데, 정말 다양하고 창의적인 포즈로 찍어서 SNS에 올려요. 어느 순간 해당 아트 토이는 유명 인사가 되어 있더군요. 오프라인에서 경험한 것을 온라인에서 어떻게 표현하고 소통하느냐가 영향력이 되고 유명세의 절대적인 기준이 돼요. 일명 'O2O Online to Offline적 소통', 모바일 미디어 환경을 마케팅·브랜딩·홍보 채널로 활용할 수 있는 환경이 조성됐고 누구나 활용할 수 있어요. 우리 모두에게 기회인 거죠.

좋은 직업이란 어떤 것이라고 생각하나요.

지금 시대는 직업 지도가 사라졌어요. 이전에는 '좋은 직업'이라는 게 있었어요. 의사, 변호사 같은 좋은 직업이라는 지도를 벗어날 때는 공부를 못해서, 적성에 맞지 않아서 같은 이유가 있

었죠. 사회가 암묵적으로 내린 정의가 있었어요. 지금은 아니에
요. 직업 지도의 좌표가 흐려지고 있어요. '좋은 직업'의 안정성
이 흔들리고, 새로운 산업군에서 부를 일으킨 신흥 집단이 생겨
나고 있죠.

**좋은 직업의 좌표가 달라지고 있다면 우리는 좋은 직업을 어떻
게 찾아야 할까요?**

'요즘 어떤 직업이 주목받고 있다'는 얘기가 돌면 그 직업에도
이미 성숙한 규칙이 만들어진 거예요. 게다가 지금은 100세 시
대니까 우리는 다양한 직업군과 직무, 직장을 경험해야 해요. 현
재 일하는 곳이나 원하는 다른 직장에서 다양한 직무를 경험하
며 계속 경력을 발전시키고 그 안에서 융합을 통해 새로운 직업
을 창조하는 거죠.

여러 경험을 통해 나만의 직업 지도를 만들어야 하는 시대예요.
불확실성을 하나씩 제거해 가면서 나만의 전문성과 강점을 키
우는 거죠. 중국처럼 큰 시장에서도 1등 업체는 매년 바뀌어요.
시장의 변화가 이렇게 빠르니까 개인에게 일어나는 변화는 훨
씬 더 빠르게 느껴질 수밖에요. 내가 지향하는 직업이 급류에
휩쓸리지 않도록 나만의 차별점이 있게 살아가는 일이 중요한
것 같아요.

항상 한발 앞서서 미래를 내다보신 것 같아요.

아주 극소수가 인터넷을 알았을 때 창업을 했어요. 모두 저에게 밥벌이가 되겠냐고 물었어요. 지금은 어떤가요? 고려대학교 대학원 논문 주제는 소수자의 미디어인 '사이버 스페이스, 인터넷'이었어요. 졸업 논문을 쓰고 3, 4년이나 지났을까요. 인터넷 사용자가 기하급수적으로 늘었고 이젠 매스미디어가 됐어요. 예술도 마찬가지예요. 지금은 소수가 경험하지만 이제 누구든, 언제든지 즐길 수 있는 시대가 열릴 거라고 믿어요.

나는 미래에 대해 생각하시만 구체적으로 필과를 인기가 쉽지 않아요. 특히 미래의 일자리에 대해서는 더 그런 것 같아요.

세상의 흐름을 파악하는 일도 중요하지만 무엇보다 내가 가진 것을 확인해 봐야 해요. 흐름만 잘 짚어 낸다고 해서 좋은 일자리를 구할 수는 없어요. 매칭이 돼야죠. 변화만 준비하는 것은 위험해요. 요즘에는 공무원 시험을 준비하는 청년들이 많죠. 공무원이라는 직업이 나쁘다는 게 아니에요. 공무원이라는 직업을 왜 선택했는지에 대한 고민이 필요하다는 거죠. 그저 안정성 하나만으로 아주 소수만 선택되는 시험에 내 남은 인생을 맡기는 모험은 위험하다는 거예요.

우리에겐 더 많은 선택지가 필요하다

얼마 전까지만 해도 기자는 꽤 괜찮은 직업으로 분류됐다. 하지만 '기사를 쓰는 인공지능AI'의 등장은 기자라는 직업에 대해 돌아보게 했다. AI는 나보다 빠르고 정확한 문장으로 기사를 작성한다. 이번 미래 일자리 기획에 참여한 것에는 스스로의 불안감도 작용했다. 10년 후, 아니 당장 5년 후에 기사 쓰는 AI와 경쟁했을 때 난 이길 수 있을까. 내가 더 우위를 선점할 수 있는 부분이 있을까. 지금이라도 업종을 바꿔야 하지 않나. 문 대표는 이런 나에게 '겁낼 것 없다'고 조언했다.

기술 변화의 속도가 너무 빨라요. 그래서 내가 하는 일을 10년 후에도 계속할 수 있을지에 불안감이 커요.

저도 그래요. 항상 불안하죠. 종종 글로벌 대기업 CEO들이 쓴 책을 읽으면서 위로를 받아요. 저렇게 큰 회사의 리더도, 많은 자원이 있는 사람도 변화에 대한 불확실성, 불안이 있구나. 내가 고민하고 불안해 하는 건 당연하구나. 그래도 다른 사람들의 기대치가 아닌 나 자신에게 부응할 수 있는 일을 찾으려고 해요.

세상이 변하고 있다지만 아직까지는 좋은 직업군에 대한 고정 관념이 남아 있어요. 그 틀을 벗어나서 일자리를 선택하기가 쉽지 않은 현실이에요.

당연해요. 그래서 항상 여러 가지 선택지를 준비해야 해요. 플랜 A만 가져서는 안 돼요. 플랜 A가 실패했을 때는 플랜 B, 플랜 B가 실패하면 플랜 C…. 돌아가더라도 선택지가 많을수록 오히려 플랜 A에 집중할 수 있어요. 그사이 새로운 경험을 통해 변화하고 발전하는 부분도 생기니까요. 제4차 산업혁명 시대도 겁낼 필요가 없어요. 물론 지금은 인공지능이 인간의 일자리 대부분을 대체할 거라는 전망이 지배적이에요. 하지만 인공지능이 모든 일을 할 수는 없어요. 내가 할 수 있는 일에 인공지능을 활용하거나 내가 더 잘할 수 있는 일은 분명히 있으니까요.

더 잘할 수 있는 일을 스스로 깨닫기가 쉽지 않을 것 같아요.

주변에 은퇴한 분들을 보면 크게 두 부류로 나뉘어요. 첫 번째는 식상히니 사는 부류예요. 그긴 모이 도 재산이 있어니 경제적으로는 여유롭지만 남아 있는 긴 여생 동안 쓰기에 부족함이 없을지 걱정하며 살죠. 다른 부류는 끊임없이 새 아이템을 찾고 새로운 것을 배워요. 새로운 것을 배우면서 그간의 네트워크와 경험에서 도움을 받아요. 나와 전혀 상관없는 분야의 사람을 만나도 배울 점이 많아요. 어떤 일이건 맥은 비슷하거든요.

다양한 분야에서 많은 사람을 만나 보라는 얘기인가요?

그렇죠. 저만 해도 예술에 뛰어들었으니, 이 분야는 전문가가 정말 많잖아요. 저의 장점은 인터넷을 잘 안다는 점이에요. 아트벤처스는 전통적인 디자인 전공자와 인터넷 포털 사이트 출신이 함께 일해요. 그런 거예요. 다른 경험을 통해 부족한 부분을 채우면서 시너지를 내는 것, 각각의 전문성이 가진 장점을 살리고 부족함은 서로 메워 가는 거죠.

미래에는 창업하는 사람이 더 많아질까요.

그럴 것 같아요. 하지만 창업은 어려워요. 창업한 회사를 성장시키는 일은 항상 큰 도전이에요. 그렇다고 거창하지는 않아요. 내 색깔, 내 콘텐츠로 시작할 수 있어요. 아트토이컬처와 플레이아트도 마찬가지예요. 저는 쉴 때 다양한 장소를 돌아다녀요. 그게 미술관일 수도 있고, 카페일 수도 있고, 뒷골목일 수도 있고…. 콘텐츠를 가진 사람들은 공간에 대한 욕구가 크거든요. 어떤 공간을 보면 자기 색깔로 표현하고 싶어 하고 소통하고 싶어 해요. 그럼 공간의 가치가 완전 달라지니까요. 다양한 분야에서 다양한 문제를 해결하기 위해 진화·발전한 사람들이 창업하는 경우가 많았어요.

미래에 필요한 인재는 어떤 사람일까요.

자기 자신을 잘 알아야 해요. 내가 어떤 것에 설레는지, 뭘 좋아하는지, 성공이란 단어를 어떻게 정의하고 있는지. 그게 회사의 명성이 될 수도 있고, 돈이 될 수도 있고, 내 이름이 될 수도 있어요. 세상은 빠르게 변해요. 축구 시합을 준비했는데 막상 경기를 하러 나가 보니 야구 경기가 열리는 경우와 같아요. 다만 내 인생의 선택권을 다른 사람에게 주지 않았으면 해요. 일자리를 찾지 못한다고 절망할 필요도 없어요. 그건 내 탓이 아니에요.

세상이 너무 빨리 변하기 때문이에요.

제4차 산업혁명을 준비하면서 코딩에 대한 얘기가 많이 나오죠. 하지만 겨우 코딩을 배워 놨더니 그때는 죽은 언어일 수 있어요. 실컷 배우고 익숙해질 만하니 제5차 산업혁명이 오는 거죠. 본질이 중요해요.

일을 하는 데 노하우가 있다면 무엇인가요.

비전과 실행이죠. 부족한 부분은 협업이 필요하고요. 나에게 없는 전문성을 갖고 있는 사람과 뭉쳤을 때 시너지가 나요. 협업이 성공하려면 서로 욕심을 줄여야 해요. 진심으로 서로의 성장을 위하면 결국 윈윈할 수 있더라고요.

빠른 변신의 비결을 꼽는다면요.

변화가 빠르다는 것은 많이 열려 있다는 뜻이에요. 가진 자원이 많은 큰 기업에도 기회일 수 있고 자원 없이 가볍게 여러 가지 시도해 보는 작은 기업이나 개인에게도 기회일 수 있죠. 변화의 속도가 빠를수록 먼저 나에게 질문하면서 집중해요. 앞서 한 얘기지만 내가 뭘 잘하는지, 내가 뭘 좋아하는지, 나에게 어떤 경쟁력이 있는지 생각하는 거죠. 그러고 나서 내가 설레는 일을 선택하고 실행하고 나만의 길을 만들자는 믿음으로 다양한 시도를 해 봅니다.

이렇게 변화가 빠르고 불확실한 상황에서는 좌표가 뚜렷하지 않아요. 아무도 가 보지 않은 길을 내가 나를 믿어 주고 격려하면서 걸어가는 거예요. 이 과정이 성공적이라면 누군가에게 성공 모델이 될 테고 아니더라도 나만의 비즈니스 근력 운동이 되겠죠. 이런 환경에서 효율적으로 일하는 훈련과 함께 불확실성을 제거하면서 성공의 방식을 만들어 나가는 비즈니스 근력 운동은 매우 중요해요.

기술 변화를 따라잡기 위해서는 어떤 노력을 하나요.
한글로 '리딩reading, leading'이라고 할까요. 변화를 모두 리딩reading하려면 읽어야 할 책이 굉장히 많아요. 이럴수록 내가 리딩leading하고자 하는 부분을 정하고 그 부분을 리딩reading하면서 실행을 통해 나만의 노하우를 쌓아요.

어떤 분야에나 룰메이커rule maker가 있고 패스트폴로어fast follower가 있고 그냥 폴로어follower가 있어요. 기술 변화에서도 룰메이커와 세계를 흔들 '플랫폼'이 새롭게 등장한다면 대중에게 선택되고, 사랑받으려면 혁신성이나 편의성이 있어야 해요. 내가 하는 아트토이컬처나 플레이아트도 대중적으로 도움이 되는 기술을 활용해요.

대표님께 일이란 뭔가요.

그냥 삶이에요. 개인적으로, 비즈니스적으로, 사회적으로 가치 있는 일에 집중하고 함께 시너지를 내면서 새롭게 변화를 추구하고 발전시켜 나가는 과정이 도전이죠. 곧 즐거움이기도 하고요. 이 과정에서 배우고, 스스로 성장하고, 살아 움직임을 느낍니다.

미래의 엘리트, '뉴칼라'의 조건은 무엇이라 생각하세요.

지피지기. 쏟아지는 번잡한 변화를 즐길 줄 알고, 나 자신과 많이 대화하고, 나를 사랑하고, 나를 믿는 거라고 생각해요. 그리고 아무도 가 보지 않은 길에 내가 '미리 생에 처음'이라는 마음으로, 떨리지만 즐길 수 있는 자존감과 학습 능력이 중요해요.

글·인터뷰어 최현주

4.4 뉴칼라의 목소리
— 박희은 <small>알토스벤처스</small>

2010년 국내 최초의 소셜 데이팅업체 '이음'을 창업하고 4년 만에 회원 110만 명, 월 매출 5억 원 규모로 키워 내고, 2014년 알토스벤처스로 옮겨 VC<small>Venture Capitalist, 벤처캐피털리스트</small>로 일하고 있는 박희은 수석심사역. 그가 이 이야기의 주인공이다.

그는 여러 가지 면에서 상상을 뛰어넘는다. 스타트업계에 흔한 공대생이 아니라 언론정보학을 전공한 문과생이다. 기술을 전문적으로 배우지 않은 문과생 출신의 여성 창업자. 그가 창업 시장에서, 투자 시장에서 성공적이고 재미있게 살아가는 이야기를 지금 시작한다.

아무리 큰 문제가 터져도 도망칠 수 없는 게 창업

'창업자=뉴칼라'라는 편견을 갖고 있었다. 창업을 '대단한 무엇'으로 생각했던 나에게 그는 이렇게 말했다. "창업도 라이프스타일이에요."

정선언 (이하 생략) 창업도 라이프스타일이라니, 무슨 뜻인가요?

박희은 (이하 생략) 일을 한다는 의미에서 보면 여러 가지 선택지 중 하나니까요. '창업'이라는 방식이 잘 맞는 사람도 있고, 아닌 사람도 있죠. 잘 맞는 사람은 다른 사람보다는 창업이 덜 힘들 테고, 아니라면 조금 더 힘들겠죠. 모든 일이 그렇듯 말입니다.

창업이라는 일의 방식, 라이프스타일은 어떤 건가요?

직원은 그만둘 수 있지만 창업자는 그럴 수 없어요. 그 차이는 정말 커요. 아무리 큰 문제가 생겨도 반드시 풀어야 하고, 어쨌건 풀고 가야 해요. 그런데 문제는 긴밀 도치에 널려 있고요. 인생도 그렇잖아요. 도망갈 수 없는, 반드시 풀어야만 하는 문제들이 가득한 걸로 따지면요.

심사역님은 왜 창업을 했나요?

엄청난 비전을 가지고 시작했다고 말하고 싶지만 그런 건 아니었어요. 대학을 졸업하고 2009년 말에 엔씨소프트에 입사했어요. 벤처에서 출발한 회사라 규모에 비해 아주 자유로운 조직이지만, 저는 버티기가 힘들었어요. 갑갑했다고 해야 할까요. 게다가 엔씨소프트에는 게임 마니아들이 많아요. 그런데 저는 게임을 잘 모르다 보니 출발선이 달랐죠. 저는 일로 게임을 배워야 하는데, 다른 분들은 원래 게임을 좋아하니까 그게 힘들었어요.

회사가 싫어서 창업을 한 건가요?

저한테 회사를 나올 명분이 되어 주었어요. 회사를 다니는 게 너무 힘들 때 마침 이음의 공동대표였던 김도연 대표님이 친구를 통해 연락하셨어요. 오프라인에서 매칭 테스트를 해 봤더니 온라인에서도 할 수 있을 것 같은데, 본인은 온라인을 잘 모르니 시간제 근무로 일하면서 도와 달라고요. 그래서 그 일을 돕다가 아예 같이 일하게 됐죠. 그게 소셜 데이팅 스타트업 이음의 탄생으로 이어졌어요.

아무리 회사가 싫다고 해도 선뜻 대기업을 박차고 나가기는 쉽지 않았겠죠.

졸업반이었던 2009년 초에 학교 최고경영자과정 조교를 했어요. 그때 SK텔레콤 임원분이 그 과정을 들었는데, 저에게 아이폰을 주면서 한 달간 써 보고 리뷰를 해 달라고 하셨죠. 저는 우리나라에 아이폰이 들어오기 6개월 전에 먼저 아이폰을 써 본 거예요. 그걸 보니 스마트폰이 정말 많은 걸 바꿀 수 있겠다 싶더라고요.

그러고 나서 회사에 들어갔는데, 직장인이 되니 외로웠어요. 학교를 다닐 때는 친구들도 만나고 소개팅도 많이 하잖아요. 그런데 회사를 다니니 동료들 말고는 만날 시간도 없고 기회도 별로 없고요. 그 무렵에 김도연 대표님과 시간제 근무로 일하고 있었는데, 직장인이야말로 외로운 집단이면서 돈을 쓸 여력은 있다는 생각이 들었어요. 그런 사람들을 타깃으로 한 유료 소셜 데이팅 서비스, 이거 그림이 되지 않나요?

그림이 된다고 모두가 창업하진 않죠. 그러면 저는 열 번도 더 했을 것 같아요.

원래 커뮤니케이션을 좋아하고 관심도 많았어요. 전공도 그래서 언론정보학으로 선택했고요.

보통 전공은 수능 점수에 맞춰 가는데, 아니었고요?

대학에 입학하고 2년 동안 전공을 정하지 않고 그냥 놀았어요. 놀면서 보니까 제가 커뮤니케이션에 유독 민감하더라고요. 그래서 커뮤니케이션을 가르치는 언론정보학을 선택했어요. 3학년 때 1, 2학년 전공 수업을 들었는데 수업 시간에 제 이름이 가장 먼저 불려서 민망했던 기억이 나요. 하하.

커뮤니케이션에 대한 관심이 이음으로까지 이어진 거군요.

네, 시간제 근무로 김도연 대표님을 도우면서 '이건 내가 진짜 하고 싶던 일이다' 이런 생각을 했어요. 채널에 따라 달라지는 커뮤니케이션 방식에 관심이 많았거든요. 아이폰을 처음 만져 봤을 때도 그게 궁금했어요. 이 기계로 사람들의 커뮤니케이션은 어떻게 달라질까 하는 거요. 스마트폰은 아주 사적인 기기잖아요. TV는 온 가족이 함께 보지만 스마트폰은 나만 보는 거니까요. 관계 중에 가장 사적인 관계가 뭐죠? 연인이잖아요. 스마트폰과 데이팅 서비스가 만나면 분명 일이 나겠다고 생각했죠.

그렇게 재미있었던 이음을 왜 그만두었나요?

김도연 대표님과 제 생각이 달랐어요. 김 대표님은 오프라인으로 확장하고 싶어 하셨고, 저는 온라인에 더 집중하고 싶었죠. 스타트업은 하나의 방향성을 가지고 엄청난 에너지로 가야 하는데 공동대표 둘의 뜻이 다르면 안 되죠.

김 대표님이 아니라 심사역님이 떠나게 되었군요.

김 대표님은 그 사업이 마지막 사업이라고 하셨거든요. 저는 그 사업이 첫 사업이라고 생각했고요. 그래서 제가 나왔어요.

회사를 나와 벤처캐피털리스트vc로 전업한 이유는 무엇인가요?

사실 가장 손쉬운 선택은 창업이었어요. 한 번 해 봤으니 언제 어떤 순서인지에 대한 감, 즉 노하우가 있잖아요. 그리고 네트워크도 있고요. 언제든 창업할 수 있다고 생각했어요. 그건 지금도 마찬가지고요. 그런데 창업을 바로 하기엔 좀 아쉬운 게, 창업을 시작하면 하나만 보고 가야 하잖아요. 특히 제가 하나에 집중하면 다른 일은 거의 못해요. 그래서 창업을 다시 하게 되더

라도 당장은 아니고, 다른 분야의 흐름을 파악할 수 있는 일을
해 보고 싶었어요. 산업 전체를 보고 맥락을 읽을 수 있으면 좋
겠다고요.

그래서 VC가 된 건가요?

'VC가 되어야지' 하고 구체적으로 생각하진 않았어요. 이음을
떠나기 전에 투자자들을 만나 상황을 설명하는 자리가 있었어
요. 투자자들은 창업자가 떠나는 걸 달가워하지 않으니까 설득
아닌 설득을 하는 거죠. 그때 이음에 투자했던 알토스벤처스 김
한순 대표님이 제안을 하셨어요. 알토스벤처스에서 만드는 한
국 투자 펀드를 도와 달라고요.

받아들이신 거군요?

처음엔 시간제 근무로 제안하셔서 큰 고민 없이 그렇게 하겠다
고 했죠. 그런데 막상 일을 시작해 보니까 만만치가 않더라고요.
일은 야금야금 늘어났고 정신을 차려 보니 여기 이러고 있네요,
하하.

박 심사역은 꾸며 내는 사람이 아니었다. 무엇을 말해도 대단한 것인 양
말하는 법이 없었다. 아니, 오히려 '쉽게' 말하는 편이었다. 별거 아니라는
것처럼 말이다. 하지만 그가 그렇게 말할 수 있는 이유는 그 일을 온몸으
로 통과했기 때문이다. 박 심사역은 말하지 않았지만, 알토스벤처스의 유

일한 '토종 한국인'인 그가 영어회화 스타트업 '링글'의 수강생 인터뷰에 나왔을 정도로 열심히 영어 공부를 했다는 것을 알고 있었다.

이음을 하면서 가장 재밌었던 때는 언제인가요?

처음에 베타서비스를 무료로 론칭했어요. 제대로 된 개발자도 없고, 돈은 떨어져 가니까 도박하는 심정으로 유료화를 결정했어요. 그때는 다들 만류했어요. 당시 게임 유료 결제율도 3%가 채 안 됐으니까요. 그런데 유료화 첫 달 매출이 6000만 원이었어요. 정말 막막했는데 돌파구를 찾은 기분이었죠. 창업을 하면 이런 경우가 많아요. 우리 가설이 맞을까 늘 고민하고 그게 들어맞으면 엄청난 희열을 느끼죠.

그럼 가장 힘든 순간은요?

저는 사람이 가장 힘들었어요. 큰 회사를 만드는 데는 타인의 감정에 무딘 사람들이 탁월한 것 같아요. 다른 사람의 감정에 예민하면 자기도 똑같이 스트레스를 받거든요. 저는 그 부분에 약했던 것 같아요. 직원이 50명을 넘어서기 시작하면서 그게 더 힘들어졌어요. 그전에는 각 직원들이 무슨 일을 하는지, 어떤 상태인지를 다 알고 있었고 소통도 수월했는데, 규모가 커지면서부터는 감당할 수가 없더라고요. 거기서 오는 스트레스가 상당히 컸어요. 감지 능력이 좋은 사람들은 사람에게서 받는 스트레스에 취약한 것 같아요.

사람이 힘들다는 게 어떤 의미인지 감이 잘 오지 않아요.

예를 들면, 일을 하고 있는데 직원에게 할 말이 있다고 메시지가 와요. 그 '할 말'이라는 건 퇴직에 대한 이야기일 가능성이 70% 이상이에요. 그때부터 '이 사람이 무슨 일을 하고 있었지?', '얼마나 중요한 일이지?', '자리가 비면 어떻게 해야 하지?', '다른 사람한테 맡길 수 있을까?', '새로 사람을 뽑아야 하나?', '이 사람 때문에 흔들리는 사람은 없을까?' 이런 고민들이 정말 어려웠어요.

회사를 그만둘 때는 힘들지 않았어요?

사람이 가장 힘들다고 말씀드렸는데, 그래서 더 힘들었어요. 저를 믿고 와 준 직원들도 많고, 제 색깔로 팀을 꾸린 측면도 크니까요. 그 사람들에게 제가 그만둔다는 걸 어떻게 설명해야 하나 고민이 많았어요. 제가 회사를 떠나는 건 사실 그만두기 6개월 전쯤에 결정 났어요. 6개월간은 김 대표님 체재의 소프트 랜딩을 돕기로 했는데, 그때 직원들한테는 제 사임 소식을 비밀로 했거든요. 조직이 흔들릴 수 있으니까요. 그때도 참 복잡한 심정이었어요. 돌이켜 보니 그때가 가장 힘든 순간이었던 것 같아요.

창업이 골프면 투자는 탁구, 쓰는 근육이 다르다

VC와 창업자는 어떻게 다른가요?

써야 하는 근육이 달라요. 창업은 골프와 비슷해요. 한 타 한 타가 힘들진 않아요. 하지만 매 순간 집중해야 하죠. 한 번의 스윙이 잘못 나갔어도, 한 홀의 경기가 꼬였어도, 경기가 끝날 때까지 계속 가야 해요. VC는 탁구 같아요. 공이 계속 날아와요. 투자한 회사 창업자들은 이런저런 요청과 요구를 쏟아내고, 새로 투자할 회사들을 계속 만나고 검토하죠.

제 목표는 날아온 공을 네트 너머로 넘기는 거예요. 넘기기만 하면 돼요. 창업자가 요청한 걸 쳐내고, 우리가 도울 수 있는 걸 찾아서 도와요. 우리가 넘긴 공을 받는 건 그 회사, 창업자의 몫이고요. 우리가 투자한 회사 창업자들을 만나면 제가 농담처럼 이렇게 말해요. 저는 말만 하면 되니까 편하다고요. 궁극적으로 그건 그 회사의 문제고, 그걸 푸는 건 창업자의 몫이죠.

창업자들은 뭘 도와 달라고 하나요?
경영자는 세 가지만 잘하면 돼요. 자금이 마르지 않도록 하는 게 첫 번째고, 좋은 사람이 회사에 들어올 수 있도록 하는 게 두 번째, 마지막으로 방향성을 설정하는 게 세 번째예요. 사실 첫 번째와 두 번째는 우리가 도울 수 있지만 세 번째는 창업자 스스로 풀어야 해요.

VC는 호흡이 짧은 것 같아요.

네, 그런 면이 있어요. 그런데 창업자보다 훨씬 잔잔해요. 저도 창업자일 때는 감정 기복이 심했어요. 아침엔 우리 회사가 엄청난 유니콘이 될 것 같은 기분이 들다가 오후에 일이라도 터지면 내일 망해도 이상하지 않을 것 같죠. 기쁠 때는 희열이 엄청 크고, 스트레스 레벨도 아주 높아요. 반대로 VC는 달라요. 잘될 때의 희열도, 힘들 때의 스트레스도 창업자만큼은 아니죠. 어떤 일이 더 맞는지는 사람마다 다를 거예요. 일에 우열은 없어요. 그저 더 맞고 덜 맞는 차이만 있을 뿐이죠.

무엇을 보고 투자하시나요?

세 가지를 봐요. 먼저 성장하는 시장인가. 그 회사가 목표로 하는 시장이 충분히 사이즈가 크고 성장하고 있는지. 두 번째는 성장하는 시장에서 이 회사가 가지고 있는 방향성과 숫자들이 건강하게 성장하고 있는가. 마지막으로 팀을 봐요. 이 팀이 이 비즈니스에 적합한지. 어떤 비즈니스는 똑똑한 사람이 아니라 끈기 있게 버티면서 영업도 할 수 있는 그런 사람이 필요하고, 또 어떤 비즈니스는 정말 미친 듯이 똑똑한 사람만이 성과를 낼 수 있어요.

알토스벤처스의 투자 중에 수제 맥주업체 어메이징브루잉컴퍼니가 기억에 남아요.

성장하는 시장이라서 투자한 경우였어요. 수제 맥주 시장은 전체 맥주 시장의 1%도 안 돼요. 그래서 사실 그 분야에는 투자하지 않는데, 저는 시장의 방향이 수제 맥주로 가고 있다는 데 승부수를 던졌어요. 그만큼 성장 가능성이 크다고 본 거죠.

VC로 일하면서 창업자일 때는 보이지 않던 게 있다면 뭘까요?

제가 잘못했던 것, 아쉬웠던 것들이요. 먼저 사회 경험이 있는 사람이 창업하는 편이 좋아요. 활용할 수 있는 네트워크 수준이 다르니까요. 사람을 뽑아도, 투자를 받아도 다를 수 있어요. 그리고 경험의 폭도 다르죠. 경험이 있으면 질러서 밀고 나갔어야 하는 순간을 알아챌 수 있었을 거예요. 조급해 하지 않고 기다릴 줄도 알았을 것 같고요.

전직 창업자이자 현직 VC로서 창업자들에게 해 주고 싶은 조언이 있다면요?

저는 창업자일 때 좋은 사람을 뽑으려고 노력했지만, 막상 사람을 만나고 커뮤니케이션하는 과정도 일이라고 생각하지는 못했어요. 일해야 할 시간에 이걸 하고 있다고 생각했죠. 하지만 사람을 뽑는 건 정말 중요한 일이고, 어느 시점에는 CEO 업무의 절반을 차지하기도 해요. 작은 조직이라서 사람이 더욱 중요해요. 한 명 한 명이 미치는 영향력이 엄청나니까요. 어떤 사람을 뽑느냐에 따라 조직의 색깔이 바뀌기도 하죠. 안 맞는 사람과는 빨리 헤어져야 해요. 그 사람이 조직 전체에 독이 될 수도 있으니까요. 그렇다고 마구 정리할 순 없으니까, 서로 상처받지 않는 방법을 찾는 것도 중요해요.

투자했던 기업 중에 기억에 남는 회사가 있나요?

입사 후 가장 먼저 투자했던 회사가 비트, 토스, 리모택시, 직방, 하이퍼커넥트, 이렇게 다섯 곳이에요. 결과는 극단적으로 나뉘어요. 비트와 리모택시는 아쉽게 됐고, 나머지는 아주 잘 성사됐고요. '이게 벤처 투자구나' 하고 느꼈죠.

뼈아픈 투자 경험은 없나요?

많죠. 투자하고 싶었지만 못 한 회사들도 있어요. 초반엔 사실 실리콘밸리 후광 효과가 있었어요. 실리콘밸리 VC니까 여기서 투자를 받고 싶다는 마음이요. 하지만 모든 회사가 세계 진출을 할 수 있는 것도 아니고, 그런 후광이 없어도 투자를 받고 싶은 곳이 되어야 해요. 창업자들이 투자받고 싶은 VC가 되어야 정말 좋은 회사를 만날 수 있어요.

창업자들이 투자받고 싶은 VC라, 신선하네요. VC는 투자자니까 '갑'이지 않나요?

2010년까지만 해도 그랬어요. 하지만 지금은 VC가 많아지기도 했고 정말 잘하는 회사는 회사가 갑이에요. 창업자가 우리를 선택하죠. 알토스벤처스에 와서 한킴 대표에게 배운 점이 있어요.

회사라는 건 잘될 때도 있고 안될 때도 있으니, 안될 때 어떻게 행동하는지를 봐야 한다고요. VC도 회사 사정이 어려울 때 끝까지 신의를 지키는 그런 곳이어야 한다고요. 창업자들도 그걸 보셨으면 좋겠어요. 회사가 어려울 때 발을 빼는 게 아니라 그럴수록 같이 갈 수 있는 그런 투자사인가에 대해서요.

그걸 어떻게 확인할 수 있나요?

그 VC에 투자를 받은 다른 회사 창업자에게 물어보세요. 레퍼런스 체크를 하는 거죠.

문과생 그리고 여성, 어떤가요?

박희은 심사역은 언론정보학을 전공하셨죠? 그런데 서비스를 개발하셨어요.

네, 제가 직접 개발한 건 아니지만요. 문과생인 게 강점은 아니에요. 엄밀히 말하면 약점이죠. 엔지니어와 커뮤니케이션하는 건 정말 어려운 일이에요. 비개발자가 개발자와 일하는 법이나 노하우를 담은 콘텐츠가 많은 데에는 다 이유가 있어요. 그래서 개발 입문서를 많이 참고했어요. 개발자와 소통하는 법에 관련된 책들도 많이 보고 모르는 건 물어봤어요. 제가 잘 모른다는 걸 상대방에게 알리고 양해를 구하기도 하고요.

코딩을 배울 필요가 있을까요?

네, 저는 배울 수 있으면 배우는 게 좋다고 생각해요. 실제로 서비스를 개발하기 위해 배우는 게 아니라 일이 어떻게 돌아가는지를 알기 위해서요. 원하는 게 있으면 간단하게 기본 모델을 만들어서 '이런 방식을 생각하는 거예요'라고 말할 수도 있고요.

문과생은 기술과 관련된 일을 할 수 없을까요?

아뇨. 주눅 들 필요는 없어요. 요즘 데이터, 데이터 하지만 지금도 데이터는 많아요. 데이터보다 더 구조화된 정보도 많고요. 하지만 데이터와 정보가 어떤 의미인지, 어떤 영향을 미칠지, 이렇게 사람들의 삶을 바꿀지 분석하는 게 더 중요해요. 이건 지식이죠. 이걸 문과생이 못 할 이유가 없잖아요.

그렇게 데이터와 정보를 지식으로 구조화하는 능력은 어떻게 키울 수 있을까요?

계속해서 질문하고 생각해야 해요. 책을 읽거나, 사람을 만나거나, TV를 볼 때도 능동적이어야 해요. 생각하면서 읽고, 생각하면서 만나고, 생각하면서 보는 일이 생각보다 쉽지 않아요. 불편하고 시간도 오래 걸리지만 계속해서 연습해야 해요. 이건 문과생들이 잘할 수 있지 않을까요?

스스로 기술에 대해 얼마나 이해하고 있다고 평가하세요?

디지털 기술 전체가 100이라면 30 정도는 이해하고 있는 것 같아요. 모르면 찾아보고 물어보기도 하고 그렇게 공부해요. 생각하고 질문하면서요.

정말 변화가 빠르잖아요. 인공지능이라는 말이 귀에 익은 지 얼마 되지 않았는데 벌써 곳곳에서 쓰일 정도로요. 불안하진 않으세요?

그렇진 않아요. VC라는 일이 다른 사람보다 먼저 생각하고 새로운 걸 찾아서 공부해야 하니까 더 많이 공부하는 것 같긴 해요. 그래야 새로운 기술을 개발한 회사들을 알아볼 수 있으니까요. 모든 걸 다 알 순 없어요. 하지만 알아가는 방법을 알고 있다면 불안해 할 필요 없어요. 오히려 기회인걸요.

여성이라는 점도 늘 따라다녔을 것 같아요. 창업 시장에도 투자 시장에도 여성이 적으니까요.

네, 사실 저는 '여성'으로 주목받는 부분이 좀 걱정스러웠고, 지금도 마찬가지예요. 창업자 시절부터 VC인 지금까지 '젊은 여성'이라는 이유로 실력도 없는데 주목을 받는다는 시선이 있었거든요. 창업 초기엔 저를 인터뷰하는 기자들마저도 저를 '어린 여자애' 취급하기도 했어요. 어떤 분들은 본인의 기억이 부정확한 걸 인정하면서도 제가 말하는 내용은 틀릴 거라고 우기는가 하면, 제가 잘 아는 분야에 대해 말해도 귀 기울이지 않는 사람들도 많았고요.

VC는 투자를 하는 사람인데도 그런 상황에 놓이는군요.

한번은 이런 일도 있었어요. 어떤 사람이 페이스북에 누군가를
비아냥거리는 글을 썼어요. 대상을 밝히지 않았지만 누가 봐도
제 이야기라는 걸 알 수 있었죠. 지인을 통해 그 글을 알게 됐고,
전화로 문제 제기를 했더니 회의 중이라면서 전화를 끊고는 그
뒤로 아예 전화를 받지 않았어요. 정말 어른이라면 사과해야 하
는데 말이죠. 아마 제가 남자였다면 그렇게 행동하지는 않았을
거예요.

그럴 땐 어떻게 대처하나요?

실력을 기르는 수밖에 없어요. 그런 부당한 일을 당할 때 아니
라는 걸 증명할 수 있게끔요. 그래야 다른 사람이 저와 같은 상
황에 처했을 때 도와줄 수 있어요. 그래서 제 실력을 증명하려
고 더 많이 노력했어요.

상황이 달라졌나요?

실력이 자랐어도 그런 상황이 아예 사라지진 않아요. 그럼 외부
에 전달해야 해요. 사실 처음엔, 특히 회사를 운영할 때는 그러
지 못했어요. 내가 상황에 잘 대처하지 못하면 회사에 해를 입
히게 될까 봐 두려웠거든요. 하지만 지금은 그렇지 않아요. 누군

가가 저한테 그런 무례나 결례를 범하면 그건 잘못되었고, 그로 인해 마음이 상했다는 걸 알려요. 대부분은 받아들이고 조심하지만 가끔은 그렇지 않은 사람도 있죠. 그런 사람은 다시 만나지 않아요.

일을 하다 만난 사람이면 아예 보지 않을 수가 없잖아요.
놀라운 건 그런 사람들은 금세 도태된다는 거예요. 자신을 믿는다면 그런 말이나 시선에 상처받지 않고 당당해도 된다고 말하고 싶어요.

박희은, 그만의 일하는 노하우

효과적으로 일하는 노하우가 있을까요?
저에게 업무 효율의 핵심 도구는 카카오톡이에요. 제 일은 100% 미팅이고, 동시에 여러 곳에서 문의가 와요. 전화는 일대일로만 소통이 가능하지만 메신저로는 동시에 들어오는 다양한 요구를 적절히 조율할 수가 있죠. 메신저 위에 여러 개의 탁구대가 펼쳐지는 거예요. 아웃룩 캘린더도 요긴하게 써요. 각 VC들이 자기 일정을 올려놓고 서로 공유하니까 제 일정도 다시 한번 확인해요. '내일 이 일이 있었지', '어떤 미팅과 어떤 미팅 사이에 시간이 이만큼 남으니까 그때 이걸 해야겠다' 이런 식으로요.

새로운 지식과 정보는 어떻게 얻나요?

책을 많이 읽어요. 흐르듯 읽지 않고, 필요한 건 밑줄을 긋고 따로 정리해 뒀다가 심심할 때 꺼내 읽어요. 그러면 새로운 아이디어가 떠오르기도 하고, 복잡했던 것들이 정리되기도 해요. 그리고 동영상도 많이 봐요. 특히 다큐멘터리요. 비트코인이나 사모펀드에 관련된 내용을 많이 봤어요. 새로 나온 서비스를 써 보는 것도 한 방법이에요.

검색은 어디서 하나요?

구글과 네이버를 절반씩 사용해요. 넷플릭스나 유튜브에서도 많이 찾아 봐요.

취미가 있나요?

저는 라이프스타일을 일에 맞춰 구성해요. 취미도 일에 도움이 되는 쪽으로 하는 편이에요. 창업자였을 때는 책을 읽어도 경영에 관련된 책만 읽었어요. 지금은 거들떠도 안 봐요. 오히려 그때 관심이 없었던 경제나 사회과학 서적을 많이 읽죠. 넷플릭스에서 영상을 볼 때도 업무와 관련이 있는 것들을 주로 보고요.

글·인터뷰어 정선언

4.5

뉴칼라의 목소리
— 이치훈 삼성SDS 인공지능개발팀

막 태동한 인공지능AI 시대를 이끌 엘리트는 어떻게 나눌 수 있을까. 다소 거친 이분법이지만, AI를 만드는 사람과 AI를 잘 활용해 가치를 높이는 사람으로 나누어도 큰 비약은 아니다. 신선한 식재료를 키우는 농부와 그 식재료로 맛있는 음식을 만드는 요리사가 있는 것처럼 말이다.

미국 실리콘밸리는 AI 시대에 농부가 사는 비옥한 땅이다. 농업혁명이 일어난 메소포타미아·황하 지방처럼 AI에 눈뜬 '뉴칼라'들은 실리콘밸리에 모인다. AI 원천 기술에 도전한 실리콘밸리의 개발자들은 어떤 삶을 살고 있을까. 그들이 보는 이 시대는 과연 어떤 모습일까. 삼성이 개발한 기업용 AI 솔루션 '브리티' 기술을 공개하기 위해 한국에 들어온 이치훈 삼성SDS 인공지능개발팀장을 인터뷰한 것은 이런 의문에서였다. 그는 애플의 AI 솔루션 시리siri 개발에 참여하기도 했으며, 삼성으로 이직한 후에도 여전히 실리콘밸리에서 일하고 있다. 햇수로는 11년째다.

실리콘밸리에서의 일과 생활

김도년 (이하 생략) 우선 실리콘밸리에서 보내는 하루 일과가 어떤지 궁금해요.

이치훈 (이하 생략) 제 일과요? 보통 사람들과 비슷합니다. 아침에는 고등학교 3학년인 제 아이를 차에 태워 학교에 데려다주고, 회사로 출근해 커피 한 잔을 들고 이메일을 확인합니다. 오전에는 가능하면 기술에 관련한 부분에 집중합니다. 최신 논문이나 지금 수행 중인 프로젝트들의 기술적인 부분과 진행 방향을 점검하죠. 오후도 넘어가면 대부분 미팅으로 시간을 보내고, 저녁 식사 후에는 주로 새로운 기술을 개발하는 일에 집중합니다.

아침부터 잠들기까지 일의 연속인데, 바쁜 일과 중에 어떻게 시간을 내어 자기 계발을 하는지 궁금해요. 세상이 빠르게 변하니 새로운 지식과 정보도 습득해야 할 텐데요.

결국 시간을 효율적으로 운영하는 것밖에는 답이 없는 것 같습니다. 저는 어디든 늘 가방을 들고 다니는 버릇이 있습니다. 그 안에 노트북과 논문, 기술 자료들이 들어 있거든요. 틈날 때마다 가방 속 자료를 챙겨 보는 식이지요.

혹시 취미까지 일과 연관된 건 아니겠지요?

하하하. 제 아내가 보기에는 제 취미도 결국 일과 연관돼 있어요. 취미 생활로 시작한 게 로봇을 만드는 일입니다. 집에 여러 가지 하드웨어들을 사서 여기에 인공지능을 심는 거예요. 컴퓨터 게임도 조금씩 합니다. 게임을 하면서 소프트웨어 기업들의 인공지능 엔진이 얼마나 똑똑한지 비교하게 돼요. 일과 연관된 취미긴 하지만, 게임 덕분에 아이와는 자연스럽게 공감대도 형성할 수 있어 좋았습니다. 아이에게도 컴퓨터 게임이 단지 '게임을 하는 것'을 넘어 다른 관점도 있다는 걸 보여 줄 수 있으니 서로에게 많은 도움이 되는 것 같아요.

치열한 일벌레. 실리콘밸리에서 일을 해도 '삼성맨'의 삶은 크게 다르지 않다는 생각도 들었다. 일 얘기가 나온 김에 일에 대한 그의 생각을 좀 더 구체적으로 물었다.

일을 하는 데 당신만이 가진 노하우가 있나요? 효과적으로 일 하는 비결이 있다면요?

별다른 건 없습니다. 일 자체를 즐기는 것이랄까요? 일을 하나의 주어진 과업으로 해석하면 그런 일에는 수동적이 될 수밖에 없고, 결과도 아주 단편적일 거예요. 일에 창의성이 가미되려면 지금 하는 일에 열정이 있어야 합니다. 분명한 목표를 설정해야 해요. 이런 목표 설정은 팀원들을 위해서도 필요하기 때문에 저 또한 계속해서 목표를 확장해 나갑니다.

디지털 시대에서 성과를 내려면 협업이 더욱 중요해진다고 합니다. 팀원 간의 협업은 어떻게 이끌어 내고 있나요?

결국 '최종 목표를 생각해 보는 것Thinking of the end goal'이 핵심인 것 같아요. 우리 팀만 잘하는 것이 아니라 마지막에 결과물이 전달되는 상황을 생각해 보면, 결국 화합이 중요한 열쇠란 걸 알 수 있어요. 특히 대화를 할 때도 '말하기'보다는 '듣기'에 집중하는 것도 좋은 방법일 겁니다.

인공지능 기술이 급격히 발전해 많은 사람이 '내 일은 어떻게 될까' 불안해 합니다. 인공기능을 개발하는 사람도 믿은 불안감이 있는지 궁금합니다.

불안해 하기보다는 발전하고 있는 흐름에 자연스럽게 합류하려는 생각을 갖는 게 중요합니다. 관심이 가는 분야를 중심으로 집중해 나가면 불안해 하는 게 아니라, 한 분야를 주도할 수 있지 않을까요?

이 상무의 삶의 궤적이 그렇다. 그는 '라인 오브 액션Lines of Action'이란 컴퓨터용 보드게임 개발자였다. 이는 일종의 체스판에서 12개의 돌을 상대방보다 먼저 수직, 수평, 대각선으로 나란히 놓는 사람이 이기는 게임이다. 게임을 개발할 때부터 그가 관심을 둔 것은 '사람을 이기는 기계'를 만드는 일이었다. 그의 관심사 자체가 인공지능을 개발하는 방향으로 연결될 가능성이 컸었다. 물론 당시에는 지금처럼 인공지능 붐이 일어나지는 않았지만, 그는 일찍부터 인공지능이 보편화될 세상을 예상하고 이 분야를 집중적으로 파고들었다. 그래도 컴퓨터 게임 개발자가 왜 모바일 게임 개발자의 길이 아닌 인공지능 개발자가 되었는지 궁금했다.

어떤 계기로 머신러닝(기계 학습)에 대해 공부하게 됐나요?

제가 머신러닝을 주제로 박사과정을 밟던 앨버타대학엔 아주 강력한 개발자 그룹이 있었어요. 컴퓨터용 바둑게임 개발을 막 시작했는데, 저는 라인 오브 액션이란 좀 더 작은 사이즈의 보드게임을 개발했습니다. 이 게임을 만들면서 인공지능 프로그램을 개발했죠. 어떻게 컴퓨터가 사람을 이길 수 있을지를 생각한 것도 이 게임을 만들면서였습니다.

체스판에 돌을 움직이는 게임에는 특성상 여러 가지 변수들이 생겨요. 한 수를 두면 그 수로 인해 많은 변수가 생깁니다. 이런 변수들을 구별할 수 있는 인공지능 프로그램을 어떻게 개발할 수 있을지를 고민하다 보니 알고리즘에 대해 생각하게 됐고, 나아가 계산 이론에 대해서도 연구하게 됐지요. 그러다 보니 당시 기술로는 알고리즘을 구현할 수 있는 중앙처리장치CPU의 저장 능력이나 연산 능력이 부족하다는 생각이 들었어요. 그래서 방향을 데이터마이닝*으로 틀었습니다. 당시 CPU 성능으로도 구동할 수 있는 데이터마이닝 알고리즘을 써서 접근하려는 연구였어요. 하지만 이 분야는 근본적인 기술이라기보다는 응용 프

Data Mining, 데이터 속에서 숨겨진 상관관계를 발견해 의사 결정에 이용하는 과정.

새로운 엘리트의 탄생

로그램의 성격이 강하다는 것을 느꼈습니다. 그래서 좀 더 원론적인 쪽을 연구해 보고 싶어 머신러닝을 본격적으로 시작한 겁니다.

처음 머신러닝을 연구했을 당시에는 앞으로 이 분야가 성장할 것 같다고 느꼈나요?

그땐 재미도 있었어요. 인공지능 게임을 개발하다 보니 인간의 사고와 판단이 참 불규칙적이더라고요. 그래서 그 불규칙적인 인간의 자연어(사람이 일상적으로 쓰는 언어)를 기계가 이해하고 처리하는 쪽이 전망 있겠다고 판단했습니다.

인공지능 보드게임을 개발한 사람으로서 구글 알파고와 이세돌 9단의 경기를 볼 때는 감회가 남달랐을 것 같아요. 과거에 개발한 게임과 알파고에 적용된 인공지능은 어떻게 다른가요?

과거에는 주로 휴리스틱Heuristic °을 많이 사용했습니다. 그러다 이제는 한 수, 한 수 둘 때마다 생기는 경우의 수 '트리Tree'를 만들어 연산하는 형태를 썼습니다. 어떻게 좀 더 정확하고 빨리 경우의 수를 계산하고, 앞으로 일어날 경우의 수까지 미리 생각하는 컴퓨터 시스템을 만드는 것이 관건이었지요. 두 수 정도를 앞서서 생각하는 건 쉽지만, 이게 세 수가 되고 네 수, 다섯 수가 되면 엄청난 연산 능력이 필요합니다.

당시 우리는 한 수, 한 수 둘 때마다 현재의 상태를 평가할 수 있

●
논리적인 추론보다는 직관적으로 의사를 결정하는 능력.
어림짐작해 판단한다는 의미.

는 기능을 만들었습니다. 이렇게 두면 백에게 유리하고, 저렇게 두면 흑에게 유리하다는 것을 컴퓨터가 생각할 수 있도록 했죠. 알파고의 머신러닝 기법은 더욱 깊게 생각하는 딥러닝 방식과 자신의 실수를 계속해서 교정하는 강화 학습Reinforce learning 방식도 활용하더군요. 저도 경기를 보면서 참 감회가 새로웠습니다.

상무님도 바둑을 잘 두시나요?

그렇게 잘 두진 못하고, 취미 삼아 조금 둘 뿐이에요.

머신러닝을 본격적으로 공부하기 시작한 때는 언제인가요?

캐나다에서 대학원 석사를 할 때였으니까, 2000년도 정도예요.

한국과 해외 개발자들의 업무 방식

머신러닝을 공부한 그는 11년간의 실리콘밸리 생활에서 수많은 나라의 개발자들과 함께 일했다. 물론 이 상무처럼 한국에서 온 개발자들도 있었다. 실리콘밸리에서 한국 개발자들과 미국 개발자들이 일하는 방식이 궁금했다.

미국과 한국의 프로그래머들이 일하는 방식이나 일을 대하는 태도를 비교하면 어떤가요?

실리콘밸리에는 인도 사람들도 많고 중국, 한국 사람들도 꽤 눈에 띄는데 한국 개발자들은 일단 신뢰성 있게 일을 잘합니다. 실력이야 다들 기본기는 갖췄기 때문에 이곳에선 개발자의 신뢰성을 대단히 중요하게 생각해요. 여기서 신뢰성 있게 일한다는 것은 어떤 프로그램을 개발해 달라는 주문이 들어왔을 때 데드라인에 맞춰 결과물을 만들어 내는 능력을 의미합니다. 한국인 개발자들이 특히 인정받는 것이 이 부분입니다. 굳이 차이를 이야기하면 미국인 개발자들은 한국인 개발자들보다 실패를 두려워하지 않는 도전 정신이 강합니다. 이런 점은 개인이 살아온 환경과 마인드도 중요하겠지만 개발자가 속한 조직 문화에도 영향을 많이 받는 것 같아요.

핀란드에서 스타트업을 하는 사람들은 사회 안전망이 잘 돼 있어서인지 실패에 대한 두려움이 없는 점이 부러웠습니다. 미국은 북유럽식 복지국가도 아닌데, 실리콘밸리 하면 떠오르는 그런 도전 정신이 어떻게 생겨났을까요?

그런 부분은 저도 관심을 갖고 보는 점 중 하나예요. 우선 핀란드 사람들부터 이야기하면, 노키아에서 일한 핀란드 출신 개발자들을 만난 적이 있는데, 그들은 정말 실리콘밸리에 있는 보통 사람들과 다른 점이 많았어요. 실패를 전혀 두려워하지 않아요.

어느 날, 저와 가깝게 지내던 핀란드 개발자가 갑자기 퇴직을 하고 핀란드로 돌아가 차고에서 스타트업을 창업하겠다는 거예요. 그래서 그 친구에게 물었죠. "지금 아이가 셋이나 있고 핀란드는 물가도 비싼데 왜 퇴직하느냐"고요. 그때 그는 핀란드의 복지 혜택을 이야기하면서 전혀 걱정이 없다고 했어요. 아이들은 학교도 무상으로 다닐 수 있고, 사업했다가 실패하더라도 경험이 쌓이기 때문에 이를 바탕으로 다시 원하는 직장을 찾을 수 있다고 하더라고요.

결국 도전 정신도 사회적 안전망이 바탕이 돼야 생길 수 있는 걸까요?

미국인 개발자들은 또 달라요. 실리콘밸리에서 일하는 많은 미국인은 대학을 갓 졸업한 뒤 마음이 맞는 친구들과 작은 방 두 개를 빌려 세 명에서 다섯 명이 함께 살면서 창업하기도 해요. 자신들이 가진 아이디어로 함께 뭔가 해 보겠다는 의식이 아주 고무적이에요.

이들이 왜 도전 정신이 강한지는 미국 특유의 문화를 알 필요가 있어요. 제 아이가 고등학생인데 학교에서 가르치는 커리큘럼 자체에 리더십을 키울 수 있는 활동을 꼭 하게끔 돼 있어요. 동아리 활동도 활발히 해야 하지요. 학생이 원하면 자신만의 클럽도 만들 수 있어요. 제가 보기엔 고등학생에게는 이런 활동들이 매우 도전적인 일인데 어릴 때부터 이렇게 교육을 받아요. 수업도 과학, 인문학, 엔지니어링 등 대학처럼 학생이 관심 있는 과목을 들을 수 있게 설계돼 있어요. 국어, 영어, 수학 중심으로 가르치는 한국과는 다르지요. 이런 환경이 대학으로 이어져 대학에서도 클럽 활동을 열심히 하다 보면 졸업할 때도 바로 직장을 잡지 말고 창업을 해 보자는 도전 의식이 생겨날 수 있지요.

대학 교육 얘기로 넘어갔는데, 한국은 이공계 선호 현상이 심한 편입니다. '문과생이라서 죄송합니다'란 의미의 '문송합니다'란 말까지 유행하고 있을 정도지요. 미국도 인문계 기피 현상이 심각한가요? 특히 인공지능 시대에 인문학은 죽은 학문이 될 수밖에 없는 걸까요?

제가 박사과정에서 만난 리처드 스톤이란 교수가 자주 하는 이야기가 있습니다. 인공지능을 개발하려면 컴퓨터공학이나 머신러닝만 공부해서는 안 된다는 거예요. 머신러닝을 정말 잘하고 싶다면 사람의 인지 능력이 어디에서 나오는지를 알아야 한다고 강조했어요. 심리학이나 철학도 열심히 공부하라는 뜻이죠.

학생 시절엔 그저 지금 하고 있는 공부에만 충실하자고 생각했지만, 시간이 지나고 보니 그 말이 맞다는 걸 몸으로 느끼고 있어요. 인공지능은 결국 사람을 이해하는 것이에요. 왜 저 사람은 저런 표현을 쓸까. 왜 저 사람은 보통 사람과는 다른 방식으로 표현할까. 이런 부분을 자꾸 이해하려다 보면 사람이 교육받은 환경이나 지역적 배경, 심리적 측면들을 많이 접하게 돼요. 머신

러닝 분야에서 유명한 버클리대학의 마이클 조던 교수도 인지
과학이라는 기초적인 학문에서 시작했지요.

**그렇다면 제4차 산업혁명 시대에는 어떤 사람이 필요한 인재
라고 이야기할 수 있을까요?**

원론적인 얘기지만, 변화에 빠르게 적응하고 창의적인 생각을
가진 사람들이겠죠. 인공지능 기술이 계속 발전하면 지금 태어
난 아이들이 성장했을 땐 수많은 단순 반복 작업은 기계가 도맡
아 할 거예요. 대신 창의적인 일은 대부분 사람이 해야 한다는
건 누구나 아는 사실이에요. 다만 지금은 인공지능을 개발하기
위한 과학자나 기술자에 대한 수요가 많지만, 다음 세대에는 더
창의적이고 감성과 인성이 밀착된, 더욱 새로운 인재상이 출현
하지 않을까 싶어요.

인공지능 기술의 오늘과 앞으로의 미래

미래 인재상에 관한 이야기를 한참 나눴다. 그러다 보니 좀 더 구체적으
로 실리콘밸리에서 벌어지는 인재들의 '몸값'에 대해서도 궁금해졌다.

**연봉은 천차만별이겠지만, 시대가 바뀌면서 필요한 코딩 인력
은 어떻게 수급하고 있는지 궁금해요.**

전에는 대개 C언어나 C++ 언어로 프로그램 생산 시스템을 운

영했어요. 하지만 자바스크립트(컴퓨터 프로그래밍 언어 중 하나)가 상용화되면서 C언어로 개발할 수 있는 인력을 구하기가 점점 어려워졌죠. 그러다 보니 C언어를 다룰 줄 아는 개발자는 연봉이 상당히 오르는 경향이 생겼어요.

이 상무는 삼성에 입사하기 전에는 애플에서 일했다. 아마존의 알렉사나 구글 어시스턴트 등 글로벌 정보기술(IT) 기업이 저마다 인공지능 기술 전쟁을 벌이고 있는 지금, 애플이 개발한 인공지능, 시리의 차별성이 뭔지 궁금했다.

애플 시리의 특징이 무엇이라고 생각하나요?

한마디로 표현하기가 어려워요. 시스템 자체가 아주 복잡하고 용량도 굉장히 커요. 개발 인력도 상당히 많습니다. 거의 2000명에서 3000명에 가까워요.

시리의 장점을 꼽자면, 이 인공지능은 일반적인 스마트폰 사용자를 위한 기술이라서 데이터를 확보하기 위해 무척 노력하고 있습니다. 기술적으로 어마어마한 양의 데이터를 처리할 수 있을 만큼의 하드웨어 시스템을 갖추었죠. 시리라는 거대한 인공지능을 도와주는 작은 인공지능들이 있는 식이에요. 크롤링*도 엄청나게 해야 하고요. 크롤링도 어디서부터, 얼마나 자주 해야 하는지 등은 일일이 사람이 처리할 수가 없으니까 이를 위한 인

무수히 많은 컴퓨터에 나눠 저장된 문서를 수집해 검색 대상으로 포함하는 기술.

공지능들이 또 생겨납니다.

애플도 인공지능 하나를 만드는 데 그만큼 많은 개발자를 투입하는 이유는 뭔가요?

빅데이터를 수집하는 인프라를 구축하는 인원도 있고, 데이터가 제대로 가고 있는지 살펴보는 환경을 만드는 사람도 있습니다. 그리고 이런 데이터를 바탕으로 사용자들이 이용하기 편하도록 세부 구성 요소를 만들어 내는 사람들도 많지요.

지금은 IT 기업들이 각자 개발한 인공지능들이 막 탄생하고 있는 단계입니다. 앞으로 인공지능 시장은 어떻게 변할까요?

아마존이 개발한 인공지능 포커스를 상품 검색 기능에 뒀기 때문에 성공했어요. 구글은 웹사이트에 있는 정보 검색에 충실했고요. 이런 각자의 장점을 바탕으로 이제 조금씩 확장하게 되겠죠. 그럼 가장 필요한 건 더 많은 데이터고요. 데이터를 확보하려면 인공지능 생태계 싸움이 일어나요. 과거에는 상품에 대한 소비자들의 리뷰를 구글로 확인했는데, 이젠 대부분 아마존에서 보고 있어요. 이는 아마존을 중심으로 상품 리뷰 데이터 생태계가 형성된 것이고, 다른 IT 기업이 빼앗아 가기 힘든 데이터가 된 것이지요.

그렇다면 각자 강점이 있는 분야를 두고 인공지능 기업 간 합

종연횡**이 빨라지겠네요. 마이크로소프트와 아마존이 협력한다는 외신 보도도 나오고 있으니까요.**

●
약자끼리 연합해 강자에 대
항함.

그렇지요. 마이크로소프트는 '빙BING'이란 플랫폼으로 검색할 수 있는 웹사이트 정보가 있고, 아마존은 상품 검색에 관한 정보가 있으니 서로가 서로에게 도움을 주는 식으로 협력하게 될 거예요.

글로벌 IT 기업들의 인공지능 기술 경쟁에 대해 이야기하다 보니 국내 인공지능 기업들의 준비 상황도 궁금해졌다.

결국 인공지능은 누가 얼마나 많은 데이터를 확보하느냐의 싸움이 될 것 같아요. 이 상무님 같은 분이 인공지능을 개발하면 이를 활용하는 스타트업이나 기업들이 있어야 데이터가 확보되잖아요. 이런 협업은 어떻게 준비하고 있나요?

삼성도 그런 협업에 포커스를 두고 있습니다. 사실 아무리 많은 양의 데이터가 들어와도 모두 쓸 수 있는 건 아니에요. 데이터 안에서도 정보가 되는 것을 추려 내야 하고, 그렇게 뽑은 정보를 지능화하는 작업도 필요해요. 이런 과정을 우리가 다 할 수 없으니 전문성이 있는 스타트업이나 회사가 있으면 서로 도움을 주면서 협업하려고 합니다. 삼성SDS가 개발한 인공지능인 '브리티'는 소비자용이라기보다는 기업용이라서 일단 삼성그룹 계열사들이 쓸 수 있도록 열려 있어요.

한국은 개인정보보호 규제가 심해 데이터 확보에 어려움을 겪고 있다는 얘기도 많아요. 한국에 와서 보니 실리콘밸리에는 없는 불필요한 규제라고 느낀 것은 없었나요?

제가 애플이나 다른 회사에서 일할 때는 한국에 있는 데이터는 반드시 한국에만 있어야 한다는 규칙이 있었어요. 그래서 한국적 특성에 맞는 시스템을 개발하는 데 상당한 제약이 있었지요. 적어도 한국 안에서는 이런 규제가 좀 풀렸으면 해요. 물론 개인정보가 드러나면 안 되니까 기업도 개인을 식별할 수 있는 정보는 제거하고 나서 인공지능 시스템을 만드는 노력도 해야 하고요.

삼성그룹에선 스마트폰 소비자용 인공지능으로 '빅스비'를 개발했다. 이 빅스비Bixby와 기업용 인공지능인 '브리티Brity'가 결합해 새로운 형태의 인공지능이 탄생할 가능성이 높은지도 궁금했지만, 기업 내부 전략에 관한 사항이라 이 상무도 이 질문에는 구체적으로 답변하지 않았다. 삼성도 지금은 다양한 시행착오를 거쳐 가며 인공지능을 개발하고 있다는 정도만 알 수 있었다. 인공지능 시대의 1차 생산자인 인공지능 프로그램 개발자를 인터뷰하면서 느낀 것은, 시대를 앞서가는 뉴칼라는 미래의 유망 직종을 단순히 좇아가기만 하는 '폴로어follower'가 아니라는 점이다. 자신이 하고 싶은 일에 집중하고, 새로운 환경에 맞춰 더 나은 방향을 모색하는 노력을 게을리하지 않는 것. 자기 주관을 믿고 과감히 도전하는 데서 출발한다는 아주 평범하고 당연한 원칙이었다. 그는 현기증이 날 정도로 빠르게 변하는 사회를 어떻게 준비하고 있느냐는 질문에 이렇게 답했다. "미래를 내다보려면 오늘을 깊이 들여다봐야 합니다. '현상'에 대해 끊임없이 고찰하고, 도전 정신으로 '어떻게'와 '무엇을'에 대한 질문과 답을 찾는 여행을 즐기다 보면 '미래'가 준비됩니다."

글·인터뷰어 김도년

4.6 뉴칼라의 목소리
— 김치원 서울와이즈재활요양병원

의사에서 컨설턴트로, 그리고 다시 의사로, 오전엔 병원장으로
오후엔 스타트업 자문가로. 직업의 경계가 무너지는 시대다. 평
생 직업 개념도 사라질 거라고 한다. 김치원 서울와이즈재활요
양병원장은 그런 시대를 앞서 살아가고 있는 사람이 분명하다.
과감한 진로 변경과 거듭되는 도전을 통해 그는 자신만의 영역
을 만들어 나가고 있다. 김 원장은 내과 전문의다. 서울대병원
내과 레지던트 수료 뒤 2008년부터 글로벌 컨설팅 기업 매킨지
에서 2년 가까이 컨설턴트로 일했다. 삼성서울병원의 기획 담당
교수를 거쳐 2012년부터 경기도 의왕에서 노인 전문 재활요양
병원을 운영하고 있다. 짬짬이 디지털 헬스 케어 관련 스타트업
들도 돕는다.

컨설팅 회사에서 배운 것

하선영 (이하 생략) 의대 전문의 과정을 수료하고 컨설팅 회사에
들어가는 게 흔한 커리어는 아니죠. 과감하게 진로를 변경한

데는 이유가 있었을 것 같습니다.

김치원 (이하 생략) 제가 무엇을 좋아하는지 고심하다 내린 결정입니다. 서울대병원 내과를 마치면 보통은 코스가 정해져 있어요. 의과대학 교수가 돼서 연구와 교육, 진료를 동시에 하는 겁니다. 저는 환자를 보는 것도, 가르치는 것도 적성에 맞았어요. 그런데 요즘 교수는 연구 실적이 매우 중요하거든요. 저는 그 논문을 쓰는 작업이 그렇게 매력적이지 않았어요. 그보다는 실용적인 일을 하고 싶었죠. 제 관심사가 다양했던 것도 아마 진로 선택의 배경 중 하나일 겁니다. 친구들이 의학 서적에 파묻혀 있을 때 저는 경제·경영·사회과학 책을 많이 읽었어요. 그게 더 재미있었어요.

컨설팅 회사에서 한 경험을 통해 배운 게 있다면요? 그리고 컨설턴트는 왜 그만두었나요.

컨설팅 회사에서 배운 건 도저히 풀릴 것 같지 않은 터무니없는 문제도 논리적으로 쪼개면 결국 해결 방법을 얻어 낼 수 있구나 하는 겁니다. 컨설팅 회사들이 늘 얘기하는 문제 해결 능력이죠. 지금은 소소하지만 제 병원의 수익성이 떨어지면 어떻게 올릴지, 환자를 늘리려면 어떤 전략을 짜야 할지 등을 고민하는 데 활용합니다. 삼성서울병원에서 기획 담당 교수로 있을 때도 마찬가지였고요. 그런데 컨설팅 회사를 다닐 때에는 고민이 적지 않았어요. 의학과 컨설팅 업무는 근복적인 사고방식이 극단적으로 다룹니다. 의학은 굉장히 귀납적인 학문이에요. 환자 개개인에게 발생한 질병을 모두 관찰하고 그 사례를 축적해 나온 지식이죠. 컨설팅은 반대예요. 짧은 시간에 비즈니스 문제를 해결해야 하기 때문에 연역적으로 접근합니다. 시작하기 전에 가설을 세우고, 그게 틀렸다는 증거가 없으면 맞다는 결론이 나오는 거죠. 짧은 시간에 중요한 결정을 내리려면 사실 이 방법밖에 없긴 해요. 그런데 저는 그 상황에 익숙해지지 않았어요. 20%에서 30% 정도의 가능성을 가지고 '이게 맞다'는 결정을 내려야 하는데, 틀릴 가능성이 치명적 결과로 연결되는 의료계와는 너무 다른 시스템인 거죠. 저 말고도 의사 출신으로 메이저 회사에서 컨설턴트로 일한 사람이 열 명 남짓 되는 걸로 알고 있습니다만, 그리 오래 다니신 분은 없더라고요. 아마 같은 이유가 아닐까 합니다.

그래서 다시 병원으로 돌아왔나요.

컨설턴트로 일하면서 제 본업인 의료를 많이 다루지 못했어요. 나름 재밌는 일은 많았는데 역시 제 근본은 의료 쪽에 있으니까요. 헬스 케어도 많이 배웠고 매니지먼트 분야를 배운 것도 좋았지만, 그래도 '헬스 케어 일을 좀 더 하고 싶다'는 생각이 많았습니다. 의사 중에서도 제약 회사를 다니는 사람이 100명은 될 거예요. 그런데 저는 일단 남다른 일을 하고 싶었습니다. 병원 매니지먼트 일은 또 다르다고 생각했어요. 이제 우리나라 병원들도 완벽하진 않더라도 조금 더 매니지먼트다운 매니지먼트를 하는 시대가 올 거라고 판단했습니다.

다양한 일을 경험하다가 5년 전부터 결국 진료하는 의사로 돌아온 거군요.

삼성서울병원까지 약 4년 반 동안 월급쟁이 생활을 했더라고요. 나름 많이 배웠는데 아쉬움도 남고 한계도 느꼈어요. 내가 좀 더 주도적으로 일하고 싶었고요. 삼성서울병원에서 저는 주류가 아니더라고요. 결국은 진료하는 의사가 병원을 끌고 가야 하는 거소니까요. 대형 병원의 가장 좋은 홍보 마케팅 전략은 명망 있는 교수님들이 파업 없이 진료를 잘 하는 일입니다. 그러면 별다른 노력 없이도 자연히 환자가 찾아오죠. 마케팅을 잘하는 것보다 이런 교수님들을 다독거리고 설득하고 리더십 있게 끌고 가는 역량이 더 중요했어요. 더 큰일을 할 수도 있었겠지만 근본적인 한계가 있어 아쉬웠습니다. 또 환자를 직접 진료하는 일에 대한 미련도 남아 있었고요. 2012년 8월에 서울와이즈재활요양병원을 개원했고 이제 만 5년이 조금 넘었어요.

많고 많은 병원 중에 요양병원을 연 이유가 있나요.

으레 의사들이 개원을 하면 대부분은 의원이나 종합병원을 차리는데 그중에서도 대부분은 자영업 구조를 벗어나지 못해요. 사업과 자영업의 가장 큰 차이는 자영업은 바쁘면 바쁠수록 돈

을 벌 수 있지만 제가 쉬면 운영이 안 된다는 거예요. 반면 사업
은 제가 일을 안 해도 시스템으로 돌아갈 수 있어요. 제 나름대
로의 분류법입니다. 요양병원은 제 생각에 병원 중에서 가장 사
업에 가까운 모델입니다. 요양병원은 특정 의사를 보고 찾아가
지 않습니다. 일반 병원은 특별히 규모가 크지 않은 이상 의사
가 굉장히 중요하거든요. 저는 저를 찾아오기보다는 좋은 시스
템을 갖춘 병원을 만들어서 시스템적으로 병원이 잘 운영되게
만들고 싶었습니다. 컨설턴트로 일한 경험이 이런 결정을 내릴
때 도움이 됐어요.

또 몇 년 뒤에는 다른 일을 하고 계실 수도 있겠어요.
지금도 스타트업을 돕는 등 다른 일도 하고 있기는 해요. 하지
만 기본적으로는 환자를 돌보고 병원에서 일하는 것이 좋기 때
문에 당분간은 쭉 머물 것 같습니다.

**과감하게 진로를 변경하는 걸 보면 일에 대한 생각이 남다를
것 같습니다. 스스로 일하는 목적은 뭐라고 생각하나요.**
일을 택할 때 안정성이나 수익을 아예 생각하지 않는다고는 말
하지 못하지만 돌아보면 일에서 느끼는 재미가 가장 중요했어
요. 제게 재미는 지적 흥미예요. 예를 들어 디지털 헬스 케어 시
장에서 남들은 미처 발견하지 못한 비즈니스 모델을 읽어 내는
일이 제게는 정말로 신나는 일입니다. 또 평범해 보이는 일상에

서 깊은 의미를 찾아내거나 복잡한 현상을 관통하는 단순한 원리를 찾아낼 때, 저는 희열을 느낍니다. 새로운 것에 대한 호기심, 이를 좇는 과정에서 느끼는 재미가 중요합니다.

디지털 헬스 케어 시장에서 느낀 흥미

디지털 헬스 케어에 관심을 가진 계기가 있나요?

3년 반 전에 병원이 점차 자리를 잡고 여유가 생겨 재밌는 것이 없나 찾기 시작했는데, 그때 미국에서 열리는 한 헬스 케어 학회에 참여했습니다. 삼성서울병원 재직 시절에도 간 학회였는데, 3년 만에 분위기가 전혀 달라졌더라고요. 전에는 보험, 병원 경영 같은 주제를 심각하게 다루던 자리였는데, 이젠 디지털 헬스 케어에 대한 얘기만 가득 나오는 거예요.

김 원장은 오전에는 병원으로 출근하지만 오후에는 '디지털 헬스 케어 전문가'로 살고 있다. 새로운 사업을 준비하는 대기업부터 스타트업업계 사람들까지 하루가 멀다 하고 그를 찾아온다. 그는 이미 디지털 헬스 케어 분야에서 유명 인사다. 《의료, 4차 산업혁명을 만나다》, 《의료, 미래를 만나다》를 펴내며 인공지능 등 새로운 기술이 의료와 헬스 케어 분야를 어떻게 바꿀지에 대해 얘기해 왔다.

사실 그전까지는 디지털 헬스 케어를 '장난감'이라고 생각했어요. 주류가 되려면 한참 멀었다고. 그런데 이런 학회에서까지 다루는 것을 보니 세상이 달라지고 있다는 느낌을 받았어요. 귀국해서 조사하다 보니 이걸 들여다보면 재밌겠다 싶었어요. 저 말고도 이런 쪽에 관심을 가진 사람들이 있긴 한데, 대부분은 관점이 기술이나 의료, 한쪽에 집중돼 있죠. 대신 저는 제 커리어를 바탕으로 새로운 관점으로 이야기를 할 수 있겠다고 생각했어요. 컨설팅업계에 몸담으며 분석적으로 따져 보는 법을 배웠고, 큰 병원에서 경영 전략을 경험했고 또 현재 작은 병원도 운영하고 있고요. 그리고 그사이에 보건정책관리 전공으로 석사학위도 받았거든요. 남들이랑 다른 얘기를 할 여지가 있다고 판단했어요.

여러 스타트업을 지원한다고 들었는데, 어떤 도움을 주나요? 그리고 앞으로 디지털 헬스 케어 산업이 어떻게 성장할 거라고 전망하나요.

업계와 전망에 대한 생각을 블로그에 쓰기 시작했어요. 감사하게도 '여기 신기한 얘기하는 놈이 있다'고 알아봐 주신 분들이 있었어요. 저도 신 나서 이런저런 생각들을 정리하게 되고요. 이과정에서 여러 회사들과 엮이고 부족하게나마 돕고 만나서 밥도 먹습니다. 현재 공식적인 역할로는 '눔'의 자문 전략 및 의학자문을 맡고 있어요. 스마트벨트를 만드는 '웰트'에 엔젤 투자*를 했고 자문도 하고 있습니다. 이 밖에 스마트폰 마이크로 소변 요류 검사를 대신할 수 있는 기술을 개발하는 회사에서도 자

* 개인이 신생 벤처기업에 자금을 투자하고 주식으로 대가를 받는 투자 형태.

문을 맡고 있습니다. 디지털 헬스케어 파트너스DHP, Digital Healthcare Partners라는 디지털 헬스 케어 액셀러레이터 조직을 공동 설립해 거기서도 파트너로 일하고 있습니다.

✏️ 의료와 경영을 배운 사업가. 그는 미래의 일자리 시장을 어떻게 내다보고 있을까. '너무 먼 미래를 논의하는 것은 의미가 없다. 중단기적 대처법을 우선 고민하라'는 게 그의 조언이다.

인공지능이 의사를 대체할 거라는 예측이 많은데, 예전에는 떠도는 말에 불과했던 이런 위협이 이제는 '왓슨[*]** 등이 국내에도 도입되면서 현실화되고 있다는 생각도 듭니다.**

중단기적으로는 우리가 우려하는 만큼 변화가 크지는 않을 거라고 봐요. 의료만 놓고 봤을 때요. 장기적인 얘기는 함부로 하기 힘든 것이 상상력을 펼치면 너무 비관적이거든요. 지금 속도로 계속 발전하면 의사는 필요 없어지고, 그뿐만이 아니라 기자, 변호사도 다 필요 없는 세상이 되어 버릴 텐데, 이렇게 상상하면 끝이 없어요.

몇 년 뒤, 가까운 미래에는 병원, 진료실이 어떻게 바뀔까요.

크게 보면 인공지능은 의사를 돕는 툴에 가까울 것 같아요. 다만 전공별로 차이가 큽니다. 제 생각뿐 아니라 많은 사람이 만만하다고 생각하는 과가 대표적으로 병리과, 영상의학과입니다.

영상의학과는 이미지 판독이 핵심인데 딥러닝 기술이 너무 발전해 버렸어요. 영상의학과 의사들은 '그렇지 않다'고 하지만 영상의학과를 제외한 모든 사람은 동의하는 게 사실이에요. (웃음) 이미지 판독은 인간이 이기기 힘든 것 같아요.

가까이 있는 영상의학과 의사들이 섭섭해 하겠어요.

물론 발전하더라도 그 방향은 예측 가능합니다. 딥러닝의 전제는 답이 붙어 있는 수많은 영상으로 학습을 시켜야 한다는 거예요. 문제는 영상이 계속 새롭게 발전한다는 겁니다. 예전에는 하나의 방식으로 엑스레이를 찍었다면 이제는 다양한 방식을 시도할 수 있죠. 엑스레이 물감을 각기 다른 시간에 주거나 하는 식으로 바뀌다 보면 기계는 그 모든 결과를 학습해야 합니다. 이런 변화를 주도하는 의사들은 인공지능 같은 시류에 관계가 없고 오히려 그들의 가치가 높아질 겁니다. 주로 대학병원 교수 위주가 되겠지요. 그렇지 않은 의사들은 힘들어질 거예요.

의학계에 부는 인공지능 바람은 한 방향이 아니다. 한편에선 빅데이터를 기반으로 사람보다 정확한 인공지능 의사가 활약하는 반면, 또 다른 한편에선 특정 질병을 앓는 환자들이 증세를 공유하고 약의 효능과 병원에 대한 평가를 나누는 소셜 미디어가 성장하고 있다.

외국에서는 현재 어떤 변화가 한국보다 앞서고 있는지도 궁금

합니다. 미국에선 '페이션츠라이크미Patients Like Me'와 같은 소셜 미디어가 이미 오래전부터 자리를 잡았다고 해요. 이런 서비스나 메디컬 관련 인공지능 기술, 기기를 소개해 줄 수 있을까요.

페이션츠라이크미에 대해서도 전문가마다 의견이 엇갈려요. 그 소통 방식은 존중하지만 세계적으로 봤을 때는 미국이나 유럽 같은 서구 사회에서만 통용되거든요. 이걸 보고 '이제 환자가 주도하는 세상이야'라고 말하는 사람들도 있어요. 하지만 그래 봐야 미국과 영국에서만 사용되고, 우리나라 사람들이 과연 얼굴과 이름, 자기 질병까지 공개할까라는 의구심이 듭니다. 물론 이에 대한 반론도 많습니다. 지금 젊은 사람들이 나이가 들면 바뀔 수 있다는 거죠. 10년이 걸린다고 생각하면 얘기가 달라질 수도 있어요. 그러나 단기간으로 예측해 보면 한계가 있어요. 저는 의사 중에서도 환자들의 의지를 과소평가하는 쪽에 가까워요. 무엇보다 귀찮지 않나요?

세상은 빠르게 변하고 있습니다. 원장님께 인터뷰를 요청한 것도 세상이 변하는 속도에 맞춰 새로운 일을 찾고, 새로운 성과를 내고 있다고 보여서였습니다. 커리어를 바꿔 온 방향도 시대의 맥락과 같이하는 부분이 있고요. 최근의 변화는 현기증이 날 정도로 빠르다고 하는데, 어떻게 미래를 내다보며 준비하나요. 빠른 변신이 가능했던 이유는 뭐라고 생각하십니까.

재미있어 보이는 일을 쫓아다니다 보니 그게 우연히 잘 맞아떨어졌어요. 제가 뜬금없이 개그맨을 하겠다고 한 건 아니니까요. 크게 다르지 않은 맥락에서 움직이니까 잘 엮인 측면이 있었고요. '뭐가 더 재밌을까', '어떻게 하면 다른 사람들과 좀 더 다르게 사회에 기여할 수 있을까'라는 측면에 초점을 맞췄습니다.

뉴칼라의 두 가지 조건

김 원장이 강조하는 '뉴칼라'의 조건은 두 가지였다. '인공지능을 잘 활용하는 사람'이 되거나 아니면 '인공지능이 못하는 것을 잘하는 사람'이 되거나. 문득 기계와 경쟁하거나 기계를 만드는 게 답이 될 거라는 대니얼 서스킨드Daniel Susskind 옥스퍼드대학 교수의 인터뷰 내용이 떠올랐다. 김치원 원장은 본인과 같은 전문직, 혹은 이공계만 뉴칼라에 해당하는 것은 아니라고 여러 번 강조했다.

이른바 제4차 산업혁명, 또는 디지털 트랜스포메이션* 이라고 불리는 이 전환기에 사회가 바라는 인재상이 크게 바뀔까요? 어떤 사람이 새로운 시대에 필요한 인재라고 생각하는지요.

Chapter 1.1, p. 018 주 참고

변화의 핵심이 인공지능이라는 걸 전제로 답변할게요. 첫 번째는 인공지능을 더 잘 쓸 수 있는 사람, 그리고 두 번째는 인공지능이 못하는 걸 잘하는 사람입니다. 이 둘 중 하나에만 해당하면 된다고 생각해요.

A 인공지능을 더 잘 쓸 수 있는 사람

　① 개발 자체를 잘하는 사람(딥러닝 등 기술을 잘 다루는 사람)

　② 데이터 싸움이 될 테니까 데이터를 잘 다루는 사람

　③ 개발된 인공지능을 자유자재로 잘 다루는 사람

B 인공지능이 못하는 걸 잘하는 사람

A-①유형은 딥러닝 자체를 잘 다루는 사람인데요, 문제는 구글 같은 회사들이 텐서플로* 툴을 다 공개해 웬만큼 천재가 아니고서는 따라가기 쉽지 않아요. 그래서 인공지능을 더 잘 쓰는 사람이 되고 싶다면 A-②유형이 좀 더 쉬운 접근법이에요. 모두가 데이터를 외치지만, 현실적으로 기계가 학습하기 쉽게 나온 데이터가 많지 않거든요. 의미가 있고 없고를 가려서 잘 정돈해 넣어 줄 수 있는 역할, 이게 정말 중요합니다. 데이터의 의미를 나누고 가치를 알아보는 사람이요. 개발된 인공지능을 잘 쓰는 능력도 중요합니다. A-③유형은 매우 까다로워요. 의료 분야를 예로 들면, 의사들이 인공지능을 얼마나 잘 활용하는지가 관건입니다. 그럼 의사들이 인공지능을 잘 활용할 수 있게 돕는 교육 프로그램이 더 중요해지겠죠. 만약 의사가 인공지능을 잘 활용하지 못하면, 환자들은 '인공지능은 똑똑한데 의사들이 제대로 쓰질 못하니 도움이 안 돼', '이럴 거면 의사들은 건너뛰고 인공지능에게 바로 묻는 게 낫겠어'라고 생각할 수도 있어요. 지금은 이를 별로 중요하게 여기지 않는데, 생각보다 큰 문제예요.

●
데이터 플로 그래프를 활용해 수치 계산을 해서, 딥러닝과 머신러닝 등에 활용하기 위해 개발한 오픈소스 소프트웨어.

가장 중요한 부분은 공감 능력입니다. 환자들이 인공지능에게 속내를 다 털어놓는 데는 상당한 시간이 걸릴 거예요. 의사들이 환자들과 커뮤니케이션을 잘 해서 환자 본인이 몰랐던 문제를 끄집어내는 경우도 많습니다. 많은 질병이 정신적, 심리적인 문제들인데 이는 꼭 약을 쓰지 않아도 해결할 수 있어요. 결국은 커뮤니케이션을 얼마나 잘하는지의 문제죠. 오늘날 의사의 역할은 검사 결과를 가지고 의사가 해석을 덧붙여 환자에게 결과를 전달하면 끝납니다. 그런데 이제 인공지능이 그 단계를 대신하게 됩니다. '전달하는' 단계를 환자가 더 잘 알아듣고 더 잘 따를 수 있게 하는 것이 훨씬 더 중요한 역할이 될 거예요.

김 원장은 대부분의 사람이 B 유형을 맡게 될 것으로 내다봤다. 기자도 기계적인 질문이 아니라 솔깃한 얘기를 들으면 방향을 바꾸고 질문을 조율하는 등 로봇 기자가 못하는 역할을 해야 한다는 것이다. 그는 직업의 핵심 가치가 무엇인지도 정확하게 파악할 필요가 있다고 강조했다.

디지털 리터러시, 즉 디지털 기술에 대한 이해도가 갈수록 중요해지고 있습니다. 문과생인 기자나 전문직이 아닌 대부분의 일반인은 이에 대한 공포감이 더 클 테고요. 디지털 리터러시가 부각되는 현상에 대해서는 어떻게 생각하나요. 원장님의 컴퓨터 관련 지식은 어느 정도이며, 어떻게 학습하고 받아들이나요.
우선 무엇에 대한 리터러시인지 정확하게 알아야 해요. 요즘은

새로운 엘리트의 탄생

다들 코딩을 배워야 한다고 주장하는데, 기술에 대한 기본적인 이해는 물론 필요하지만 그렇다고 필수적인 건 아니라고 생각해요. 코딩이 필요한 사람이 그렇게 많지는 않을 거예요. 인공지능 특성상 한계비용*이 매우 낮은 상태에서 모든 사람이 사용하기 때문에 전체 인구 중에서는 소수에게만 해당할 거고요.

디지털 헬스케어 시장의 전망

하루 일과가 궁금합니다. 바쁜 와중에 새로운 지식과 정보는 어떻게 습득하는 편인가요.

오전에 집 근처에서 운동을 하고 아홉 시에 병원으로 출근해요. 환자들 회진을 돌고, 처방 관리도 하고, 검사 결과를 정리하면서 오후 한두 시까지는 병원 일을 합니다. 그러고 나서 외부 활동을 해요. 매일 다르긴 한데 강의를 한다든지 아까 말한 공식적으로 자문하는 회사나 그렇지 않은 회사들도 보수와 상관없이 스타트업은 최대한 많이 만나려 해요. 정 바쁘면 병원에 와서 밥이라도 먹자며 시간을 냅니다. 헬스 케어 회사면 만나서 도움이 될 만한 얘기라도 해 주고요. 헬스 케어 스타트업 액셀러레이터인 DHP 관련 미팅은 한 달에 한두 번, 두세 시간씩 합니다. 한 회사씩 초청해 다른 파트너들과 얘기를 듣고 조언해 줍니다.

어떤 기업들이 어떤 고민을 들고 찾아오나요.

스타트업 외에 대기업도 많았어요. 주로 '디지털 헬스 케어를 하고 싶은데 어떻게 해야 할까요' 같은 요청이고요. 디지털 헬스 케어가 당장 돈이 되지는 않지만 꼭 뛰어들어야 하는 시장이라는 걸 아주 큰 대기업부터 중견기업까지 모두 알고 있어요.

기존에 헬스 케어 사업을 전혀 해 보지 않은 곳들도 관심을 갖고 있더라고요. 보험 회사부터 자동차 보험 회사까지 다양합니다. 특히 머지않아 자율주행차 시대가 오면 차 안에서 할 수 있는 기술이 필요하다고 생각하니까요. 그게 헬스 케어든 엔터테인먼트든 꽤 많은 회사가 흥미를 보이고 있습니다.

업무 외 생활방식에서 특이하다고 꼽을 만한 점이 있을까요.

공부라고 이름을 붙이기는 민망하지만, 세상이 돌아가는 흐름을 계속 지켜보려고 합니다. 책도 보고, 기사도 읽으면서 생각을 정리해요. 딥러닝을 제대로 공부하겠다는 식의 생각은 아닙니다. 관심이 있는 헬스 케어가 아니더라도 신기술은 원체 많으니까요.

최근 관심을 두고 있는 건 자율주행 기술입니다. 세세한 기술적인 부분에는 관심이 없지만 여기서 나온 인사이트를 헬스 케어에 갖다 붙일 수 있을 것 같거든요. 오히려 헬스 케어는 제게 익숙한 분야라서 새로운 생각을 떠올리기가 어려워요. 가끔 인접 영역에서 '헬스 케어에 갖다 붙이면 좋겠다'는 아이디어가 떠오를 때가 있어요.

최근에는 기술 변화가 너무 빨라 많은 사람이 '내 일은 어떻게 될까' 불안해 하고 있습니다. 원장님도 이런 불안을 느끼나요. 그런 사람들에게 조언해 줄 만한 게 있다면요.

제가 하는 일 중에서도 요양병원은 대체재를 찾기가 쉽지 않아요. 연령대가 높은 사람들을 대상으로 하니까 지금 유튜브 세대들이 할머니, 할아버지 되기 전까지는 고전적인 형태를 크게 벗어나지 못할 테니까요. 집에서 치료를 받는 등 약간의 변형은 있겠지만 스마트폰으로 건강을 관리하기란 어려울 거예요. 정책에 따른 변수는 있더라도 기술 발전으로 인한 위기는 못 느낍니다. 헬스 케어 회사들을 도와주는 역할도 아직 기술에 위협받기에는 이르지요. 제가 주로 신경 쓰는 부분은 어떤 개념들에 아이디어를 붙여 연결하는 역할입니다. 특정 영역 한 가지를 잘하는 건 인공지능이 따라올 수 있지만, 여러 가지를 융합하는 일은 시간이 좀 더 걸리겠죠.

김 원장은 본인의 화려한 커리어, 사회 변화에 대한 혜안과 열정을 갖고도 겸손했다. 그는 인터뷰 말미에 이런 얘기를 남겼다. "제가 엄청 큰 그림을 그리고 있고 또 미래가 어떻게 바뀔 거라는 확신이 있어서 '이렇게 바뀔 거다'라고 예측할 거라는 얘기를 가끔 들어요. 그런 관점을 가지고 커리어를 바꿨다고 생각하는 사람들이 있는데 전혀 그렇지 않습니다. 재미있는 일을 찾아다닌 것뿐이에요."

글·인터뷰어 하선영

뉴칼라의 목소리
− 김태용 1인 마케터

고백한다. '태용ㅌㅇ'에 꽂힌 건 내가 미디어업계 사람이어서다. 어느 날 페이스북 뉴스피드에 '리얼밸리' 인터뷰 영상이 올라왔다. 친구 중 누군가 '좋아요'를 누른 모양이지 하고 생각했다. 들여다보니 'ㅌㅇ'이라는 채널에 올라온 영상이었는데, 'ㅌㅇ'을 만든 건 김태용이었다.

기존 문법에서 벗어난 'ㅌㅇ'만의 방식

태용과는 구글뉴스랩펠로십 모임에서 만난 적이 있었다. 태용은 당시 밀레니얼세대를 타깃으로 한 '알트'라는 뉴미디어를 만들고 있었다. 올드 미디어 종사자에게 뉴미디어 창업자는 신선했다. 자연스럽게 태용 그리고 '알트'와 페친이 되었다. 그 사실을 알고 있는 페이스북이 영리하게 내 타임라인에 리얼밸리 영상을 띄워 준 것이다. 영상은 별다른 게 없었다. 사람 한 명이 나와 떠들기 시작한다. 그것도 10분 넘게. 카메라 움직임도 거의 없고, 현란한 애니메이션 효과 같은 것도 없고 자막도 정직하다.

그런데도 중간에 정지 버튼을 누르지 않았다.

아니, 이건 뭐지? 길게 만들면 안 보는 거 아냐? 1분 30초를 넘으면 안 되잖아. 중간중간 화면 전환이 있어야 지루하지 않은 거 아냐?

영상을 안다고 하기 어렵지만, 모른다고 하기에도 섭섭한 올드미디어 종사자가 보기에 그의 영상은 신기했다. 기존 문법과 다른데, 그게 또 유효했다. 1인 미디어로 혼자 북 치고 장구 치는 것도 신기하다. '넌 대체 누구니?' 하는 궁금증에서 출발한 사심이 담긴 인터뷰다. 하지만 성패 여부를 떠나 자신만의 방법으로 부딪히고 실행하는 이는 이미 '뉴칼라'가 아닌가? 스스로를 '1인 미디어' 대신 '1인 마케터'로 부르는 김태용의 이야기, 나만 궁금한 건 아니겠지.

'리얼밸리', 콘텐츠의 본질을 묻다

정선언 (이하 생략) 왜 '리얼밸리'인가요?

김태용 (이하 생략) 사람들이 실리콘밸리에 환상을 많이 가지고 있는 것 같아요. 물론 실리콘밸리가 이른바 '제4차 산업혁명'의 발상지이긴 하죠. 아이폰·인공지능·로보스틱스 같은 기술이나 제품도 다 실리콘밸리에서 나왔고, 구글·애플 같은 회사들도 그곳에 있고요. 하지만 배울 점이 있는 동시에 문제점도 있겠죠.

'실제는 이렇다', 그런 진짜 이야기를 하고 싶었어요. 그리고 한 편으로는 사람들이 변화를 너무 과장해서 인식하는 것 같다는 문제의식이 있기도 했고요.

변화를 과장해서 인식한다?

2017년 여름 패스트캠퍼스트에서 제4차 산업혁명, 변화, 미래라는 키워드로 6편짜리 교육 영상을 만든 적이 있어요. 그때 느낀 점은 사람들이 기술로 인한 일련의 변화에 불안해하고 있다는 거예요. 일자리가 없어지면 어쩌나 하는 그런 막연한 불안감이요. 그리고 당장 내 분야에서 뭘 어떻게 해야 하는지 궁금해하더라고요.

그럼 실리콘밸리 사람들은 어떻게 생각할까 궁금했어요. 그곳은 제4차 산업혁명의 발상지 같은 곳이니까요. 변화의 중심에서 고군분투하고 있는 사람들의 생각을 담은 콘텐츠를 만들고 싶었어요. 그곳 사람들은 변화를 어떻게 받아들이고 이해하는지, 인공지능 같은 기술들은 현장에서 어떻게 적용되며, 엔지니어와 디자이너는 어떻게 협업하며 혁신해 나가는지 등에 대해서요. 혁신을 좀 더 구체적으로 다루고 싶었는데, 그 저변에는 그들은 우리처럼 변화에 호들갑을 떨진 않을 거 같다는 생각이 있었던 것 같아요.

40명가량 만났다고 하던데, 실리콘밸리에 갈 때부터 인터뷰를 해야겠다고 기획한 건가요?

네, 인터뷰를 계획하기는 했어요. 하지만 영상 콘텐츠를 이렇게까지 뽑아낼 수 있을지는 몰랐죠. 아는 사람도 없고, 페이스북 친구가 두 명 있긴 했는데 실제로 아는 사람도 아니고요. 일단 사람들을 만나고, 그 과정에서 저 스스로 어떻게 일해야 할까 혹은 혁신에 대해 배우고자 했던 게 우선이었고 그러다가 콘텐츠도 만들 수 있으면 더 좋겠다는 생각이었죠.

섭외하고 긴 건 아니군요.

네. 샌프란시스코 공항에서 자기소개 영상을 찍었어요. 나는 어떤 사람이고 뭘 하려고 여기에 왔는지 등을 담은 영상이요. 그리고 그걸 페이스북 샌프란시스코 한인 커뮤니티에 올렸죠. 그걸 보고 연락을 많이 주셨어요. 그렇게 섭외된 인터뷰이를 잘 촬영해 빠르게 편집해 만든 샘플 영상을 다른 사람들한테 보여주며 섭외했어요. 그 영상을 국내 언론사에도 보냈어요. 그쪽으로 보도될 가능성을 타진한 거죠. 그렇게 되면 인터뷰이들도 더 관심을 보일 것 같았거든요. 실제로 인터뷰 영상을 보고 피키캐스트, 셰어하우스, 비즈한국 같은 곳에서도 연락이 왔고요.

영상을 찍는 데에는 시간과 공이 많이 들잖아요. 인터뷰이에게도요. 그런데도 흔쾌히 섭외 요청에 응해 주었군요.

샘플 영상을 보여 주면서 이런 영상이 나올 거고 어떤 식으로 유통될 건지를 설명했어요. 사실 무엇보다 내가 왜 이걸 하는지, 내가 고민하는 건 무엇인지 명확하게 전달하려고 했어요. 실리콘밸리에서 일하는 디자이너를 설득할 때는 한국 디자이너들의 현실을 이야기했죠. 얼마나 박봉인지, 얼마나 힘들게 일하는지 이야기했어요. 그건 한국에서 생각하는 디자인에 가치일 수 있잖아요. 당신의 이야기를 통해 디자인에 대한 인식을 바꿔 나가고 싶다고 설득했어요. 인터뷰이를 설득하기 위한 수사가 아니라 실제로 제가 실리콘밸리 인터뷰를 통해 풀고 싶은 문제였어요.

풀고 싶은 문제, 지향하는 가치로 설득한 거군요.
네, 그렇다고 할 수 있죠.

섭외 성공률이 높았나요?
실패한 경우도 굉장히 많아요. 페이스북에서 일하는 분을 인터뷰하려고 했는데 회사(페이스북)가 승인을 안 해 줘서 취소된 경우도 있고요. 우버에서 일하는 분은 당시 우버가 여러 가지 이슈에 휘말리면서 미디어 노출 자체를 꺼리는 분위기가 있었거든요. 그래서 무산됐죠.

사람들이 영상을 부담스러워하지 않나요? 얼굴을 드러내고 이야기하는 일이 부담스러울 수 있잖아요.

그렇죠, 그런 부분이 있어요. 그래서 저는 신뢰를 쌓는다고 해야 할까요. 인터뷰를 진행하기 전에 인간적인 관계를 먼저 맺는 편이에요. 기사를 쓰는 게 아니라 스토리텔링을 한다고 생각하거든요. 그래서 인터뷰할 때도 '인터뷰하자' 이렇게 만나는 게 아니라 일단 만나서 한두 시간 이야기를 재미있게 나눠요. 인터뷰이들도 한국인과 말할 기회가 거의 없으니까, 만나는 걸 즐거워했어요. 한국말을 쓰고 싶어 하더라고요. 그렇게 이야기를 하면서 '이런 식으로 스토리를 풀면 되겠다' 생각하고 정리한 뒤에 질문지를 작성해서 보내요. 그리고 거기에 대해 미리 답변을 받고 피드백을 한 다음에야 촬영에 들어갔어요.

인터뷰이 입장에서 최소 두 번은 만나야 하는 거잖아요. 인풋이 많이 들어가는데도 인터뷰에 응해 주었군요?

기본적으로 한국에, 한국 사람들에게 도움을 주고 싶다는 생각을 한 것 같았어요. 국내 언론과 인터뷰한 경험이 있는 사람들도 더러 있었어요. 그런데 인터뷰에 대한 기억이 그렇게 좋지는 않더라고요. 나는 이런 이야기를 하고 싶었는데, 기사는 정작 '신의 직장에 들어간 토종 한국인' 이런 식으로 소개되니까요.

실리콘밸리 이미지가 그렇게 소비되고, 본인의 이야기도 그 연장선에서 소비되는 것에 불만이 있었어요. 언론에 대한 불신이라고 해야 할까요. 자기들이 듣고 싶은 것만 듣고, 쓰고 싶은 이야기를 쓴다는 식의 불신이요. 그런데 저는 오히려 본인의 이야기를 충실하게 듣고, 그걸 최대한 반영하려고 하니 반가워하더라고요.

모두 혼자 기획하고 섭외하고 촬영하고 편집하나요?

네, 제가 다 하죠. 촬영은 실리콘밸리에서 같이 살았던 룸메이트 형이 도와준 적도 있어요. 현지에서 광고를 찍는 분이었는데, 본인 카메라로 도와줬어요. 그와 같이 나갈 때는 카메라 두 대로 찍은 거죠.

현란한 카메라 움직임도 없고, 편집도 비교적 정직하고 단순한데 끝까지 보게 하는 힘이 있어요.

소재의 희소성 때문인 것 같아요. 실리콘밸리 현업자가 중요하게 생각하는 정보나 기술은 뭔지, 그런 기술을 기반으로 비즈니스는 어떻게 흘러가는지에 대한 시각을 담은 콘텐츠는 거의 없으니까요. 형식도 형식이지만 콘텐츠 내용이 중요하죠. 알차게 채우려고 실제로 5분 정도 길이의 영상을 만드는데, 인터뷰만 최소 한 시간 반 이상을 촬영했어요. 인터뷰가 끝나고 인터뷰이를 따라다니면서 사무실을 찍거나 하면 2시간~2시간 반 정도 걸렸어요.

10분이 넘는 길이인데, 이걸 사람들이 끝까지 보더라고요. 긴

영상은 틀렸다고 생각했는데, 아니더군요. 유명인이 나오는 것도 아닌데 조회 수가 높은 것도 신기했어요.

개인적으로도 테스트해 보고 싶었어요. 사람들이 모바일 콘텐츠를 소비할 때 재미나 공감이 아닌 이상 객관보다는 시각과 논리 같은 걸 중요하게 생각한다고 알고 있었거든요. 뉴스는 객관적이고 중립적이지 않다고 여겨진 지가 오래됐잖아요. 그래서 촬영 전에 최대한 준비를 많이 해서 나름의 논리와 정보를 전달하고 싶었어요. 그렇다면 충분한 길이여야 했고요. 얻어 가는 게 있다면 길이가 길어도 볼 거라고 생각했어요.

최대한 준비를 한다? 촬영 전에 어떤 준비를 했나요?

아까 말씀드렸듯이 사전 인터뷰를 하고 스토리텔링 구조를 짠 뒤에 인터뷰 질문지를 보내고 답변을 받아서 피드백을 하고 촬영에 들어갔어요. 촬영할 때도 순간순간 계속 교정을 했어요. 인터뷰 영상을 보면 사람들이 말을 굉장히 잘하는 것 같잖아요. 근데 한국말을 많이 쓰지 않으니까 문장이 매끄럽진 않아요. 그러면 인터뷰를 하다가도 '방금 말씀하신 게 한국말로 이런 말이 맞느냐'고 물어보고 '그럼 다시 그 단어를 써서 말씀해 주시면 어떻겠냐'는 식으로 제안하면서 찍었어요. 답변이 길어지면 '방금 하신 말씀은 요약하면 이런 걸까요' 하고 물어 보고 '그럼 요약해서 다시 한번 말씀해 주시겠어요'라는 식으로 제안하고요. 이렇게 문장 단위로 교정을 했습니다.

시각과 논리를 전달하면 된다는 생각은 맞아떨어진 거군요?

저한테는 콘텐츠 제작에 관한 제1원칙이 있어요. '소비자 혹은 독자는 바보가 아니다.' 뭉뚱그려서 사람들한테 보여 준다고 생각하지 않고, 똑똑한 사람들한테 보여 준다고 생각해요. 나름대로 다 자기 생각이 있고 경험이 있는 그런 사람들한테 보여 준다고요. 그렇게 생각하고 준비를 하면 스토리와 논리 구조를 탄탄하게 짜게 돼요.

기성 언론, 올드 미디어는 독자를 가르치려 하는 경향이 있는데, 사람들은 바로 알아채는 거죠. 독자는 바보가 아니에요. 똑똑하죠. 마찬가지로 불성실한 콘텐츠, 허튼 이야기를 하는 콘텐츠도 바로 알아봅니다. 콘텐츠 제작자들을 보면 이런 생각을 가진 사람들이 종종 있는 것 같아요. '이건 정말 중요한데, 사람들이 관심 없다'고요. 이렇게 이야기하는 건 독자를 바보로 아는 거라고 생각해요. 사람들이 관심 없다면 그게 그 사람에게는 중요하지 않거나 전달 방식이 효과적이지 않을 수 있어요. 이런 생각의 차이가 중요해요. 이런 주제는 정말 중요하고 내가 만든 콘텐츠 역시 너무 좋은데 사람들이 이상하다고 생각하면 개선도, 변화도 없죠. 하지만 반대로 생각하면 문제를 풀 수 있습니다.

리얼밸리는 누구를 타깃으로 하나요?

연령대로 타깃을 나누는 건 의미가 없는 것 같아요. 저는 가치

266

관이나 관심사를 중심으로 타깃을 설정합니다. 리얼밸리는 변화에 관심이 있고, 변한 환경에서 지혜롭게 잘 살아가고 싶어하는, 변화에 낙관적이고 커리어에 관심이 많은 사람, 긍정적인 변화를 만들고 싶어 하는 사람으로 설정했죠.

작동하던가요?

네. 플랫폼은 연령대로 나뉘는 경향이 있어요. 페이스북은 20대 후반에서 30대, 피키캐스트는 10대 후반에서 20대 초반 이런 식으로요. 그런데 어느 플랫폼이든, 그러니까 연령대가 어떻든 변화에 관심 있고 잘 대처하고 싶은 사람들은 있어요.

그런데 연령대마다 특징이 있을 것 같긴 해요.

사실 플랫폼마다 다르게 편집하면 좋죠. 하지만 그렇게까진 못했어요. 콘텐츠는 같은데, 예를 들어 페이스북에선 '태용'이라는 채널을 쓰는데 피키캐스트에서는 10대가 많으니까 '태용이 형'이라는 채널을 쓴다든가 하는 식의 차이만 줬어요. 그런데 해보니 콘텐츠 자체가 좋으면 그런 플랫폼별 차별화 포인트는 크게 작용하는 부분은 아닌 것 같아요.

1인 마케터 김태용이 말하는 채널 그리고 콘텐츠

창업한 경험이 세 번 있죠?

네, 첫 번째 창업은 휴대전화 액세서리나 가방, 노트북 파우치 같은 소품에 예술가의 작품을 프린팅해 팔았어요. 세 명이 동업했고 잘 성장하고 있었는데, 저만 빠져나왔어요. 두 명은 그대로 있고요. 두 번째 창업은 가구 사업이었어요. 1인 가구가 늘어나잖아요. 결혼해도 2인 가구고요. 그런 소규모 가족을 타깃으로 한 가구를 만들었어요. 신소재로 변형 가능한 가구요. 다용도로 쓸 수 있는 말랑말랑한 가구. 1년 반 정도 했는데, 이건 실패했어요. 1000만 원 정도 빚도 졌어요. 세 번째 창업은 미디어예요. 알트라고, 밀레니얼세대를 타깃으로 하는 뉴미디어죠. 알트 이후로는 다양한 채널에서 쭉 콘텐츠 만드는 일을 하고 있어요. 제 콘텐츠를 만들기도 하고 의뢰를 받아 만들기도 해요.

방향을 확 틀었네요. 제조업에서 콘텐츠로요.

'스토리텔링'이라는 측면에서는 쭉 같은 일을 해 왔어요. 처음 두 회사에선 마케팅을 했어요. 제품이나 브랜드에 스토리를 입히는 일이니까요. 저는 언제나 마케터였어요. 콘텐츠 생산자인 지금도. 고객을 생각하고 어떻게 브랜딩하고 접근할 것인가를 고민하니까요.

앞으로 무엇을 하고 싶은가요?

전에는 항상 하고 싶은 게 있었어요. 3년 뒤에는 뭘 하고, 5년 뒤엔 뭘 하자. 요즘은 그런 생각을 안 해요. '지금 하고 있는 걸 잘하자'는 생각을 해요. 지금은 실리콘밸리를 다녀온 내용으로 책을 준비하고 있어요. 또 비상근으로 친구 회사에서 콘텐츠 마케팅 담당 업무를 하고 있고요. 그런 일들을 '잘하고 싶다', '잘하자' 그런 생각을 많이 해요. 궁극적으로는 제가 하는 일에서는 지식이나 정보가 충분한 콘텐츠를 가지고 직접적인 매출이나 수익이 발생하게 하고 싶어요.

이렇게 질문할게요. 먹고사는 문제, 돈 문제는 어떻게 해결해요?
콘텐츠를 만들어서 이걸로 돈을 벌겠다는 건 아니에요. 좋은 콘텐츠를 만들면 배움이 있고, 그게 무엇인가로 연결될 거라는 확신이 있어요. 좋은 관계망에 연결될 테고, 거기서 강연이 들어와 수익이 되기도 하고, 책을 써서 돈이 되기도 하고요.

채널도 자산이에요. 'ㅌㅇ'이라고 이름을 지은 채널을 만들고, 그곳에서 콘텐츠를 발행하면서 채널을 키워 가는 것도 자산이죠. 제 채널에서 중요한 자산은 타깃층인 것 같아요. '좋아요'가 많은 건 의미가 크지 않아요. 내 구독자의 가치가 더 중요하죠. 댓글이나 메신저 피드백을 보면 대부분 테크업계 종사자, 고학력자가 많은 것 같아요. 이분들 사이에 'ㅌㅇ'이라는 브랜드가 정립되면, 이제 그들은 7분이나 13분짜리 긴 영상이 올라와도 따로 시간을 내서 봐 줄 거예요. 저는 그 사람들이 정보나 지식에 돈을 지불하는 사람이라고 생각해요. 그렇기 때문에 범대중적인 콘텐츠, 자극적인 콘텐츠를 만드는 것보다 이 사람들을 보고 콘텐츠를 만드는 게 더 중요하다고 생각해요. 그게 제가 말하는 '구독자의 가치'입니다. 저는 그걸 보고 나아가기 때문에 돈을 생각하지 않고 계속할 수 있어요.

일반적으로 영상 콘텐츠로 돈을 버는 건 어떻게 이뤄지나요?

대부분 외주로 돈을 벌어요. 한 편을 만들면 150만 원에서 200만 원쯤 받아요. 저도 한 편에 200만 원 정도 받았죠. 지금은 외주 작업은 거의 안 하지만요.

제가 지금 상황을 마이너스 200만 원이라고 생각하면 불행하겠죠. 하지만 다른 사람에게 간섭받지 않고 내가 중요하다고 생각하는 문제에 대한 콘텐츠를 만들고 그걸로 사람들과 연결되고 일을 만들어 간다고 생각하면 그렇지 않아요. 저는 더 큰 자산을 만드는 거니까요. 이렇게 생각하면 당장 돈이 안 되거나 불확실한 일을 하는 게 좀 더 수월해지는 것 같아요.

채널 '트 ㅇ' 얘기를 좀 해 볼게요. 뭔가요?

1인 미디어 채널이에요. 제 이름을 땄고요. '월간 윤종신'처럼 시즌 단위로 어떤 주제에 대해 콘텐츠 여러 편을 충분히 준비해서 다룰 생각입니다. 제 관점이나 시각이 많이 묻어 있는 콘텐츠를 만들 거예요. 기본적으로 제가 제작한 콘텐츠가 올라가고,

콘텐츠에 충분히 담지 못한 내용은 제가 나와서 해설해 주는 형식으로 콘텐츠 안에서 보완할 생각입니다. 한마디로 설명하면 제가 제 색깔과 시선, 지식, 경험으로 제가 중요하다고 생각하는 주제를 제 독자들을 대상으로 충분히 다뤄 나가는 채널이에요.

'트ㅇ'을 어떻게 키우고 싶으신가요?

장기적인 계획은 아직 없어요. 일단 내년 2월까지는 리얼밸리 연재를 계속할 거예요. 시즌1이죠. 일단 이걸 잘 마무리하는 게 목표예요. 다음 스텝은 아직 생각하지 않았어요. 아마 스타트업 종사지 혹은 도전하는 사람들, 자기가 하고 싶은 일을 잘하고 싶은 사람들에게 실용적이고 유용한 정보나 스토리를 전하는 방향이 되지 않을까 싶습니다. 주로 스타트업을 포함한 테크업계, 기술 변화에 관련된 엔지니어보다 대중에 가까운 콘텐츠일 것 같아요. 그쪽 분야에서 영상 콘텐츠를 저처럼 다루는 사람은 없는 것 같아요. 그래서 이 분야를 더 강화하고 싶습니다.

김동호 한국신용데이터 대표는 '나의 강점을 200% 레버리지 될 수 있는 영역을 찾아야 한다'고 말했다. 박희은 알토스벤처스 수석심사역 역시 '남들이 안 하는데 내가 잘하고 좋아하는 분야를 찾아야 한다'고 했다. 태용도 같은 이야기를 하고 있었다. 그렇다. PUBLY에서 이 보고서를 사서 읽는 당신 같은 사람이 태용의 타깃일 것이다. 당신을 타깃으로 한 텍스트 지식 영역은 이미 PUBLY가 시장을 만들었고 비즈니스를 잘 영위하고 있다. 하지만 영상 쪽은 어떠한가? 태용의 말대로 영상 쪽은 범대중적인, 그래서 재미있고 자극적인 콘텐츠를 소비하는 시장은 어느 정도 규모도 있고 플레이어도 적지 않다. 하지만 PUBLY를 구매해 보는 사람들을 타깃으로 한 시장은 그렇지 않다. 그 시장을 개척하겠다는 게 그의 생각이었다.

스스로 영상 제작자라고 정의하나요? 혹은 1인 미디어?

저는 마케터라고 생각해요. 앞에서도 말씀드렸지만 마케팅 관점에서 콘텐츠를 만들거든요. 뉴미디어라면 마케팅 관점을 가질 필요가 있어요.

마케팅이 뭔가요?

마케팅은 정의가 다양하죠. 그중에 저는 피터 드러커의 정의를 좋아해요. 기업의 과제는 혁신과 마케팅이라고 하는데, 마케팅은 고객에 대한 이해를 높이는 과정이에요. 고객에 대한 이해도를 높이려면 계획하고 실행하고 그 데이터 결과를 확인한 다음, 다시 계획하고 실행하고 하는 과정이 모두 마케팅이에요.

마케팅 관점에서 보면 독자 중심이 되어야 해요. 스토리를 써나가는 과정이나 포맷도 그래야 하지만, 브랜드 역시 신경 써야죠. 독자에게 어떻게 브랜드를 각인시킬 것인가에 대한 고민을 해야 합니다.

그렇다. 사실 올드 미디어는 스토리를 써 나가는 과정이나 포맷을 크게 고민하지 않는다. 기존에 해 오던 관습이 있으니까. 디지털로 변화되는 위기에 처하면서 이에 대한 고민이 시작되었다. 하지만 아직도 브랜드까지는 고민하지 못하는 게 현실이다. 설령 의사 결정권과 가까이 있는 누군가는 고민할지 몰라도 콘텐츠를 만드는 개개인에게는 아직 먼 이야기다. 이게 올드 미디어가 뉴미디어와의 경쟁에서 밀리는 이유가 아닐까 하는 생각이 들었다.

ㅌㅇ이라는 채널에 접목해서 설명해 줄 수 있을까요.

저는 '임팩트'를 주려고 해요. 내용이 좋으면 임팩트가 있어요. 중요한 건 '내용이 좋다'는 걸 어떻게 정의하느냐예요. 우선 딴 곳에서 접할 수 없는 정보가 담겨야 합니다. 그리고 그걸 독자를 고려한 문법을 써서 풀어야 해요. 다들 이야기하지만 어려워하는 걸 쉽고 재미있게 다루는 것도 포함됩니다. 예를 들어 인공지능을 어렵게 생각하는 사람들에게 도움이 되어야 해요. 독자들이 도움을 받는다고 느낄 수 있어야 합니다.

그런 걸 본인만 생각하고 있지는 않을 것 같은데요.

다른 점이라면 저는 계속해요. 한 방향으로 신호를 지속적으로 주는 거죠. 리얼밸리라는 시리즈 콘텐츠를 연재하는 것도 그런 맥락이에요. 시즌제로 한 주제를 가지고 계속 콘텐츠를 발행하면서 신호를 주는 겁니다. 새로운 방식도 시도해요. 제작자인 제가 직접 나와서 콘텐츠를 해설하는 식으로요. 다른 곳에선 거의 하지 않는 방식이니까, 그게 저를 하나의 브랜드로 각인시킨다고 생각해요. 애프터서비스도 해요. 어떤 인물의 인터뷰 영상을 올리고 나면 그걸 보고 독자들이 궁금한 걸 메신저로 보내 주거든요. 그럼 그걸 인터뷰이한테 보내서 휴대전화로 찍어 보내 달라고 해요. 그걸 받아서 다시 콘텐츠를 만드는 거죠. 저는 제 구독자를 케어하고 있어요.

이런저런 실험을 하는군요?

네. 작은 테스트를 계속하고 반응을 보고 수정해요.

반응은 어떻게 보나요?

'좋아요' 수치는 중요하게 생각하지 않고, 댓글이나 메신저를 많이 봐요. '공유하기'도 횟수 자체보다 다른 사람에게 공유할 때 뭐라고 쓰는지 내용을 봐요. 최근에 받은 페이스북 메시지 중 기억에 남는 게, '데이터사이언스' 편에 관한 내용이었어요. 그걸 만들면서 '데이터 과학이 부상하고 있구나', '공부를 해야겠다' 그런 반응을 예상했는데 메시지를 보낸 사람은 이렇게 말하더라고요.

데이터사이언스를 공부하면서 늘 불안했는데, 영상을 보고 내가 하는 게 가치 있는 분야라는 생각을 했다.

전문 분야에 대해 이야기를 했는데, 누군가는 위로와 응원을 받은 거예요. 누군가 어려움을 딛고 성공했다는 이야기가 아닌데 말이죠. 그 메시지를 받고 생각한 건 성공한 사람을 인터뷰할 때도 '어떻게 그 자리에 올라갔느냐'를 묻는 게 아니라 큰 비즈니스 생태계가 어떻게 움직이는지, 그 속에서 사람들과 어떻게 협업하는지에만 집중해도 좋은 콘텐츠가 되겠구나 생각했어요.

콘텐츠는 생산자의 손을 떠나는 순간 스스로 길을 개척한다. 생산자가 의도한 대로 소비되기도 하지만 전혀 다른 맥락에서 소비되기도 한다. 콘텐츠를 만드는 일이 만드는 데서 끝나지 않는 이유다. 올드 미디어는 콘텐츠를 만드는 데 전략을 쓴다. 그러고 나선 바로 다음 콘텐츠를 만드는 데 주력한다. 과거엔 그래도 괜찮았다. 독자의 반응은 알기 어려웠고 시장은 과점이었으니까. 하지만 이제는 달라졌다. 독자의 반응은 디지털 공간에서 즉각적으로 나타나고 흔적을 남긴다. 그리고 경쟁은 치열해졌다. 독자의 반응을 보면서 콘텐츠를 제작하는 곳이 있다면, 거기로 사람이 모이는 건 당연하다.

정답이 없는 시대의 미디어

콘텐츠 시장이 어떻게 변할 거라고 생각하나요?

기업들이 자체 미디어를 구축할 거예요. 모든 기업은 소비자와 즉각적이고 실시간으로 소통하고 싶어 해요. 그 과정이 다 마케팅이고 브랜딩이니까요. SNS에서 볼 만한 콘텐츠를 만드는 건 그다지 어려운 일이 아닙니다. 그러니 콘텐츠를 직접 생산하고 자신의 채널에서 유통하고 소비자와 만남으로써 <u>스스로 미디어</u>가 되는 겁니다.

그러니까 기업들이 미디어를 갖게 된다는 거군요?

한발 더 나아가서 기업 스스로 미디어가 될 것 같아요. 기업의 미디어화라고 말할 수 있겠죠.

기업의 미디어화? 그게 뭔가요?

예를 들어, 제가 좋아하는 기업 중에 마리몬드라는 곳이 있어요. 5년 된 스타트업인데, 위안부 할머니들의 그림을 디자인 상품으로 만들어 팔아요. 이 기업의 사명은 '모든 사람은 존귀하다. 우리는 우리 제품을 통해 그 존귀함을 알리고, 상실된 존귀함을 회복시킨다'는 거예요.

이 회사 직원들은 매주 돌아가면서 수요집회에 나가요. 위안부 할머니들이 일본대사관 앞에서 하는 그 수요집회요. 5년째 하고 있죠. 그리고 고객들에게도 같이 나가자고 제안하고 실제로 같이 나가요. 그리고 이 과정을 콘텐츠로 만들어 공유합니다. 메시지를 담고 전달하고 그리고 기업의 미션을 구현해 나갑니다. 기업 스스로가 미디어가 되어서요.

마케팅이네요.

네, 저는 기업의 목적이 이윤 창출은 아닌 것 같아요. 이윤을 창출하긴 해야죠. 그래야 지속 가능하니까요. 그런데 그건 어쩌면 부수적인 거예요. 문제를 해결해야 해요. 우리는 많은 문제를 안고 있잖아요. 기업은 그걸 해결해야 합니다. 우리가 어떻게 문제를 해결하는지, 그 과정을 고객에게 보여 주고 소통하는 게 마케팅이고 브랜딩이에요. 그러면 자연스럽게 이윤이 창출되겠죠.

그런데 그게 왜 미디어가 하는 일이죠?

문제를 드러내고, 그 해결 방법을 찾는 것, 이건 그동안 미디어와 저널리즘이 해 온 일이죠. 그런데 그걸 지금은 기업이 하고 있어요. 그래서 기업의 미디어화라고 말한 거고요.

그럼 기존 미디어는 어떻게 될까요?

카테고리별로 쪼개지지 않을까요? 정치는 정치대로, 경제는 경제대로, 라이프스타일은 라이프스타일대로 분화되는 거죠. 세상이 그렇게 굴러가고 있어요. 데이터가 증가하고 알고리즘이 고도화되면서 모든 서비스가 개인화되어 가잖아요. 미디어도 그렇게 되는 거죠. 매스미디어는 분화된 미디어의 종합으로서만 존재할 것 같아요.

네, 이해가 갑니다.

아까 '콘텐츠 시장이 어떻게 변할 거 같은가'라고 질문하셨는데, 기업의 미디어화가 첫 번째 대답이고 하나가 더 있어요.

그게 뭔가요?

'마이크로 인플루언서Micro Influencer'의 등장이요. 마이크로 인플루언서라고 하면 '따봉충'이 떠오를 것 같은데, 아니에요. 제2의 전문가들이라고 해야 할까요, 분야별로 잘 아는 사람들이요. 그런 사람들이 마이크로 인플루언서가 될 거예요. 예를 들어 언론에서 인공지능에 대해 쓴다고 하면, 아주 열심히 공부해서 썼는데 업계 관련 엔지니어가 별로라고 해요. 그럼 그 기사는 가치가 없어지죠. 반대로 엔지니어가 '이 기사는 본질을 꿰뚫었다'고 하면 그건 진짜 좋은 콘텐츠가 되는 거예요. 그 엔지니어의 '좋아요'는 다른 보통 사람의 '좋아요'와 가치가 다르죠. 좋아요 한 개가 100만 원짜리, 1000만 원짜리일 수 있어요.

마이크로 인플루언서가 직접 콘텐츠를 만들 수도 있겠네요?

네, 그럴 수도 있죠. 기술 변화에 관련해선 엔지니어가, 디자인에 관련해선 디자이너가 글을 쓰는 거죠. 그걸 또 그들이 잘 공유해 나가면 그 자체가 미디어가 될 수도 있어요. 예를 들어, 어떤 엔지니어가 코딩에 관련된 글을 꾸준히 쓴다면 관심 있는 사람들은 그 채널에 모이겠죠. 그런데 코딩과 관련된 책이 나왔어요. 이 책을 어디에 광고하면 좋을까요? 신문이나 네이버에 광고해서 보는 사람 중에 코딩 책을 살 사람이 몇이나 되겠어요? 엔지니어가 코딩에 관련된 글을 쓰는 자신의 채널에 올리는 게 더 효과적이죠. 제 자신도 그런 마이크로 인플루언서 중 한 명이라고 생각해요.

기술과 변화 같은 키워드를 중심으로 한 마이크로 인플루언서인데, 기술에 대해 얼마나 알고 있나요?

실리콘밸리 사람들을 만나면서 느낀 점은, 그들은 '전문가'라는 말을 경계해요. 인공지능 분야가 이제 막 시작됐고, 그게 어디까지 적용되고 확장될지 그 끝에서를 알 수 없을 정도로 어마어마하게 큰 분야예요. 그래서 그 잠재력이 어디까지인지를 실험하고 있는데 어떻게 전문가가 있을 수 있냐는 거예요. 아무도 가보지 않은 길을 가고 있는데 말이에요. 그들은 기술이 어떻게 적용되어 어떻게 세상을 바꿀까를 상상하고 가늠하기보다 실험 과제라고 생각해요. 같은 맥락에서 저 역시 '기술을 이해하고 있다', '알고 있다' 이런 식으로 말하기는 어려울 것 같아요.

엄청나게 빠른 기술 변화에 불안함을 느끼나요? 앞으로도 기술 변화에 적응해 먹고살 수 있을까 하는 그런 불안감이요.

아뇨. 저는 재미있어요. 제 채널은 독특한 포지션 같아요. 각 분야 전문가, 즉 마이크로 인플루언서를 조명하고 효과적으로 알리는 일이니까 이런 변화가 오히려 재밌죠. 그리고 그 과정에서 저도 마이크로 인플루언서가 되고요.

새로운 시대엔 어떤 인재가 각광받을까요?

변화를 앞서 읽고 먼저 뛰어든 사람이요. 기술이 엄청난 속도로 발전하고 사회도 함께 빨리 변하고 있어요. 교육이나 사회 시스템은 그걸 따라갈 수 없죠. 시장이 원하는 수준의 이해와 기술력을 가진 사람이 없어요. 그런 사람은 모두가 원하겠죠. 돈도 많이 벌고요. 인공지능 엔지니어가 돈을 많이 버는 이유는 이 분야에 먼저 뛰어든 사람이라서예요. 그리고 민첩하게 움직이는 사람들도 각광받겠죠. 생각과 실행 사이의 간극이 짧은 사람들이요. 너무 크게 투자하지 않고 가설을 세우고 검증하고 다시 가설을 세우고 검증하면서 맞는 가설을 찾아가는 사람들이요.

지금은 정답이 없는 시대예요. 아무도 가보지 않은 길을 가는 시대요. 그래서 정답이 아니라 더 나은 가설을 세우는 게 중요합니다. 더 나은 가설을 세우려면 성공하든 실패하든 여러 가설을 세워 봐야 해요. 고객과 직접 부딪치고 변화 전면에 서면서 배우는 사람들이 주목받을 것 같아요.

1인 미디어인데, 협업을 하는 경우도 있나요?

물론이죠. '책읽찌라'라는 채널과도 협업하고 있고, 친구 회사 일도 도와주고요. 그런데 저에게는 협업의 기준이 있어요. 제가 느끼기에 해 볼 만한 과제여야 해요. 재미있는 실험이요. '얼마를 줄 테니 영상을 만들어 달라'는 협업은 하지 않아요. 그런데 '이런 문제가 있는데, 여태 푼 사람이 없고, 우리가 이렇게 해 보려고 하는데, 너랑 같이하면 성공까진 모르겠지만 데이터를 만들어 볼 수 있을 것 같다'고 하면 해요. 어떤 결과가 나오는 게 아니라 '데이터만' 얻을 수 있어도 해봐요. 아, 그리고 협업도 있어요.

협업이요?

리얼밸리 콘텐츠를 연재하면서 반스에 제안서를 보냈어요. 반스는 샌프란시스코에 공장이 있어요. 반스 브랜드 자체도 다양성의 존중을 기반으로 '자기만의 허들'을 넘는 걸 지향하고요. 나이키가 1등을 추구한다면 반스는 결과보다 시도 그 자체에 가치를 두는 브랜드예요. 리얼밸리도 마찬가지죠. 그런 사람들을 인터뷰했고, 저 역시도 그래요. 그래서 나이키가 아니라 그쪽에 제안서를 냈어요.

잘됐나요?

반스 쪽에서 판단하겠죠. 다만 컬래버레이션을 할 때도 저와 브랜드 모두 윈윈할 수 있는 그런 관계를 만들려고 해요. 서로 공유할 수 있는 가치나 자산을 교환하는 거니까요.

이 일을 왜 하나요?

이런 이야기가 필요하다고 생각해요. 인공지능의 등장으로 일자리가 없어진다고 불안해 하는데, 그런 일은 항상 반복됐어요. 증기기관이 발명되면서 마차가 기차에 밀려났고, 노동자들이 기계에 밀려났고요. 이게 좀 더 빨라진 건 맞습니다. 하지만 분명 기회는 있어요. 기계가 등장했다고 해서 모든 인간이 일자리를 잃은 것도 아니고, 새로운 일자리가 생겨나기도 했죠. 지금 이 상황에서 해야 할 일에 집중해야 합니다. 그리고 기회를 탐색해야죠.

너무 멀리 내다볼 것도 없어요. 다 적응하면서 살아가니까요. 저는 거기에 유용한 이야기를 하고 싶어요. 누군가에게는 유용한 이야기가 필요할 테니, 또 누군가는 그런 이야기를 만들어야 하죠. 이 일을 하면서 이야기가 필요한 상황에 대한 나만의 관점과 생각을 갖게 됩니다. 실리콘밸리 사람들의 이야기를 수십 번 보고 자르고 편집하면서 그들의 가치관을 흡수하는 거죠. 그 사람들의 이야기는 거대 담론이 아니에요. 지금 일어나는 변화를 구체적으로 만들고 있는 사람들이니까요. 제4차 산업혁명이라는 실체에 더 가까이 있는 이야기를 듣고, 가공하면서 저도 성장하는 걸 느껴요.

영상을 만드는 게 목적은 아니죠?

네. 문제를 해결하는 게 목적이에요. 제가 만든 이야기를 필요로 하는 사람들이 풀지 못하는 문제를 풀어 주는 거죠. 제 영상을 통해서요.

1990년생이니 스물아홉 살인데, 일반적인 삶에서 벗어나 있어서 불안하지는 않나요?

그런 불안감이 당연히 있죠. 저답게 살려고 노력하고 있지만, 주변 친구들과 비교를 안 할 수가 없어요. 직장에 들어가면 그걸로 부자가 되거나 할 순 없지만 4대 보험에 가입되고 월급도 매달 들어오고, 또 대출 하나를 받아도 저보다 낮은 이자로 받을 수 있고요. 그런 안정적인 면이 부러울 때가 있죠. 친구들은 언제 결혼하고, 언제 집을 사야겠다, 이런 이야기를 하는데 저는 아직 대학 졸업도 못 했으니까요. 다양한 복리후생을 못 누리긴 하지만 친구들만큼 돈을 벌긴 해요.

아까 말씀드린 대로 낮은 대출 이자 같은 혜택을 받을 수 없는 대신 자유롭게, 저답게 살 수 있어요. 저만의 분야를 만들면서요. 예를 들어 제가 회사에 들어가서 콘텐츠를 만든다고 생각하면, 자막 포맷 하나를 바꾸려 해도 다 승인을 받아야 해요. 지금은 혼자서 테스트해 보고 계속 바꿀 수 있어요. 그만큼 더 많이 성장할 수 있고요. 실패하면 실패한 대로, 성공하면 성공한 대로 모두 제 자산으로 쌓이죠.

일할 때 특별한 방식이 있다면요?

계속해서 가설을 세우고 검증하면서 일하는 거, 이게 가장 큰 노하우예요. 그리고 오래 일하는 거요. 창업하고 연애도 안 하면서 열세 시간, 열네 시간씩 일했어요. 더 많은 가설을 세우고 더 많이 검증해 보고 싶어서요. 남들이 하루에 세 번 시행착오를 할 때, 저는 일고여덟 번 해서 데이터를 쌓으려고 해요. 그리고 그 경험과 데이터를 가지고 다른 것과 융합하려고 해요. 콘텐츠를 만든다고 하면, 이걸 가지고 오프라인과 융합할 수 있는 분야, 기술과 융합할 수 있는 분야 등을 생각하는 거죠.

느낌이 잘 안 와요.

리얼밸리를 예로 들면, 제 영상에 사람들이 별풍선 같은 걸 보내 주세요. 진로를 고민하고 있었는데 도움이 됐다면서요. 그런 사람들과 이야기해 보면 실리콘밸리 체험 프로그램에 100만 원씩 투자한대요. 그럼 저는 멘토링 비용 5만 원이나 10만 원 정도를 받고 실제 거기서 일하는 사람들과 그들을 연결해 주는 거예요. 실제로 패키지 투어가 있어요. 학생들이 와서 실리콘밸리를 체험하고 거기서 일하는 사람들을 만나는 형식이죠. 큰 도움도 안 되고 그 프로그램에 '프로바이더'로 참가한 사람들도 미안해요. 당연히 관계도 유지되지 않죠. 이걸 리얼밸리 인터뷰이에게 얘기해 봤는데, 관심이 있다고 하더라고요. 그리고 제 영상 구독자 중에는 이런 수요를 갖고 있는 사람도 있고요.

그런 식의 확장, 융합도 가능하겠네요.

사람들이 진짜 필요한 게 뭔지에 천착하다 보면 이런 아이디어

들이 떠올라요. 콘텐츠를 만드는 일 자체가 아니라 문제 해결에

집중하는 거죠. **글·인터뷰어** 정선언

CHAPTER 5

다가온 미래

5.1

더욱 자유롭고 유연하게
일할 겁니다 – 스티브 먼로_{후붓}

동남아 관광도시로 유명한 인도네시아 발리는 '디지털 노마드'*
에게 꽤 친숙한 도시다. 관광지 외에도 뛰어난 IT 인프라 환경
과 저렴한 물가, 살기 좋은 자연환경 등으로 시간과 장소에 구
애받지 않는 사람들에게 언젠가 한 번은 들러야 할 곳으로 알려
져 있기 때문이다.

발리 북부에 위치한 우붓Ubud에는 인도네시아 최대 규모의 코워
킹 스페이스 '후붓Hubud'이 자리 잡고 있다. 논밭을 끼고 원숭이
가 뛰어다니는 우붓 중심부에 자리한 이곳은 2012년 설립 이후
1만 명이 넘는 사람들이 다녀갔다. '우붓의 허브'라는 뜻의 후붓
은 캐나디안 스티브 먼로Steve Munroe 등 세 명이 힘을 합쳐 만들었
다. 후붓은 단순히 사무실 공간만 제공하지 않는다. 코워킹co-
working · 코리빙co-living · 코러닝co-learning · 코기빙co-giving 등 함께 일하
고, 살고, 배우고, 주는 행위를 지향한다. 자유로운 근무와 주거
방식을 추구하는 동시에 공유할 수 있는 것은 최대한 공유하자
는 정신을 실현하는 곳이다. 자신이 지닌 지식을 강의 형태로

유목민nomad처럼 정착하지
않고 떠돈다는 말과 디지털
기술을 사용한다는 말이 합
쳐져 나온 용어로, 정보 기술
의 발달로 시공간적 제약을
받지 않고 일하고 생활하는
디지털 시대의 새로운 인간
상을 가리킨다.

새로운 엘리트의 탄생

전파하기도 하고, 비슷한 분야에서 일하는 사람끼리는 수시로 모여 정보를 교환한다.

후붓에서 만난 창업자 스티브 먼로는 확신했다. "후붓처럼 시공간을 초월해 일하는 방식이 머지않아 보편적인 근무 방식이 될 것"이라고 단언했다. 그는 "로봇과 인공지능 때문에 직업이 바뀌는 텀term이 짧아질 수는 있겠지만, 이를 인간 직업에 대한 위협으로 과대 해석할 필요는 없다"고 덧붙였다. 다음은 먼로와의 일문일답이다.

하선영 (이하 생략) 후붓을 만든 계기가 있나. 관광지로 유명한 발리에 코워킹 스페이스를 세운다는 생각 자체가 참신한 발상이다.

스티브 먼로 (이하 생략) 후붓을 세우기 전, 나는 부인과 함께 10년간 유엔UN에서 일하며 여러 국가를 다녔다. 그러나 2009년에 직장을 그만두기로 마음먹었다. 유엔은 만족스러운 직장이었지만, 내가 이상적인 목표를 달성하려고 하면 좌절감을 느꼈다. 이 과정에서 우리 부부는 많은 장소를 여행했고, 발리는 그중 하나였다. 한 번 더 오고 싶은 유일한 곳이기도 했다.

결국 우리는 직장을 그만두고 발리로 돌아와 정착했다. 1년 동안 발리에 살아 보니 우리와 같은 사람이 많다는 사실을 깨달았다. 삶의 전환점을 찾고 싶어 떠돌다가 온 사람들 말이다. 휴가

나 안식년을 여기서 보내는 사람도 많다. '이들을 대상으로 사업을 하면 어떨까' 하는 생각이 들었다. 뭔가 창의적이고 새로운 일을 시작하고 싶은 사람들을 겨냥하고 싶었다. 나와 비슷한 생각을 하는 사람들이 모여 후붓을 세웠다.

최근 서울에서도 코워킹 스페이스가 급증하고 있다. 후붓이 사람들의 근무나 생활 방식에 어떤 영향을 미쳤다고 생각하나.

관광도시였던 발리에도 이제 새로운 삶과 직업을 찾는 사람들이 몰려오고 있다. 사람들은 영감을 얻기 위해 이곳까지 날아온다. 발리는 창작자, 작가, 예술가의 섬이 됐다. 역사적으로 보면, 대륙을 개척하고 옮겨 다녔던 선조 모습의 연장선이라는 생각도 든다. 사람들은 새로운 영역의 일을 개척하고 있으며 온라인으로 많은 것을 찾고 해결한다. 그리고 매우 건강한 방법으로 일한다.

직장인 대부분이 매일 아침 사무실로 출근하고 매일 저녁 퇴근하며 살고 있다. 그러나 후붓은 노동에서 시간과 공간의 제약을 극복할 수 있음을 보여 주는 단적인 사례다. 앞으로 디지털 노마드의 삶이 더 늘어난다고 보는가.

더 늘어난다고 100% 확신한다. 한 번도 이 생각에 의구심을 가져 본 적이 없다. 개인 측면에서 보면, 앞으로 사람들은 일할 때 더 높은 강도의 자유와 유연성을 갈망할 것이다. 어떤 방식으로 일하는지, 그리고 어떤 회사에서 일하는지가 갈수록 중요해지기 때문이다. 직업과 직장을 바꾸는 텀도 점점 짧아지고 있다. 선택할 수 있는 직업의 옵션이 많아졌다. '학교를 졸업한 다음 취직을 해야 한다'거나, '회사 덕분에 당신이 커리어를 쌓는다'는 등의 전통적인 사고방식은 사라질 것이다.

예를 들어 싱글 맘single mom이나 싱글 대디single daddy가 있다고 치자. 이들은 아이들을 놔두고 직장으로 출근할 수가 없다. 앞으로 이런 경우는 셀 수 없이 늘어날 것이다. 서울만 하더라도 통근 시간에 다들 얼마나 많은 시간을 쓸데없이 길거리에서 시간을 날리고 싶지 않은 마음은 모두 같을 것이다. 고용주, 기업 입장도 살펴보자. 누군가를 고용하고 지시를 내리고 싶지만, 그렇다고 해서 40년간 계속 고용하고 싶지는 않을 것이다. 가벼운 규모로 좀 더 유연하게 앞으로 나아가고 싶은 회사 입장에서도 근무 방식은 바뀔 수밖에 없다.

당신의 주장에 동의하지만, 고용 안정성 측면도 생각해 볼 필요가 있다. 사람들은 자주 바뀌는 직업과 근무 환경에 늘 불안해한다. 어떤 일을 하고 얼마만큼 버는지만큼 얼마나 오랫동안 안정적으로 일할 수 있는지도 중요한 요소다.
중요한 지적이라고 생각한다. 사람들은 고용 보장과 같은 안전장치를 원한다. 문제는 이런 안전장치가 더는 안전하지 않다는 점이다. 당신이 회사에 엄청난 로열티를 보인다고 회사가 당신을 배려하고 혜택을 주지 않는다. 이게 현실이다. 그들은 당신의 노동 결과물이 회사에 잘 들어맞을 때, 당신이 꼭 필요할 때만 알아줄 것이다.

한국의 수많은 대기업이 수십 년간 이어져 온 고용 형태를 여전히 유지하는지 궁금하다. 만약 계속 바뀌지 않는다면, 나로선 매우 놀라운 일일 것 같다.

직업 시장과 근무 환경이 어떤 식으로 바뀌리라 예측하는가. 인류는 머지않아 인공지능이 인간의 직업을 모조리 빼앗아 갈 수 있다는 불안감에 휩싸여 있다.

기계가 사람의 모든 직업을 가져간다면 인간은 일할 필요가 없게 될까? 만약 그렇다면 좋은 일 아닌가.(웃음) 로봇이 농사 대부분을 지을 수는 있을 것이다. 사람들은 기계가 농부를 대체할 수 있다고 오래전부터 예측해 왔다. 현재의 걱정은 '공장이 생기면 우리가 하는 모든 일을 빼앗아 갈 것'이라는 과거의 주장과 크게 다르지 않다. 새로운 얘기가 아니라는 뜻이다.

고용 시장은 사람들의 지식을 기반으로 한 개인별 맞춤형 직업이 많이 생겨날 것이다. 그러나 짧은 단위로 바뀔 수는 있다. 그렇기 때문에 사람들은 자신의 직업을 생각할 때 좀 더 유연해질 필요가 있다.

한국에서는 스타트업과 코워킹 스페이스가 일시적으로 유행하는 느낌이 없지 않다. 단순한 열풍이 아닌 하나의 흐름으로 자리 잡으려면 어떻게 해야 할까. 후붓과 발리는 어떤 편인가.

발리는 서울과는 조금 다르다. 원희룡 제주도지사가 3년 전 이곳을 방문해 후붓과 같은 근무 방식을 제주도에 적용할 방법이 없는지 내게 물은 적이 있다. 나는 원희룡 지사에게 서울과 발리를 비교하기는 어렵다고 대답했다. 코워킹 스페이스 시장은 아시아 전체로 봤을 때 천천히 그리고 꾸준히 성장하는 분야기다. 아시아에서 상업용 부지가 있는 도시의 4%에서 7%는 코워킹 스페이스가 차지하고 있다. 10년 이내에 15%에서 20%까지 늘어날 것이다.

코워킹 근무 방식에는 결코 무시할 수 없는 엄청난 이점이 있다. 전통적인 회사에서 수십 년 동안 비싼 임대료를 내고 빌리는 사무실보다 훨씬 효율적이다. 우리가 일하는 방식은 그새 빠르게 바뀌었다. 사용하지 않고 남아도는 사무실은 수없이 많다. 기업으로서는 참을 수 없는 일이다. 이런 곳에 1년에 수십억 원을 헛되게 사용하고 있다. 후붓은 이제 발리를 넘어 전 세계로 뻗어 나갈 준비를 하고 있다. 그러나 위워크WeWork · 패스트파이브FAST FIVE처럼 다른 나라에 지점을 내는 방식은 아니다.

먼로는 "한국 대기업과 스타트업을 비롯해 전 세계 기업들이 사업 제휴를 제안하고 있는데, 제휴 기업 쪽에서 정기적으로 직원을 후붓으로 파견하는 모델을 제안하고 있다"고 설명했다. 이러한 시도는 코워킹 스페이스 근무 방식에 익숙하지 않은 대기업이 직원들을 후붓으로 보내 벤치마킹하고, 궁극적으로는 본사 근무 환경도 바꿔 나가기 위함이라 볼 수 있다. 후붓에서 뿌리내린 새로운 근무 문화가 발리를 벗어나기 시작했다.

글 · 인터뷰어 하선영

5.2   로스,
꽤 괜찮은 동료입니다 – 변호사들

인공지능이 실제로 전문직의 일자리를 위협할까. 우리는 이 질문에 답할 수 있는 가장 적절한 사람을 찾았다. 그리고 마침내 법률 문서 검토 프로그램 '로스Ross'와 협업하는 변호사들을 발견했다.

2016년 5월에 소개된 로스는 IBM 인공지능 프로그램 '왓슨Watson'을 기반으로 개발됐다. 특기는 법률 문서 검토. 초당 1억 장의 문서를 검토해 사건에 맞는 가장 적절한 판례를 추천하는 게 로스의 주요 업무다. 2016년, 미국 뉴욕의 대형 로펌 베이커 드 앤드 호스테들러를 시작으로 지금까지 수십 곳의 로펌이 로스를 도입했다. 로스가 법조계에 본격 등장한 지 1년여의 시간이 흘렀다. 로스와 함께 일한 변호사들은 인공지능의 위력을 어떻게 평가할까. 우리는 로스를 도입한 미국의 로펌·로스쿨에 취재 협조를 구하는 이메일을 보냈고, 이 중 세 명이 우리의 요청에 응답했다. 이들은 업무 성격도, 로스 활용 방식도 달랐지만, '인공지능은 변호사 업무를 지원할 뿐 결코 변호사를 대체할 수 없다'는 목소리만큼은 한결같았다. 다음은 이들과 나눈 이메일 인터뷰의 내용이다. 업무 특성상 소송을 직접 맡지 않는 워드 교수는 답변 개수와 분량이 상대적으로 적었다.

인터뷰이

캐서린 드보드, 브라이언 케이브 변호사 (이하 드보드)
Catherine DeBord, Bryan Cave Lawyer

마이클 김, 코브레 앤 김 대표 변호사 (이하 김)
Michael kim, Kobre & Kim Lawye

제프 워드, 듀크대 법률전문대학원 교수 (이하 워드)
Jeff Ward, Duke University School of Lawyer Prefossor

임미진 (이하 생략) 로스를 도입한 계기가 있나. 인공지능 프로그램을 도입하겠다고 했을 때 변호사들의 반응은 어땠는지.

김 변호사는 늘 빠르고 효율적이며 정확하게 일하는 데 도움이 되는 새로운 기술을 찾는다. 특히 부가가치가 높은 일에 우리가 집중하도록 돕는 일이 중요하다. 로스를 처음 봤을 때 그동안 기다려 온 도구라는 걸 알아차렸다. 다른 변호사들의 반응도 긍정적이었다.

드보드 내가 속한 로펌은 테크엑스TechX라는 프로그램을 운영하고 있다. 이는 새로운 법률 기술을 파악하고 테스트한 뒤, 다양한 분야에 적용하는 프로그램이다. 로스를 도입한 건 이러한 움직임의 일환이라고 볼 수 있다. 변호사들은 기술을 잘 알고 있으며, 어떻게 하면 인공지능이 실무 향상을 도울 수 있는지 궁금해한다.

로스가 언론에 소개됐을 때, '변호사도 인공지능에 밀려날 것'
이라는 분석도 많았는데, 이런 전망을 어떻게 바라보는지.

김 로스는 변호사를 대체하기보다는 보완하기 위해 만들어진 도구다. 과거 법률 기술이 발전했을 때와 마찬가지로 변호사의 역할을 새롭게 만들겠지만, 대체할 수는 없을 것이다. 법전을 외우는 수준의 기본적인 법률 업무를 수행하는 변호사는 로스와 대체될지도 모른다. 하지만 판사와 매니인을 섭두한 전략을 세우거나 복잡한 결정을 내리고 그것을 고객에게 전달하는 등 고부가가치 서비스는 로스가 수행할 수 없다.

드보드 인공지능이 변호사를 대체한다는 생각은 잘못되었다. 로스도 그 주장에 동의하지 않을 것이다. 인간의 판단과 창의력, 공감이 필요한 법률 자문을 인공지능이 대체할 수는 없다. 인공지능은 단순한 원칙이 적용되는 법률 자문을 하면서 인간의 업무를 보완할 것이다. 이미 리걸줌LegalZoom이나 터보택스TurboTax 같은 플랫폼에서는 자동화된 법률 자문을 제공한다. 이런 도구를 통해 가치 사슬은 계속 올라가고, 변호사들은 더욱 효율적으로 일하게 되리라고 본다.

워드 시장에 나온 인공지능 서비스는 변호사가 업무에 더욱 매진할 수 있도록 도와주는 도구다. 가까운 미래에 변호사를 대체할 도구는 없다.

인공지능의 도입으로 변호사들은 일자리에 위협을 느끼는가.

김 고객에게 전달하는 가치가 아니라, 고객을 위해 쓴 시간에 대해 대가를 받으려는 변호사들이 있다. 그들은 일이 변하는 것을 원하지 않는다. 같은 일을 더 오래 수행하는 게 그들에게는 이익이 되기 때문이다. 반면 고객이 가치를 인정해 주길 원하는 변호사는 인공지능을 적극 활용할 것이다. 인공지능 덕분에 훨씬 더 많은 가치를 생산할 기회가 생기기 때문이다.

드보드 내가 속한 로펌의 변호사들은 기술이 주는 위협을 걱정하지 않는다. 그들은 오히려 기술을 잘 이해하는 방법과 최선의 사용 방법이 무엇인지 고민한다. 그래야 최고의 법률 자문 서비스를 제공할 수 있기 때문이다.

워드 되레 기술을 도입하지 않으려는 변호사나 로펌이 걱정해야 할 것이다. 이러한 기술을 기꺼이 받아들인다면 밝은 미래가 펼쳐질 것으로 예상한다.

기계에 밀리지 않고 인간 변호사만이 제공할 수 있는 가치는 무엇인가.

김 소송이 주요 업무인 우리 로펌에서는 오직 인간만이 최고의 가치를 창출할 수 있다. 소송은 인간 판사와 인간 배심원이 결정한다. 이들이 항상 논리적이고 냉정한 판단을 내리지는 않는다. 변호사의 가장 중요한 업무는 인간을 설득하는 일이다.

드보드 고객을 대표하고 옹호하는 일이 우리의 업무다. 이 업무에서 매우 중요한 역량인 판단력과 창의력, 공감력 또는 미묘한 차이를 알아채는 능력은 인공지능이 대체하지 못할 것이다.

워드 인공지능 기반의 도구는 문서 검토와 같은 힘들고 단조로운 작업을 최소화한다. 판단이나 전략, 인간관계를 포함한 고차원적 업무는 인간이 수행할 수밖에 없다.

반면 기계가 훨씬 나은 부분은 어떤 것인가.

김 로스는 법률 개발 상황을 요약하거나 판례를 세심하게 검토할 때 뛰어난 역량을 보인다. 이러한 업무는 많은 시간이 걸리지만, 꼭 필요한 일이다. 최근 들어 법률이 아주 복잡해지고 있다. 경력이 오래된 변호사도 자신의 주장을 뒷받침하려면 엄청난 양의 문서를 읽어야 한다. 이럴 때 인공지능의 도움을 받으면, 우리는 고객이 더 가치 있게 여기는 서비스에 집중할 수 있다.

드보드 로스는 주어진 연구 주제에 대한 실정법 체계를 전달하는 데 매우 탁월하다. 기존 검색 용어로는 찾기 어려운 관련법을 발굴해 낸다.

인공지능의 도입이 법률 시장의 소비자에게는 어떤 도움을 줄 수 있을까. 법률 시장의 문턱이 낮아지는 계기가 될지 궁금하다.

김 로스와 같은 인공지능 도구는 변호사가 더 많은 고객을 만날 수 있도록 도와준다. 법률 시장의 접근성이 올라가는 것이다. 아직은 개인이 양질의 법률 서비스를 누리려면 비싼 비용을 지불해야 한다. 인공지능의 도입은 효율성을 끌어올려 새로운 시장을 열어 줄 것이다.

드보드 정의에 대한 접근성은 정말 중요한 문제다. 머신러닝에 기반을 둔 도구로 인해 더 많은 사람이 법률 시장에 쉽게 접근할 수 있고, 스스로 변호할 수 있도록 도움도 줄 것으로 기대한다. 거의 두 해 전에 나온 '프리 더 로Free the Law'*라는 서비스는 미국의 판례법을 무료로 이용할 수 있게 했다. 로스의 큰 이점 중 하나는 준거법을 빨리 찾고 더 쉽게 이해할 수 있도록 한 것이다. 이를 통해 사람들은 정의에 한 발짝 가까이 다가설 수 있다.

관련 기사 'Free the Law' will provide open access to all (HARVARD gazette, 2015.10.29)

워드 미국의 법률 시장은 아직 갈 길이 멀다. 오늘날 맞춤형 법률 서비스는 높은 비용을 요구한다. 대부분의 잠재적 소비자가 제대로 된 법률 서비스를 이용하지 못하고 있다. 인공지능 기술로 인해 서비스 비용이 낮아지면, 상품이 다양해져 기존 법률 서비스를 이용하지 못하던 이들에게 이익을 줄 것이다. **글·인터뷰어**

임미진 **도움** 홍희진, 곽연정 인턴기자

EPILOGUE

저자들의 목소리

○

14년을 신문 기자로 일하며 깨달은 진실이 있다. 잘 쓰려고 하면 글이 나오지 않는다. 유독 더 잘 쓰고 싶은 글이 있다. 힘 있게 전달하고 싶은 사실이나 아름답게 표현하고 싶은 대상 말이다. 그러면 어깨에 힘이 들어간다. 부담감에 한 줄도 나아가질 못한다. 〈미래 직업 리포트〉는 기획 전체가 내게 그랬다.

일은 내 오랜 화두였다. 사람은 왜 일을 하는가. 우리는 어떤 일을 해야 하는가. 기자로서 다양한 사람을 만날 때마다 궁금했다. 저 사람에게 일은 뭘까. 저 사람은 왜 저 일을 하고 있을까.

〈미래 직업 리포트〉는 이런 오랜 질문에 답을 찾는 첫걸음이다. 회사에서 가장 역량 있는 후배들과 팀을 꾸리는 행운을 얻었다. 이들은 해외 구석구석을 누비며 일과 교육이 변하는 현장을 취재했다. 예산은 빠듯했고 일정은 촉박했다. 너무 많은 고생을 한 후배 기자들에게 다시 한번 고맙다는 인사를 전한다.

예산과 일정보다 더 큰 산은 주제의 무게였다. '미래와 일'이라는 주제가 너무 크고 무거웠다. '도저히 한 번에 엮어 낼 수 없다'고 생각할 때도 있었다. 동시에 '아, 이 주제로 새로운 이야기를 찾아낼 수 있을까'라는 두려움이 들 때도 있었다. 가라앉아 있다가도 문득문득 용기가 났다. '그래, 이건 너무나 중요한 이야기야. 더 많은 목소리가, 더 다양하게 나와야 해.'

첫 기획 회의를 한 작년 2017년 3월 이후 1년 가까운 시간 동안, 이런 감정의 기복이 몇 차례나 반복됐을까. 이런 감정의 변화는 나만 겪은 게 아닌 거라고 생각한다. 독자가 읽는 이 책은, 우리 취재팀이 스스로와 벌인 싸움의 결과다.

이 기획은 동시에, 하나의 이야기가 다양한 플랫폼에서 어떻게 변주될 수 있는지를 실험한 사례이기도 하다. 언론계에서 흔히 원 소스 멀티 유즈One Source Multi Use라고도 부른다. 우리가 취재한 내용은 '미래 직업 리포트'라고 제목을 단 신문 연재와 '퓨처앤 잡Future & Job'이라는 제목을 단 디지털 연재로 이원화해 보도되었다. 그리고 뉴미디어 플랫폼 PUBLY에서 '새로운 엘리트의 탄생'이라는 제목으로 리포트가 발행되었고, 지금 여러분의 손에 쥔 책으로도 다시 탄생했다.

PUBLY라는 플랫폼에서 이 이야기를 풀어놓으며, 두 가지를 깨달았다. 첫 번째, 앉은 자리가 바뀌면 풍경이 바뀐다는 것이다. PUBLY에서, 우리는 새로운 독자들을 만났다. 지식 콘텐츠 소비를 즐기며 자신의 일에 관심이 많은, 젊고 진취적이며 매력적인 독자들이었다. 가장 어려웠던 건 기획 단계였다. '누구에게 이 콘텐츠를 팔까?', '사람들은 왜 이 콘텐츠를 사야 할까?' 평생 던져 보지 않았던 질문을 스스로에게 던졌다. 매우 낯설고 고통스러운 작업이었다. 그래서 더욱 많이 배울 수 있었다고 돌아본다.

두 번째, 풍경은 바뀔지언정 중요한 건 늘 한결같다는 것이다. 기술이 아무리 발전해도 가장 중요한 것은 사람이다. 세상이 아무리 풍요로워도 인간은 삶의 목적을 찾기 위해 발버둥 칠 것이다. 우리에게 일은 무엇인가. 인류는 영원히 이 질문을 안고 살아갈 거라고 믿는다. 신문 기자들이 낯선 플랫폼에서 풀어낸 이야기에 많은 사람이 귀기울인 것은, 이 주제가 가진 설득력 때문이라고 생각한다.

나는 〈미래 직업 리포트〉를 통해 큰 전환점을 맞이했다. '미래와 일'이라는 주제에 대해 더 오래, 더 깊이 이야기하고 싶다는 확신을 얻었다. 또한 그 이야기를 우리 기자들뿐 아니라 더 많은 분들과 만들고 싶다. 올 상반기에 문을 열 '퓨처스Futures, 가제'라는 지식 콘텐츠 플랫폼을 통해서다. 지금 이 책을 읽는 당신, 일에 대해 깊이 있게 고민하는 당신을 위한 플랫폼을 만들기 위해

고민하고 있다. 부디 우리에게 어떤 이야기를 듣고 싶은지 들려
주길 바란다. 풀어내고 싶은 이야기가 있으면 손을 들어 달라.
당신의 도움이 필요하다.

에필로그를 마무리하려니 애틋한 느낌이 든다. 아주 오래 잡고
있던 친구의 손을 놓는 느낌이랄까. 가끔 다시 들춰 보고 싶은
친구 이야기처럼, 문득 이 책을 기억하는 독자가 있기를 바란다.
나는 늘 일에 대한 이야기를 쌓아 나가겠다.

글 임미진

○

고백하면, 이 모든 이야기는 내 이야기다. 나는 불안했다. 콘텐츠를 만드는 일이 좋은데, 이 일이 곧 없어질 것 같았다. 이 불안은 빅데이터나 인공지능이 나오기 훨씬 오래전부터 시작되었다. 빅데이터·인공지능이 상황을 더 악화시켰지만, 위기는 분명 더 오래전에 시작되었다. 웹 시대가 열렸을 때 태동한 위기는 모바일이 등장한 이후에도 여전히 별다른 타개책을 찾지 못한 채 가속화되었다. 올드 미디어는 급기야 레거시 미디어가 되었다. 아직도 여전히 유통되는데, 박물관에 보관된 취급을 받게 된 거다. 나는 기술이 화이트칼라 일자리를 침식하는 시대, 사람들이 느끼는 불안감을 누구보다 잘 알고 있었다. 사람들의 불안을 덜어 주자는 이번 프로젝트(중앙일보의 〈미래 직업 리포트〉 그리고 PUBLY의 〈새로운 엘리트의 탄생 - 뉴칼라 컨피덴셜〉)의 목표는 사실 불안을 떨쳐버리고 싶은 개인적인 욕심과도 맞닿아 있다.

신기하게도, 이 프로젝트를 진행하는 동안 불안하지 않았다. 달라진 건 없는데 말이다. 레거시 미디어는 여전히 뾰족한 방법을 찾지 못한 채 추락하는 중이고, 나는 여전히 그 레거시 미디어에 몸담고 있다. 그런데도 불안하지 않았다.

어떤 이들은 '행동action하고 있기 때문'이라고 말했다. 변화를 촉구하는 상황 속에서 이번 프로젝트를 통해 그 변화를 실행하고 있으니까 불안하지 않은 거라고. 그렇지 않다. 행동하는 것만으로는 충분하지 않다. 나는 늘 행동하고 있었다. 내가 내 인생 최대의 '삽질'이라고 망설임 없이 소개하는 국제공인재무분석사 CFA 시험을 친 것도 그런 행동 중 하나였다. 당시 경제부에서 일하던 나는 업무의 연장선에서 위기를 독파할 타개책으로 '자격증'을 선택했다. 영어로 보는 그 시험에 엄청난 시간과 돈을 썼다. 하지만 불안감은 전혀 가시지 않았다. 불안은 나를 인생 최대의 '탕진'으로 인도했다. 대학원 진학을 하자 첫 번째 '삽질'을 할 때보다 더 많이 불안했다. 그래서 (자격증보다) 더 많은 시간과 돈을 탕진하는 학위에 도전했던 것 같다. 결과는 여러분이 상상하는 그대로다. 나는 적어도 그냥 불안해 하는 성격은 아니었다. 늘 뭔가를 했다. 그럼에도 불안했다.

지금은 왜 불안하지 않을까? '방향성'을 가지고 '행동'하고 있기 때문이라고 생각한다. 삽질과 탕진의 끝에는 '사표'가 있었다. 하지만 끝내 사표를 쓰진 않았다. 콘텐츠에 대한 애정 때문이다. 이번 프로젝트는 '콘텐츠'라는 방향성 아래 스스로 답을 찾아가는 여정이었다. 부서 간 장벽이 높은 신문사에서 다른 부서 동료들과 다른 부서 프로젝트를 하게 된 건 (나를 제외한 다른 저자들은 프로젝트 당시 편집국장 산하 산업부였고, 나는 디지털국장 산하 데이터저널리즘부였다) 콘텐츠 자체가 내 고민과 결을 같이하는 동시에 새로운 플랫폼에서 콘텐츠를 유료로 유통해 보는 실험까지 할 수 있었기 때문이다. 그리고 그 실험은 새로운 지식 콘텐츠 플랫폼 '퓨처스Futures, 가제'로 이어졌다. (퓨처스가 어떤 서비스인지는 이미 임미진 기자가 306쪽에서 설명했으니 생략하겠다).

이번 프로젝트를 하면서 만난 한국의 뉴칼라들은 말했다. 나는 어떤 사람인지 질문하고, 무엇을 좋아하는지, 내 인생을 움직이는 '미션'은 무엇인지 찾으라고. 그리고 기술이 바꿀 시장과 미래를 상상하라고도 했다. 그러면 두려워하지 않고 나아갈 수 있다고 말이다. 나는 지금 그 여정 중에 있다. 그리고 이 글을 읽는 여러분도 여러분의 여정을 시작하길 소망한다.

글 정선언

밀레니얼세대. 1980년대에서 2000년대 초반에 태어나 디지털 환경에 익숙한 세대라고 한다. 사전적 정의를 잣대로 삼으면 나는 밀레니얼세대다. 그런데 실상은 디지털이 익숙하긴 해도 그다지 편하지는 않은, 간신히 밀레니얼세대의 끝자락을 잡고 있는 '옛날 사람'이다. 아직도 일정 관리를 위해 수첩을 고집하고, e북이 아니라 넘길 때 사각 소리가 나는 책을 읽는다. 나에게 인공지능AI으로 대표되는 미래는 불안했다. 얼마 전까지 꽤 괜찮은 직업으로 분류됐던 기자라는 직업을 12년째 하고 있지만 10년 후, 아니 당장 5년 후가 보이지 않았다. 이미 '기사 쓰는 AI'는 훌륭히 제 역할을 하고 있다. 인공지능은 나보다 빠르고 정확한 문장으로 기사를 쓴다. 고백하자면 '지금이라도 업종을 바꿔야 하나' 하는 생각도 든다. 〈미래 직업 리포트〉를 마치고 난 후 내가 느낀 불안감은 해소되었다. 선배, 후배 기자들과 이야기를 나누고, 국내외에서 '뉴칼라'를 만나 질문하고, 답을 들으면서 안도는 아니지만 막연한 불안감은 걷어 냈다. 이 책을 읽은 독자도 막연한 불안감을 해소할 수 있길 기대한다.

1년 가까운 시간 동안 국내외에서 취재를 진행하면서 기억에 남는 순간이 있다. 첫 번째는 미국 뉴욕에서 만난 공유오피스 위워크We Work 공동창립자인 미구엘 매켈비의 사무실을 방문했을 때다. 기업 가치가 200억 달러(약 22조 원)인 기업을 운영하는 그의 사무실 문을 열었을 때 눈을 의심했다. 6.6㎡(약 2평) 남짓한 작은 방에는 작은 책상과 의자 세 개가 있는 탁자가 있을 뿐이었다. 방이 너무 작지 않냐는 질문에 매켈비는 이렇게 답했다. "이 회사를 운영하는 데 넓은 사무실은 필요하지 않다. 노트북을 놓고 스마트폰을 충전할 공간만 있으면 되지 않나." 그간 국내외에서 수많은 최고경영자를 만났고, 그들의 화려한 사무실 인테리어에 놀란 적은 있지만 매켈비의 사무실은 새로운 의미로 놀라웠다. 노동 시장은 이미 유연해지고 있고, 디지털 환경을 기반으로 긱 이코노미Gig Economy가 대세라는 것을 한눈에 알 수 있었다. 그것은 글로벌 기업의 최고경영자에게도 해당하는 이야기다.

두 번째는 IBM의 인공지능 '왓슨'을 만나러 뉴욕에 있는 왓슨 연구소를 찾았을 때다. 촌스러운 얘기지만 영화 속에서 보던 로봇을 상상했다. 로봇과 악수를 하며 인사말을 건네는 광경을 떠올리며 방문한 그곳엔 내가 상상했던 풍경은 없었다. 왓슨은 모니터 속에 존재하고, 이미 일상에 존재한다. 예컨대 번역기에 외국어를 입력하고 클릭하면 한국어로 번역해 주는 것도 왓슨이다. 최첨단 기술이라는 인공지능에 대한 막연한 거부감은 그날 사라졌다.

국내외에서 '뉴칼라'를 만나서 얘기를 나눌 때마다 그들이 공통적으로 한 말이 있다. "인공지능이 인간의 일자리 상당 부분을 대신할 것은 맞다. 그러나 잃을 일자리에 대해 고민하지 말고 인공지능이 할 수 없는 일을 찾아라. 인간은 감정의 동물이다. 기술이 발전할수록 아날로그(감성)를 찾게 될 것이다." 아직까지 수첩을 고집하는 내게 반가운 이야기가 아닐 수 없다. 나는 인간의 환경 적응 능력을 믿는다. 우리는 1차 산업혁명에 이어 제2·3차 산업혁명을 거쳤고, 또 이전처럼 '제4차 산업혁명'이라는 파고에 몸을 맡긴 채 흘러가고, 적응하고, 우리의 자리를 만들고 살아가게 될 것이다.

글 최현주

딱 일주일 전이었다. 추위가 맹위를 떨치던 2018년 2월의 어느 날, 거제도 인근에 위치한 경상남도 함안의 작은 마을에서 블루칼라 엔지니어를 만났다. 그는 대우조선해양 거제조선소에 철골 자재를 납품하는 회사의 대표다. 그는 젊은 시절 쇠파이프, H모양의 강철빔 절단부터 용접까지 해볼 건 다 해본 사람이다. 자신을 '천상 공돌이'라 소개하는 그는 예사 블루칼라와는 달랐다. 정보기술IT과 코딩에 관심이 많았던 그는 자신의 철공소에서 사물인터넷IoT으로 작동하는 무인 로봇을 개발했다. 사람이 도면을 보고 철 자재를 직접 자르고 구멍을 뚫지 않아도, 사무실에서 마우스만 클릭하면 로봇이 알아서 작업한다. "이런 허름한 철공소에 사물인터넷 기술을 도입한다니, 다들 엉뚱한 짓 하지 말라고 했지요. 하지만, 앞으로 조선소들은 모두 이런 방향으로 가게 될 겁니다." 스마트 기술이 바꿀 미래에 대한 확신을 그의 눈빛에서 볼 수 있었다. 폼 나는 실리콘밸리의 창업자도, 대기업의 인공지능 개발자도 아니었지만, 자신이 몸담은 삶의 현장을 혁신하려는 모습이 감동적이었다. 그것도 제4차 산업혁명도 아니고 사양 산업으로 취급받는 조선 산업에서 말이다. 가능하다면 다시 프로젝트를 하던 때로 시간을 되돌려 이 글을 읽는 여러분에게 그를 소개하고 싶었다. 쇳가루 날리는 시골 철공소에서도 뉴칼라를 발견할 수 있었으니까.

많은 사람이 다가오는 시대를 두려워한다. 그 두려움의 근원에는 무엇이 있었을까. 단순히 인공지능 로봇이 인간의 일자리를 대체할 것이란 막연한 두려움은 아닐 것이다. 손가락이 보이지 않을 정도로 주판알을 잘 튕기던 경리직원들이 마이크로소프트 엑셀 프로그램의 등장으로 자취를 감춘 것을 우린 이미 봐 왔다. 통신 기술이 발전할수록 업무 강도가 더 '빡쎄'지는 것도 경험했다. 신기술이 우리에게 얼마나 행복한 삶을 보장해 줄 수 있을지 회의적일 때도 잦다. 아마도 우리는 초등학교에 입학해 책가방을 처음 멘 순간부터 무덤 자리를 확보할 때까지 늘 경쟁 속에서 살다 보니, 좁아지는 일자리와 일터에서의 생존 경쟁을 벌써 두려워했던 것 아닐까. 게다가 내 자녀가 겪을 더 치열한 경쟁 사회를 생각하면 기술 발전이 그리 달갑지가 않다. 핀란드 아이들의 코딩 교육 현장 소식을 접한 많은 한국 사람은 곧바로 '코딩 학원'부터 찾게 될 테니 말이다. 미래 기술을 주도하는 '새로운 엘리트'가 되는 것까진 바라지도 않는다. 경쟁에서 도태되지만 않기를 바라는 게 현실이 아닌가 싶다.

우리가 만난 뉴칼라들은 하나같이 경쟁과는 거리가 멀었다. 다소 엉뚱했다. 승자가 되려고 하지도 않았지만, 패자가 되는 것을 걱정하지도 않았다. 물론 '이렇게 살아도 먹고살 수 있을지'를 걱정한 사람들은 있었다. 하지만 '남부럽지 않게 잘살아 보자'는 식의 삶은 아니었다. 자신이 속한 공간을 어떻게 하면 더 나은 환경으로 만들 수 있을지, 이런 단순한 고민이 신기술과 어우러져 혁신을 이루어 냈다. 성공은 혁신 이후에 따라오는 것이지, 누구를 밟고 올라서서 쟁취하는 것이 아니었다. 적어도 이들 뉴칼라들에게는 말이다.

뉴칼라들에게 가장 필요했던 건 아마도 '용기'였을 테다. 남들과 다르게 사는 삶을 선택할 수 있는 용기 말이다. 굳이 C언어를 배우지 않아도 내 삶을 혁신하려는 용기만 있다면, 이 글을 쓰고 있는 나도 뉴칼라가 될 수 있겠다는 생각도 든다. 뉴칼라가 그리 멀리 있는 것이 아니란 것을 깨달은 점이 나에게 이번 프로젝트의 가장 큰 성과다. 핀란드나 프랑스에서 만난 스타트업 창업자들까지 거론하지 않더라도, 경남 시골 마을 철공소에서도 뉴칼라를 찾았으니 말이다.

글 김도년

○

당신의 직업은 안녕합니까?

얄미운 혹은 철없는 소리인지 모르겠지만 나는 지금 내가 다니는 회사와 내가 하는 일이 처음이자 마지막 직장 및 직업이 될 것이라고 믿는다. 대학교 2학년 인턴으로 처음 언론사에 발을 들였다. 당시 나는 신문사 세 곳에서 '깍두기 기자'로 일했고, 천직을 일찌감치 발견했다며 기뻐했다. 이후 스물세 살부터 지금까지 8년째 기사를 쓰고 취재를 하고 있다.

우리들의 직업과 일자리가 결코 영속적이지 않다는 뉴스들이 쏟아지고 있다. 정규직과 비정규직, 전문직과 사무직의 문제가 아니다. '인간이 기계로 대체된다'는 생소한 표현에는 숫자, 데이터까지 붙어서 사람들을 위협한다. '평생 직업'을 찾았다고 생각한 나도 이 이야기로부터 결코 자유로울 수가 없다. 아니 내 일자리 중 일부를 인공지능과 기계에 이미 내줬는지도 모른다. 그렇기 때문에 지난 1년간 이어진 미래 일자리와 직업에 대한 취재는 절박하고 또 그만큼 궁금했다. 미래에 대한 결론을 섣불리 단정 짓지 않았다. 그래서 더 멀리 가고, 더 많이 만나고, 열심히 들었다.

인도네시아 발리 시내에 위치한 공유오피스 후붓을 찾아 홀로 떠났을 때였다. 솔직히 '휴양지 한가운데 멋진 회의실에서 사람들이 맥북 하나씩 꺼내 들고 일하는 곳' 정도일 것이라고 예상했다. 그런데 '후부디언(후붓에서 일하는 사람)'이 되자마자 나는 '취재하러 온 기자'라는 방문 목적과 직업을 금방 잊었다. 소박한 나무 책상들 사이에 앉은 사람들 사이에서는 새로운 지식이 오가며 또 다른 직업이 실시간으로 탄생하고 있었다.

예를 들면, 저녁에 열린 암호화폐 세션에서는 전 세계에서 온 투자자들이 각자 자신의 정보를 바삐 주고받았다. 다음 날 모스코바에서 학교를 다니는 학생은 내게 대뜸 자신이 쓴 기사 원고를 보여 주며 피드백을 요청했다. 스티브 먼로 후붓 창업자는 인터뷰 도중 "그런데 내가 한국 기업들에서 사업 제휴를 받았는데 말이야"라며 자신의 사업 고민을 털어놓았다. 후붓에서는 자신이 가진 자원을 기꺼이 타인에게 내어놓고 또 반대로 흡수하는 상호작용이 끝없이 일어나고 있었다.

나는 우리의 미래 일자리, 직업 지형은 얼만큼 남다르고 효율적으로 지식과 가치를 주고받는지에 따라 달라지는 것이라고 결론을 냈다. 이렇게 나온 결과물의 가치는 공히 미래 사회에서 인정받을 수 있을 것이다. 우리가 두려워해야 하는 것은 '일자리를 기계에 빼앗기면 어쩌지'가 아닌 '그래서 내가 얼마나 희소성 있는 결과물을 만들어 낼 수 있는지'에 관한 것이어야 한다.

처음 얘기로 돌아가서 '평생 기자'를 꿈꿔 온 나는 앞으로도 기자 일을 계속 해 나갈 생각이다. 미래 직업과 일자리에 대한 취재를 하면서 다행히 이런 다짐을 다시금 할 수 있었다. 다만 내가 일하는 방식에 여러 변화를 주려고 한다. 이런저런 결과물을 만들어 내기 위한 다양한 실험을 앞으로 해 나갈 것이다. 당신이 안녕한 일과 직업을 찾아가는 데 이 책이 괜찮은 이정표가 되기를 바란다.

글 하선영

SENTENCES
문장들

《새로운 엘리트의 탄생 – 뉴칼라 컨피덴셜》의 맥을
짚는 구절을 챕터별로 모았다. 이 책을 덮기 전에 혹
은 펼치기 전에 우리를 더 나은 미래로 인도할 문장
들이다. 문장 뒤에는 괄호 안에 쪽수를 넣었다. 문맥
을 적확하게 이해하길 바라는 독자는 눈길을 끈 문
장이 속한 책 속으로 들어가길 권한다.

《새로운 엘리트의 탄생 - 뉴칼라 컨피덴셜》이 갖는 의미에는 협업의 결과물이라는 점도 있다. 새로운 시대에 필요한 '뉴칼라의 다섯 가지 조건' 중 가장 어려운 과제로 꼽힌 역량이 바로 협업이다.

PROLOGUE by PUBLY, p. 007

이 모든 변화의 가장 밑바닥에 일의 변화가 있다. 무엇보다 우리는 사회의 불안을 피부로 느끼고 있었다.

PROLOGUE by 임미진, p. 010

인공지능이 우리 일터로 깊숙이 들어오기 시작
한 것이 문제가 아니었다. 그 현상은 단지 두려
움에 방아쇠를 당기는 역할만 했을 뿐이다.

Chapter 1 화이트칼라의 시대는 끝났다, p. 019

미래를 공부하는 사람은 미래를 '퓨처future'라고 부르지 않는다. '퓨처'에 복수형 접미사 '에스s'를 붙여 '퓨처스futures'라고 부른다.

Chapter 2 새로운 시대가 온다 : 석학들의 목소리, p. 032

우리가 만드는 변화가 반드시 유토피아를 가져
온다고 단정하는 것은 아니다. 그저 더 나은 세
상을 만드는 일이다. 인간의 여정은 다음 단계
로 넘어가는 것뿐이다.

제러미 리프킨, Jeremy Rifkin, Chapter 2.1, p. 060

"'제4차 산업혁명'이라는 용어를 쓰기 시작했다. 하지만 이것은 정말 어리석은 일이다. (중략) 제4차 산업혁명은 존재하지 않는다."

제러미 리프킨, Jeremy Rifkin, Chapter 2.1, p. 061

나는 사람들에게 두 가지 전략을 권하고 있다.
첫째는 기계와 경쟁하는 것이다. (중략) 둘째는
기계를 만드는 것이다."

대니얼 서스킨드, Daniel Susskind, Chapter 2.2, p. 070

솔직히 알파고가 그동안 기계가 해 온 일보다 더 의미 있는 일을 했다고는 생각하지 않는다. 컴퓨터가 처음으로 숫자를 계산했을 때도 사람들은 똑같이 충격을 받았다.

제리 캐플런, Jerry Kaplan, Chapter 2.3, p. 077

인간이 말馬처럼 될 수도 있느냐는 뜻인가. 나는 그렇게 보지 않는다. 인간은 도덕적인 존재이기 때문이다. 말은 도덕관념이 없다. 나는 인간이 스스로 일하지 않고 다른 존재가 생산한 것에 의존해 살면서는 행복을 느끼지 못한다고 생각한다.

칼 프레이, Carl Benedikt Frey, Chapter 2.4, p. 094

디지털 시대를 이끄는 인재는 어떤 특징을 갖는가. 인공지능 앞에서 무력해진 화이트칼라의 무기는 무엇인가. 인간으로서 가치를 창출하기 위해 어떤 도구를 새로 쥐어야 하는가. 이에 대한 답을 찾은 이를 뉴칼라New Collar로 정의한다.

Chapter 3 당신은 뉴칼라인가, p. 100

'그 조건은 반드시 포함돼야 한다'거나 '그 조건에는 동의하지 않는다'는 의견이 치열하게 오간 끝에 (뉴칼라의) 다섯 가지 조건이 추려졌다.

Chapter 3 당신은 뉴칼라인가, p. 101

질문을 좁혀 보자. 한국이 아니라 당신의 회사에, 더 나아가 당신의 팀에는 뉴칼라가 몇 명이나 될 것 같은가. 기계가 대체하지 못할 '진짜 인간의 일'을 하는 이들 말이다.

Chapter 4 한국의 뉴칼라 : 7인의 목소리, p. 129

중요한 지적이라고 생각한다. 사람들은 고용 보
장과 같은 안전장치를 원한다. 문제는 이런 안
전장치가 더는 안전하지 않다는 점이다.

스티브 먼로, Steve Munroe, Chapter 5.1, p. 293

우리가 두려워해야 하는 것은 '일자리를 기계에 빼앗기면 어쩌지'가 아닌 '그래서 내가 얼마나 희소성 있는 결과물을 만들어 낼 수 있는지'에 관한 것이어야 한다.

EPILOGUE by 하선영, p. 319

새로운 엘리트의 탄생

초판 1쇄 발행 2018년 3월 27일 | 초판 3쇄 발행 2020년 9월 22일

지은이 임미진, 정선언, 최현주, 김도년, 하선영
펴낸이 김영진

대표이사 신광수 | 본부장 강윤구 | 개발실장 위귀영 | 사업실장 백주현
편집관리 박현아 | 디자인 당승근
단행본팀장 이용복 | 단행본 권병규, 우광일, 김선영, 정유, 박세화
출판기획팀장 이병욱 | 출판기획 이주연, 이형배, 김마이, 이아람, 이기준, 전효정, 이우성

펴낸곳 (주)미래엔 | 등록 1950년 11월 1일(제16-67호)
주소 06532 서울시 서초구 신반포로 321
미래엔 고객센터 1800-8890
팩스 (02)541-8249 | 이메일 bookfolio@mirae-n.com
홈페이지 www.mirae-n.com

ISBN 979-11-6233-475-1 (03320)

book by PUBLY × Mirae N
《새로운 엘리트의 탄생》은 북 바이 퍼블리와 (주)미래엔이 협업하여
퍼블리(publy.co)의 디지털 콘텐츠를 책으로 만들었습니다.

「이 도서의 국립중앙도서관 출판시도서목록(CIP)은 서지정보유통지원시스템 홈페이지(http://seoji.nl.go.kr)와
국가자료공동목록시스템(http://www.nl.go.kr/kolisnet)에서 이용하실 수 있습니다.
(CIP제어번호: CIP2018007416)」